Günter Stoewer

Familiengeschichten

Günter Stoewer

Familiengeschichten

Rediroma-Verlag

Bibliografische Information der Deutschen Nationalbibliothek:
Die Deutsche Nationalbibliothek verzeichnet diese Publikation in der Deutschen Nationalbibliografie; detaillierte bibliografische Daten sind im Internet über http://dnb.ddb.de abrufbar.

ISBN 978-3-96103-170-2

www.rediroma-verlag.de
11,95 Euro (D)

Inhaltsverzeichnis

Vorbetrachtungen

Manchmal verharre ich einen Moment lang vor einem besonderen Haus, oder ich begegne einem scheinbar interessanten Menschen. Dabei taucht schon mal die Frage auf, was sich hinter der Fassade des Hauses abspielt. Nicht viel anders verhält es sich bei einer flüchtigen Begegnung. Wer und was ist dieser Mensch? Ich sitze in einem Konzert neben einem Fremden und wüsste gerne etwas von ihm. Vermutlich geht es dem Leser nicht anders. Wissbegier ist eine Triebfeder von Kontakten und doch verhindern Scheu oder Konventionen dies oftmals. Gelegentlich veranlasst es mich, daraus eine Geschichte abzuleiten. Ob ich nun mit meiner Fantasie richtig liege oder nicht, ist dann ohne Belang. Zwangsläufig mischen sich eigene Erlebnisse mit unbewussten Wünschen in der ausgedachten Handlung und erzeugen oft zusätzliche Spannung.

Wie sich diese Geschichte entwickelt, ist dann meiner Fantasie vorbehalten und den Impulsen, die sich in die Feder drängen. Ich bin ab und an selbst überrascht, was aus diesem ersten Anstoß erwächst. So ging es mir auch bei dieser Geschichte. Aus einer Idee heraus ist beim Schreiben eine interessante Geschichte geworden, eine, die sich vielleicht so ähnlich zutragen könnte. Die Orte der Handlung ergeben dann noch weitere Anregungen. Ob es sich gelohnt hat, das bleibt dem Leser vorbehalten. Und nun viel Vergnügen beim Lesen.

München, im Winter 2016
Günter Stoewer

Eine Hamburger Familie

Ein großes silbergraues Auto löste sich aus dem Verkehrsstrom, der von der Innenstadt kommend auf der vornehmen Elbchaussee floss. Im Wagen saß ein einzelner Herr, der zu einer stattlichen Villa aus der Gründerzeit nach links abbog. Wie bei fast allen Anwesen hier verbargen hohe Hecken und Mauern den Einblick. Das sich öffnende Tor zeigte für einen kurzen Augenblick einen gepflegten parkähnlichen Garten. Wer hier wohl wohnte? Es konnte keine arme Familie sein. Die Einheimischen wussten, dass auf dieser der Elbe zugewandten Seite der Chaussee zumeist jene angesehenen Familien lebten, die „altes Geld" ihr Eigen nannten. Und damit hätten sie auch in diesem Fall Recht behalten. Aus der gediegenen Mercedeslimousine stieg ein eleganter schlanker Herr in den besten Mannesjahren. Sein Maßanzug ließ erkennen, dass er einer von diesen allseits beneideten Reichen sein musste, einer von jenen Geschäftsleuten oder Erben, denen es an nichts mangelte, und die rundherum glücklich sein mussten, so die landläufige Meinung.

Heute an diesem Freitag, den 23. 9. 2011 kam Dr. Hinrich P. Conradi ungewöhnlich früh nach Hause. Er, der sonst oft auch das gemeinsame Abendessen ausfallen lassen musste, konnte so noch einen Kaffee mit seiner Tochter Carmen einnehmen. Ihre Mutter hatte sich – leider wieder einmal – in ihrem Atelier „vergraben". Conchita Seguin-Conradi war eine Künstlerin, wobei sie diese Definition selbst gewählt hatte. Ihr Mann, ein renommierter Notar und Senator, noch dazu der Präsident der Anwaltskammer, respektierte diese Selbsteinschätzung. Auch hatte er sich inzwischen mit manchen Launen seiner kapriziösen zweiten Frau abgefunden. Aber als ihm seine Tochter nun eröffnete, die Mutter könnte heute Abend leider nicht dabei sein, rang er doch kurz mit seiner Fassung. Dieser Termin, zu dem er seine Anwaltskollegen, und darüber hinaus auch einige einflussreiche Unternehmer eingeladen hatte, war mit seiner Frau seit vielen Tagen fest vereinbart worden. Sowohl beim Empfang als auch bei der festlichen Soiree im Hotel Atlantic wollte er doch mit seiner Frau an seiner Seite teilnehmen. Und nun dieser Affront! Sollte er versuchen, seine Frau noch umzustimmen? Dies war meistens vergeblich, und endete allenfalls in einer Szene. Was sollte er nun seinen Gästen erklären? Viele von ihnen kannten ja seine temperamentvolle Frau, und etliche auch ihre Sprunghaftigkeit. Vor diesen Gästen würde er sich zwar nicht blamieren, schon eher bedauert werden.

Umgekehrt hatte er zu jeder ihrer Vernissagen mitzukommen, und sie „bestand“ darauf, dass er auch seine Geschäftspartner, Freunde und Bekannte einlud. Bisher hatte er ihr um des lieben Friedens willen stets nachgegeben und sein Netzwerk aktiviert. Er nahm sich nunmehr vor, dass der heutige „versaute“ Abend nicht folgenlos bleiben sollte. Bei ihrer nächsten Ausstellung sollte sie, die „Künstlerin“ zu einer vielleicht heilsamen Einsicht gelangen. Sie sollte erleben, dass ohne diese Herren aus der Geschäftswelt vermutlich kein einziges Bild zu verkaufen wäre. Einerseits lehnte Conchita diese Vertreter der Wirtschaft ab, schmähte sie als Ausbeuter und langweilige Geldsäcke. Andererseits erwartete sie ganz selbstverständlich, dass sie ihre moderne Kunst kauften. Wie hatte sie noch vor kurzem gesagt: Kunst leiste viel für die Gesellschaft, und daher sei es die Pflicht und Schuldigkeit der Vermögenden, diese auch nach Kräften zu unterstützen. Dies war Conchitas dogmatische und aus ihrer Sicht nicht zu diskutierende Ansicht. Um ihm, Hinrich Conradi, einen Gefallen zu tun, kauften die so Geschmähten einige ihrer Bilder. Er traute sich zu wetten, dass ansonsten kaum einer seiner Geschäftspartner ein Bild gekauft hätte, geschweige denn eines ihrer Gemälde im eigenen Haus aufhängen würde. Die meisten von ihnen besaßen ohnehin von alters her besondere und wertvolle Gemälde sowie Skulpturen. Dieses aus seiner Sicht beinahe schizophrene Verhalten seiner Frau ärgerte Conradi immer wieder, doch heute sollte es seine hanseatische Gelassenheit nicht erschüttern.

Aus seinem frustrierten Grübeln riss ihn seine Tochter Carmen. „Lieber Papa, Mama meinte, dass ich sie doch heute Abend vertreten könnte!? Sie sagte auch noch, dass sie von dem, was dieser angeblich so berühmte Autor und Referent erzählen würde ohnehin nicht viel verstünde. Diese faden Themen aus der Wirtschaft langweilten sie noch jedes Mal total. Außerdem würden diese Gift an die Wurzel ihrer Kreativität legen. Papa, aber ich würde Dich heute Abend gerne begleiten und ich werde Dir bestimmt keine Schande machen. Mich interessiert Politik und Wirtschaft bisher zwar auch nicht sonderlich, aber ich will mich diesen Themen auch nicht verschließen." Sein geliebter Augenstern, seine neunzehnjährige Tochter, würde ihn begleiten, das war es doch. „Schätzchen, das ist ja eine großartige Lösung, darüber freue ich mich. Die Schöne und der ältere Herr, ein wahres Kontrastprogramm. So lernst Du heute ein paar einflussreiche, kultivierte und interessante Leute kennen, was im Leben nie schaden kann. Dein Mitkommen wird außerdem auch noch mit einem vorzüglichen Menü belohnt! Carmen, hast Du denn dafür auch die passende Garderobe, oder willst Du Dir noch schnell ein Abendkleid kaufen?" „Papa, das ist ja ganz lieb von Dir, aber ich hatte mir doch gerade erst ein solches Kleid zum Abiturball gekauft, und damit werde ich bestimmt „bella figura" machen!"

Der stolze Vater Hinrich Conradi konnte dem nur beipflichten, denn sein einziges Kind war zu einer richtigen Schönheit geworden. Hochgewachsen und schlank war sie, graugrüne große Augen strahlten aus einem schmalen, weich wirkenden makellosen Gesicht. Die schön geschwungenen nicht zu üppigen Lippen, die in zarten Lachfältchen endeten, machten sie sehr anziehend. Selbst ihre kräftigen schwarzen Brauen, die vielleicht ein wenig zu beherrschend geraten waren und die leicht bräunlich getönte Haut, vermochten diesen Eindruck nicht zu verwischen. Ihre schwach gelockten dunklen Haare, die sie halblang trug, hatte sie von ihrer schönen Mutter geerbt. Doch was ihm noch wichtiger war als ihr attraktives Aussehen, war ihre liebenswürdige und warmherzige

Art. Wobei diese Eigenschaft bisher nur eingeschränkt zur Geltung kam. Abseits ihrer vertrauten Welt zeigte sich Carmen eher scheu, gelegentlich wirkte sie sogar schüchtern. Sie schloss sich Gleichaltrigen nur schwer an. Dabei gab es aus seiner Sicht keinerlei Grund hierfür, denn seine Tochter war klug und gebildet. Aus ihr, daran hatte ihr Vater keine Zweifel, würde eine feine, ja vornehme Dame werden, die sich sicher bewegte und überall sehen lassen konnte. Carmen würde heute an seiner Seite bestimmt für Aufsehen sorgen! Dazu konnte auch er noch etwas beitragen. Zum heutigen Abend wollte er ihr ein besonderes Schmuckstück schenken, eines, das aus dem gut gehüteten Familienerbe seiner Mutter stammte. Seine gute Laune war bei diesen Gedanken zurückgekehrt und er sah nun dem Abend guter Dinge entgegen.

„Papa, wer ist denn dieser Referent, und warum ist dieser Herr ein derartiger Magnet, dass heute Abend sogar jeder Platz vergeben ist?“ „Ich kenne ihn nicht persönlich, aber er wurde mir gleich von mehreren Seiten wärmstens empfohlen. Von ihm stammen zwei Bestseller, die seit längerem im Management als ein absolutes „Muss“ gelten. Ich wollte ursprünglich, und dies trotz meiner knapp bemessenen Zeit, sein erstes Buch wenigstens mal durchsehen. Mir ging es eigentlich nur um einen kurzen Einblick, doch dann konnte ich das Buch nicht mehr aus der Hand legen. Wie der Autor darin dieses ansonsten doch so trockene Thema „Führen“ behandelt, verblüffte mich total. So viel Humor und Witz hätte ich in einem Sachbuch nicht erwartet, und derart tiefgründige Aussagen schon gar nicht. Wenn dieser Autor als Referent ähnliche Qualitäten zeigt, dann verspricht dies, zu einem alles andere als langweiligen Abend zu werden. Ich habe bisher lediglich mit der Sekretärin seines Agenten verhandelt, mit ihm selbst hatte ich aber noch nicht zu tun gehabt. Stell Dir vor, mit unserem Termin hatte ich sogar großes Glück, denn dieser Dr. Christian Fabrizius ist in diesem Jahr praktisch ausgebucht. Und das trotz seines horrenden Honorars, das ich nur zähneknirschend akzeptieren konnte. Ansonsten weiß ich von ihm nur noch, dass er in Bayern lebt.“

Carmen musste erst einmal schlucken, denn wenn ihr Vater, der beruflich mit viel Geld umging und selbst auch nicht gerade ein geringes Einkommen bezog, von einem horrenden Honorar sprach, dann musste das schon heftig sein. Natürlich wollte sie nun die Höhe dieses Honorars erfahren, und sie vermochte es dann nicht zu fassen. Da forderte doch dieser Referent für einen gerade mal eineinhalbstündigen Vortrag sage und schreibe ein Honorar von 10.000,- €, zuzüglich seiner Spesen. Dieser Mann würde ja, wenn er hundert derartige Termine im Jahr wahrnahm, die schwindelerregende Summe von einer Million einstreichen! Als Bestseller-Autor bezog er für seine Bücher sicher auch noch ein erkleckliches Honorar. Dieser Autor und Referent interessierte sie daher schon aus diesem Blickwinkel. Konnte denn ein Mensch solch ein hohes Honorar überhaupt wert sein? Das konnte sich Carmen nun gar nicht vorstellen, und sie war daher sehr gespannt auf diesen „Managementguru“. Dieses Honorar empörte sie erst einmal, doch dann fielen ihr einige Vergleiche ein. Die Fußballer des hiesigen Bundesligisten Hamburger SV erhielten doch für ihre mageren Darbietungen auch nicht gerade wenig Geld. Carmen wollte später darüber nachdenken, jetzt musste sie sich erst einmal um ihre Garderobe kümmern.

Als Carmen zur ausgemachten Zeit wieder das Wohnzimmer betrat, strahlte ihr Vater. „Mein Schätzchen, Du siehst ja zauberhaft aus und wirst nachher garantiert alle anderen Damen in den Schatten stellen.“ „Papa, ich freue mich zwar über Deine Bewunderung, aber das mit dem Ausstechen wird heute auch keine sonderliche Kunst sein. An diesem Abend werden eher reifere Damen und auch ältere Herren anwesend sein.“ „Na ja, damit hast Du sicher recht, aber es werden vermutlich auch einige jüngere Damen kommen, wenn auch keine so jung und schön ist wie Du.“ Ihr Vater war schon sehr stolz auf seine Tochter, was Carmen äußerst gut tat. Es stärkte ihr nicht besonders stabil ausgeprägtes Selbstwertgefühl. Sie war als behütetes Einzelkind aufgewachsen, wurde aber schon im Kindergarten als die „schwarze Carmen“

gehänselt. Ein blondes Mädchen mit Engelslocken, die besonders gemein zu ihr war, hatte sie sogar als Zigeunerin bezeichnet. Sie wäre ja auch gerne ein blondes Mädchen mit heller Haut gewesen, wie die meisten anderen. Der fremdartige Name unterschied sie auch von den Mitschülerinnen, die fast alle einen Norddeutschen Namen trugen. Oft graute ihr vor dem Kindergarten und später vor der Schule, bis sie dann durch den Besuch eines renommierten Internats davon befreit wurde. Dafür zahlte sie aber einen hohen Preis, denn sie hing sehr an ihrem Vater. Von Kleinkindertagen an hatte er sich ihrer mehr angenommen als ihre sich selbst verwirklichende Mutter. Diese enge Bindung von Vater und Tochter hatte immer wieder zu Streitigkeiten zwischen ihren Eltern geführt.

Ihr Vater, den sie ihren wenigen Freundinnen gegenüber als ihren alten Herrn bezeichnete, ging zum Kamin. Dort ergriff er eine kleine Kassette aus der Barockzeit, die er nun vor ihr öffnete. Darin glänzte eine schwere goldene Kette, an deren Anhänger ein großer Rubin funkelte. „Eigentlich bist ja Du, mein Schätzchen, selbst ein Juwel, aber so geschmückt, verstärkt es Deine Attraktivität noch mehr. Dieser Schmuck stammt von meiner Mutter, und er blieb seit ihrem Tode unberührt.“ Carmen musste erst einmal schlucken. „Papa, das ist ja ein wunderschönes und überaus kostbares Juwel. Und ich darf es heute Abend tragen?“ „Nicht nur heute Carmen, es ist nun Dein, denn nur Du, die Enkeltochter meiner lieben Mutter, bist für mich die legitime Erbin ihres Schmucks. Du sollst ihn künftig zu besonderen Anlässen tragen.“

Ihr Vater legte Carmen diesen prächtigen Schmuck an. Er passte sehr gut zu ihren dunklen Haaren und auch zum dunkelroten Abendkleid. Ihren liebevollen Dankeskuss bekam der Vater genau in dem Augenblick als die Mutter aus dem Atelier kam, um sich einen Kaffee zu machen. Irritiert musterte sie die Beiden. Diese Vertrautheit von Vater und Tochter hätte Mutter Conchita ja noch hingenommen, aber nicht, dass Carmen heute einen derart wertvollen Schmuck tragen durfte. Nur ihr allein würde dies zustehen, ihr der angetrauten Ehefrau! Vater und Tochter sahen es ihr an, gleich würden sich ihr spanisches Temperament und ihre latente Eifersucht entladen. Und so war es auch, denn nun überschüttete sie ihren Mann mit Vorwürfen und Beschimpfungen, zumeist in spanischer Sprache. Stets hatte ihr Mann dann versucht, sie zu besänftigen, doch jetzt dachte er überhaupt nicht daran. Kühl sagte er: „Wir gehen jetzt und Du kannst Dich dann ja vor dem Spiegel noch weiter austoben. Unsere gute Laune lassen wir uns durch Dich doch nicht verderben." Das hatte es im Hause Conradi noch nie gegeben. Die Malerin wusste nicht wie ihr geschah, einen Augenblick lang hatte es ihr die Sprache verschlagen. Doch dann explodierte sie. Wütend ergriff sie die alte Schmuckkassette und warf sie nach ihrem Mann, verfehlte ihn aber. Sie traf nur noch die sich gerade schließende Tür des Wohnzimmers.

„Papa, das war aber knapp!" lästerte Carmen als sie im Taxi saßen. „Na ja, Deine Mutter wird sich schon wieder einkriegen. Sie hat es sich doch selbst eingebrockt. Wir beide werden den Abend genießen und erleben miteinander hoffentlich einige spannende und anregende Stunden." Er wendete sich an den Taxifahrer: „Herr Jörgensen, bitte fahren sie uns ins Hotel Atlantic." Der in der Gegend wohnende Taxifahrer kannte seine Fahrgäste. „Aber gerne Herr Senator, wann soll ich Sie denn dort wieder abholen?" „Das wohl eher nicht, denn es kann spät werden. Herr Jörgensen, ich weiß doch, dass Sie eigentlich schon jetzt Feierabend haben. Wir nehmen uns dann ein anderes Taxi und Sie können für heute Schluss machen."

In der Hotellobby stießen sie bereits auf viele Gäste. Neugierig blickten sie auf die attraktive junge Dame an der Seite des grauhaarigen Senators. Das Rätsel um ihre Identität war gelöst als Senator Conradi sie den Gästen als seine Tochter Carmen vorstellte. Jetzt regnete es geradezu Komplimente, besser hätte dieser Abend gar nicht beginnen können. Vor dem Konferenzsaal war ein üppiges kaltes Büfett aufgebaut. Um die kleinen Tische herum standen schon viele Gäste, die von jungen Damen bedient wurden. Wer von diesen zumeist mit dunklem Anzug und Fliege bekleideten Herren war denn der Referent des Abends? Oder kam er, um sich seine Konzentration erhalten zu können, erst kurz vor dem Vortrag? Laut dem Maitre d'Hotel sei er nämlich schon seit über zwei Stunden im Hause.

Carmen kannte einige der anwesenden Herrschaften, denn sie hatte diese schon im Hause Conradi erlebt. Mit ihrer Annahme hatte sie Recht behalten, Herren ab dem mittleren Alter waren hier weit in der Überzahl. Aber bei den Damen sah es dann doch etwas anders aus. Es gab darunter sehr wohl auch Begleiterinnen, die noch keine Vierzig waren. Na ja, das war halt die übliche „Tour". Manche alternde Männer suchten trotz ihres beruflichen Erfolges und Vermögens, oder gerade deswegen, sich mit einer jungen und attraktiven Frau zu verbinden. Sie hatten doch sonst alles, ein Haus in bester Lage, große Autos und teure Hobbys, aber eines schien diesen Herren zu fehlen, die Jugendlichkeit. Da nützten ihnen weder der flotte Sportwagen etwas, noch die edle Uhr, und schon gar nicht ihre maßgeschneiderten teuren Anzüge und Schuhe. Diese Herren glaubten wohl zwei Dinge: Sie, die Männer von Welt und Rang, seien einfach unwiderstehlich. Und ihrer Anziehung würden sich auch gut aussehende junge Damen nicht entziehen können. Sie nahmen ernsthaft an, mit einer jungen Frau an der Seite würden auch sie viel jünger eingestuft werden, als sie tatsächlich waren. Doch hiermit täuschten sie sich zumeist und darüber halfen ihnen weder der manchmal geradezu verbissen betriebene Sport hinweg, noch die anderen Bemühungen um ihre Fitness oder eine gesunde Ernährung. Damit hielten sich diese Herren zwar leidlich fit, doch das fortschreitende Alter würde auch bei ihnen seine Spuren hinterlassen. Daran vermochte selbst die beste Kosmetik nicht viel zu ändern. Auch das Färben der Haare, ja nicht einmal deren Verpflanzung auf zuvor gelichtete Stellen und der beste Schönheitschirurg konnten ihnen kein lebendiges, jugendliches Aussehen „herbeizaubern“, allenfalls eine starre Maske verschaffen.

Aber warum ließen sich junge, gut aussehende Frauen auf eine Verbindung mit solchen „reifen“ Männern ein? Carmen empfand dies als ein „Aufopfern“ ihres eigenen jungen Lebens, wenn nicht gar als ein Wegwerfen. Was war ihre Motivation? Bewunderten sie den Erfolg dieser Männer? Oder sprach sie deren Bildung und Kultiviertheit an? Blendete sie das Ansehen dieses Mannes, versprachen sie sich vielleicht davon, durch ihn selbst ins Rampenlicht zu gelangen? War es am Ende die Einsicht, dass ihre eigenen Möglichkeiten zu begrenzt waren, um dieses erstrebte Ziel des sozialen und wirtschaftlichen Aufstiegs aus eigener Kraft zu erreichen? Oder wollten sie sich diesen steinigen Weg schlicht durch eine für sie bequemere eheliche Verbindung ersparen? Hatten sie eventuell in ihrer Kindheit einen präsenten Vater vermisst und suchten nun unbewusst in dem älteren Partner einen Vaterersatz? Das würde Carmen ja noch einleuchten, jedoch nicht der aus ihrer Sicht häufigste, aber auch verwerflichste Grund. Diese „Damen“ strebten doch zumeist nur nach einem unbeschwerten Leben im Luxus, in dem sie sich jeden erdenklichen Wunsch erfüllen durften? Carmen, die ja selbst aus einem sehr begüterten Haus stammte, konnte sich eine solche Beziehung für sich überhaupt nicht vorstellen. Aber durfte sie deswegen überheblich auf diese jungen Damen herunterblicken? Könnte sie, Carmen, sich denn wenigstens vorstellen, aus eigener Kraft zu Wohlstand und Ansehen zu gelangen? Da musste sie schon einige Fragezeichen setzen, und vielleicht auch das Leben noch besser kennen lernen.

Die spanische Mutter

Carmen „erwischte“ sich nun selbst dabei, dass sie hier eine sehr theoretische Sicht eingenommen hatte. Warum denn dies? Carmen war nämlich selbst in einer solchen Beziehung groß geworden. Auch bei ihren Eltern bestand der soeben von ihr etwas überheblich abgewertete Zustand, und die Altersdifferenz der beiden ließ sich nicht übersehen. Ein Fremder würde bei einem ersten flüchtigen Blick auf ihre Eltern vermutlich zu eben jener Einschätzung gelangen, wie sie selbst zuvor. Müsste er denn nicht finden, dass auch beim Ehepaar Conradi eine derartige „Mesalliance“ vorlag? Als Kind hatte Carmen sich daran doch nicht gestört und selbst für ihre Freundinnen war es ganz „normal“ gewesen. Und ihren Vater als einen Herrn anzusehen, der auf jüngere Damen „abfuhr“, damit hätte man ihm großes Unrecht getan. Carmen wusste längst, dass die Beziehung ihrer Eltern letztlich vor allem dank der Initiative ihrer Mutter zustande gekommen war.

Ihr bereits verwitweter Vater hatte sie auf einer Geschäftsreise nach Spanien kennen gelernt. Conchita Seguin, die blutjunge Drittsekretärin eines bekannten spanischen Anwalts, war beauftragt worden den wichtigen deutschen Geschäftspartner ihres Chefs vom Madrider Flughafen abzuholen. Von diesem Herrn wusste sie bis dahin nur eines: Dr. Conradi sei ein bekannter Anwalt und Notar aus Hamburg, der eine große Kanzlei leitete. Conchita, die einen älteren würdigen Herrn erwartet hatte, war dann angenehm überrascht. Dieser elegant gekleidete Geschäftspartner konnte nicht viel älter als Vierzig sein. Noch dazu war er, was sie sofort erkannt hatte, ein richtig feiner Herr, und er sah sehr gut aus. Sie, die aus einem verarmten Haus stammte und nun als eine von vielen Sekretärinnen in der großen Kanzlei nur ein kleines Gehalt bezog, hatte mit solch wichtigen Geschäftspartnern bisher noch nie zu tun gehabt. Conchita, die in der Schule das Fach Deutsch gewählt hatte und es recht gut beherrschte, war dann auch an den folgenden Besprechungen dabei, die dann allerdings doch überwiegend in Englisch gehalten wurden. Und was ihr besonders gut gefiel, sie durfte erstmals auch an dem abendlichen Essen teilnehmen und direkt neben dem allseits hofierten Gast sitzen. Der liebenswürdige Anwalt ließ sich von ihr die Speisekarte erklären und sich dabei von ihr auch beraten. Allerdings hatte er der schönen Senorita Conchita zuvor deutlich gemacht, welche Vorlieben er beim Essen habe. Und sie hatte ihm eine gute Empfehlung gegeben, speziell der Wein aus dem Rioja-Gebiet hatte Herrn Dr. Conradi sehr zugesagt. Bereits an diesem Abend hatte er sie beeindruckt, und sie hatte Gefallen an dem höflichen und kultivierten Mann gefunden. Nun, das waren erst einmal nicht mehr als verwegene Gedanken. Aber wer weiß, vielleicht hatte sie auch ihm gefallen? Einen solchen Mann für sich zu interessieren, damit würde sie ja sozial aufsteigen, eine verlockende Fantasie. Als sie ihn am nächsten Morgen am Flughafen verabschiedet hatte, wuchsen ihrer Fantasie Flügel. Sein Dank für ihre gute Betreuung fiel ungewöhnlich herzlich aus, was ein großer Blumenstrauß noch betonte. Selbst aus seinem Handkuss wollte sie nun ein Zeichen zarter Zuneigung ableiten. Was war dieser Dr. Conradi doch für ein kultivierter und begehrenswerter Mann.

Bei seinem nächsten Besuch durfte sie den Notar Conradi wieder abholen, was diesen sichtlich erfreute und Conchita ermutigte. Er begrüßte sie herzlich als seine vertraute, so schöne und hilfreiche „Assistentin“. Damit hatte diese Romanze zart begonnen, seine Einladung in ein exquisites Restaurant vertiefte sie noch. Dort getraute sie sich auch, ihn nach seinem familiären Hintergrund zu fragen. Erleichtert erfuhr Conchita, dass ihr Gegenüber ein Witwer war, der seine Frau durch einen schlimmen Unfall verloren hatte. Aber auch er lotete ihre private Situation aus, erfuhr, dass auch sie ungebunden sei, was ihn angesichts dieser schönen jungen Frau verwunderte. Sein Interesse an ihr schmeichelte Conchita nicht nur, sie hatte nun selbst Feuer gefangen. Inzwischen konnte sie sich ein Leben an der Seite dieses besonderen Mannes mehr und mehr vorstellen. Aber war denn sein Interesse an ihr wirklich ernsthaft, oder suchte er lediglich ein flüchtiges Abenteuer? Dafür wäre sie auf gar keinen Fall zu haben. Und irgendwie hätte es auch nicht zu dem seriösen Hinrich Conradi gepasst. Der war zwar durchaus ein richtiger Mann, aber bestimmt kein Schürzenjäger. Nach drei weiteren Reisen in die spanische Hauptstadt wurde dann aus ihrer gegenseitigen Zuneigung eine Liebe. Bald darauf wurde diese vor dem Traualtar besiegelt.

Von Vater und Mutter hörte Carmen immer wieder wie glücklich diese Ehe anfangs gewesen sei. Conchita genoss ihres Mannes Fürsorge ungemein, aber auch, dass sie nun in einem wunderschönen großen Haus an der Elbchaussee leben durfte. Erst so allmählich erschloss sich Conchita, welch ein Glück ihr damit beschieden wurde. Sie war durch ihre Ehe nicht nur reich geworden, ihr Mann gehörte sogar dem Kreis einer kleinen und einflussreichen Schicht an. Ihr Hinrich war in Hamburg angesehen, und sie gehörte damit auch dazu. Sie hatte zwar vermutet, dass er zu den Reichen zählen würde, was auch ihr Chef bestätigte, der schon einmal mit ihm in seiner großen Hamburger Kanzlei verhandelt hatte. All das was sie sich in naiver Fantasie erträumt hatte, hatte sich nun für sie erfüllt. Eigentlich hätte sie nun in jeder Hinsicht glücklich sein müssen, doch das hielt nicht lange vor, was sie keineswegs an ihrem liebevollen und fürsorglichen Mann anlasten wollte. Welcher Bazillus ihr diese latente Unzufriedenheit eingetragen hatte, sie wusste es nicht. Die Schwangerschaft allein konnte es doch nicht ausgelöst haben, oder doch?

Als dann ihre so sehnsuchtsvoll erwartete Tochter Carmen geboren wurde, da begannen sich in ihrer Beziehung die ersten Risse einzustellen. Plötzlich war sie, die zuvor so ungebundene und unternehmungslustige Conchita ans Haus gefesselt. Mit ihrer Rolle als Mutter kam Conchita von Anfang an nicht gut zurecht. Sie, die vorher so gern ausgegangen war und dabei eine spezielle

Vorliebe für Ausstellungen, Opernbesuche und Vernissagen entwickelt hatte, musste dem nun mehr als ihr lieb war entsagen. Das war zwar objektiv betrachtet nicht ganz zutreffend, aber Conchita Conradi opponierte dagegen. Sie besuchte mehrere Malkurse, stellte sich geschickt an und freute sich über die Anerkennung durch die Kursleiter. Dadurch bewegte sie sich immer tiefer in diese sie faszinierende Welt hinein. Conchita fand allmählich zu einem eigenen Stil und fühlte sich immer mehr als Künstlerin. Außerdem traf sie dort auf einige aufregende Menschen. Derart emanzipierte Frauen, die sich selbst verwirklichten, die kannte sie bisher nicht. Die Gespräche mit ihnen waren zwar „links" aufgeladen, aber auch feministisch und selbstbestimmt ausgerichtet. Die Männer lebten ihrer Kunst, trugen legere Kleidung und ließen sich wirre Bärte wachsen. Ihre politische Einstellung war revolutionär und freigeistig, die Hamburger „Pfeffersäcke" und „Eliten" verachteten sie und bekämpften sie verbal. Ähnlich hatte sich auch Conchitas Vater geäußert, dessen Großvater ja im Bürgerkrieg zu den Gegnern Francos gezählt hatte, worauf die Seguins mächtig stolz waren.

In dieser Künstlerszene fühlte Conchita sich der Tradition ihres Vaters verbunden und vielleicht auch deshalb der Szene zugehörig. Sie hatte sich jedoch gehütet, preiszugegeben, dass ihr Mann zu diesen hier so geschmähten Herrschaften zählte. Ihren Zwiespalt verbarg sie auch zu Hause, denn auf den erheirateten Luxus zu verzichten, wäre ihr nicht einmal im Traum eingefallen. Sich links zu geben aber rechts zu leben, das wurde nun zu ihrem unbewussten Lebensstil. Sie, die stolz war auf die Tradition der berühmten spanischen Maler, fügte damals dem mit der Heirat angenommenen Namen Conradi ihren Mädchennamen Seguin hinzu.

Ihr aufmerksamer Mann richtete ihr in dem großen Haus ein Atelier ein, was sogar einen Umbau notwendig gemacht hatte. Dort wirkte sie nun mit Farbe und Leinwand, während die kleine Carmen immer mehr Zeit mit ihrem Kindermädchen verbrachte.

Am Wochenende übernahm der Vater seine Tochter, die bald sehr an ihm hing. Wenn Conchita dann auch einmal Zeit fand, sich ihrem Kind zuzuwenden, hatte die Kleine fast immer die Wahl zwischen Mama und Papa. Und dies kleine Mädchen zog es eben nicht nur zu ihrer Mutter hin, sondern immer häufiger zu ihrem geliebten Vater. Die Ehe ihrer Eltern wurde aus Carmens heutiger Sicht langsam und schleichend schlechter; doch dies lag bestimmt nicht am Alter des Vaters. Ihre Mutter war zwar heute nur wenig über vierzig Jahre alt, ihr Vater hingegen schon Sechzig. Aber das war dem schlanken, gepflegten und immer elegant gekleideten Mann keineswegs anzusehen. Sein gut geschnittenes Gesicht, die blauen Augen unter den buschigen Augenbrauen taten ein Übriges. Allenfalls konnte man aus seinem üppigen, leicht ergrauten Haar darauf schließen, dass der Senator nicht so jung sein konnte, wie es den Anschein hatte. Und diese positive Wertung entstammte nicht nur der wohlwollenden töchterlichen Brille, Herr Conradi wurde auch von Fremden sehr viel jünger geschätzt, nicht zuletzt wegen seiner offenen, freundlichen Art.

Ein Wiedersehen

Ihr Vater riss Carmen aus diesen Gedanken. Er zeigte auf seine Uhr und sagte laut in die Runde, dass der Vortrag in einigen Minuten beginnen würde. Seiner Tochter flüsterte er zu: „Ich möchte nur zu gerne wissen, wo dieser verflixte Referent abgeblieben ist. Unter den Anwesenden ist er nicht zu entdecken, ich vermag allerdings auch nicht alles zu überblicken.“ Carmen, die dem Ansturm der Damen auf die nahen Toiletten auskommen wollte, suchte daher ein etwas weiter abgelegenes „Örtchen“ auf. Als sie auf dem Rückweg in Gedanken verloren am Aufzug vorbeiging, wurde sie jäh aus ihrem Nachdenken gerissen. Ein Zusammenprall mit einem Herrn, der eilends aus dem Lift kam war nicht mehr zu verhindern. Dabei war ihm seine dünne Diplomatentasche entglitten. Nach ihr bückte sich jetzt nicht nur er, sondern auch die sich vielmals entschuldigende Carmen.

Leicht verwirrt sahen sich beide jetzt richtig an. Carmen traute ihren Augen nicht, denn vor ihr stand ihr einstiger und sehr verehrter Lebensretter. „Chrissi, ist das denn die Möglichkeit, ausgerechnet Du bist zu meinem Opfer geworden! Solch ein schöner Zufall, und das auch noch in Hamburg.“ Laut und voller Freude hatte es Carmen Conradi von sich gegeben. Der so Angesprochene schaltete nicht sofort, doch dann funkte es auch bei ihm. „Aber Hallo, Du bist ja die fröhliche Carmen aus dem Skikurs in St. Anton, der so schlimm geendet hatte. Was für eine schöne Überraschung. Du bist ja eine richtige Augenweide geworden und mächtig vornehm gekleidet. Liebe Carmencita, gerne würde ich mich jetzt noch länger mit Dir unterhalten, aber mich ruft nun leider erst einmal die Pflicht. Mich erwartet nämlich der Konferenzraum, den ich erst noch finden muss.“ Weiter kam er nicht, denn Carmen setzte dazu: „Chrissi, mich erwartet dieser Saal auch. Komm mit, ich führe Dich dahin. In der Pause können wir dann ja hoffentlich noch länger miteinander reden.“ „Liebe Carmen, selbst dies wird heute Abend vermutlich schlecht gehen, denn wie immer werde ich belagert werden, zumeist leider auch noch beim Essen. Aber wir werden einen Weg finden, um noch ausgiebig miteinander zu reden. Doch nun zuerst noch eine Bitte an Dich. Ich hätte es gerne, wenn meine andere Identität, die des gelegentlichen Skilehrers vorläufig unter uns bleibt. Den Grund erläutere ich Dir dann später in unserem Gespräch, auf das ich mich sehr freue." Carmen begriff den Sinn dieser Bitte zwar nicht, aber sie versprach es ihm gerne, ihrem damals so angeschwärmten Skilehrer. Mittlerweile hatten sie den Saal erreicht. Christian, dessen Nachnamen sie längst wieder vergessen hatte, falls er sich damals überhaupt mit diesem vorgestellt hatte, fragte sie, wer denn von diesen vielen Herren der Gastgeber Dr. Conradi sei. Carmen lachte leise und sagte: „Chrissi, den kenne ich sehr gut, ich führe Dich jetzt zu ihm."

Sie steuerte auf einen hoch gewachsenen und gut aussehenden Herrn zu. „Chrissi, dies ist der von Dir gesuchte Gastgeber Senator Dr. Conradi." Bei ihm angelangt sagte sie zum Gesuchten: „Papa, dieser Herr hat nach Dir gesucht. Ich setze mich jetzt schon mal hin." Sie lächelte dem nun etwas verwirrten Christian zu, ihm ging es jetzt wie ihr kurz zuvor. Doch Chrissi fasste sich schnell wieder. „Ich habe Sie hoffentlich nicht in Unruhe versetzt weil ich erst jetzt auftauche, Herr Senator Conradi. Dafür hatte mich aber Ihre so schöne wie charmante Tochter die letzten Meter hierher begleitet und mir das Suchen erspart. Ich bin Christian Fabrizius, ihr Referent. Ihrem leicht verblüfften Gesichtsausdruck nach zu schließen hatten Sie vermutlich mit einem würdigeren Herrn gerechnet. Aber es soll ja auch jüngere Referenten geben, die etwas zu sagen haben." Das hatte der Referent so vergnügt wie selbstbewusst von sich gegeben, und es mit leisem Lachen bekräftigt. Danach überreichte er dem Gastgeber seine Visitenkarte. Diese überflog der Senator kurz und las darauf: Dr. habil. Christian Fabrizius, Managementtrainer und Autor. Das war also dieser berühmte Autor, ein noch relativ junger Mann, den er auf höchstens Mitte Dreißig schätzte. Sympathisch sah er zwar schon aus, aber vermochte er es auch dieses erwartungsvolle und sehr anspruchsvolle Publikum in seinen Bann zu ziehen? Der Gastgeber konnte sich jetzt nur noch auf den guten Eindruck verlassen, den sein Buch auf ihn gemacht hatte, und auf die ernst zu nehmenden Empfehlungen kompetenter Partner.

Auf beides bezog sich Hinrich Conradi jetzt in seiner Begrüßung und Einführung. Er verhehlte auch nicht seine Verwunderung über einen noch so jungen Referenten. Er nahm dann Bezug auf die beiden Bestseller von Dr. Fabrizius, die ihm von etlichen ernst zu nehmenden Herren wärmstens empfohlen worden waren. Er habe, um sicher zu gehen, in dessen erstes Buch nur mal kurz hineinlesen wollen. Er sei dann aber davon so fasziniert gewesen, dass er es wie unter einem geheimen Zwang in einem Zug durchgelesen habe. Er wäre sich durchaus bewusst, dass der Referent Dr. Fabrizius heute allenfalls einiges aus diesen Büchern ansprechen könne, aber wegen der begrenzten Zeit nicht erschöpfend behandeln könne. Dennoch verspreche er sich von ihm zwei anregende Stunden und darüber hinaus auch einige Impulse für die eigene Führungspraxis. Der Senator endete mit einer Aussage: „Meine Damen und Herren, liebe Kollegen, in unserer so bewegten Zeit ist das Lernen zur lebenslangen Notwendigkeit geworden. Wer damit aufhört, der verabschiedet sich aus der Zukunft und verliert sich im Gestern. Ich bin mir sicher, wir alle werden jetzt noch einiges dazu lernen können."

Der Vortrag

Carmen saß ganz vorne neben ihrem Vater und hatte damit einen Platz nahe am Podium. Sie freute sich nun auf den Vortrag, aber noch mehr auf ihren damaligen Skilehrer und Lebensretter Christian. Primär interessierte sie sich jetzt für ihn als Mann und weniger für das, was er vortragen würde. Er, der sich nun in den renommierten Referenten Dr. Fabrizius verwandelte hatte. Sie hatte damals am Arlberg einen Skikurs gemacht, den sie nie wieder vergessen konnte, sowenig wie ihren netten Betreuer Christian. Sie schwärmte bald für ihn, nicht anders erging es auch ihren Mitschülerinnen, die dort das Skifahren erlernen oder verbessern wollten. Nun konnte sie ihn also in einer anderen Rolle erleben und war höchst gespannt darauf, wie er als Referent auf sie wirken und was er dem Plenum vortragen würde. Sie fragte sich, wie er dieses doch eher trockene Thema angehen würde? Konnte er hier bei diesen erfahrenen Herrschaften ankommen?

Während ihr Vater den Referenten vorstellte und das Publikum auf den Vortrag einstimmte, ließ Carmen die Person von Christian auf sich wirken. Damals am Arlberg erlebte sie ihn tagsüber nur in Skikleidung und am Abend in einem gepflegten, aber auch legeren Aufzug. Die Mädel hatten damals eines herausgefunden, er leitete ihren Skikurs nicht als beruflicher Skilehrer, sondern als ein gelegentliches Hobby. Christians gepflegte Ausdrucksweise sprach ohnehin für eine gehobene soziale Schicht. Außerdem musste er einen ernsthaften Beruf ausüben, den er aber nicht preis gab. Das konnte er aber vor ihr dank seiner kultivierten Sprache und seinen guten Manieren nicht verbergen. Sie, die ja selbst aus einem feinen Haus kam, hatte dafür bereits ein sicheres Gespür entwickelt.

Doch nun trug er einen eleganten dunkelgrauen Anzug und eine schöne Krawatte, was ihm gut zu Gesicht stand. Ruhig und gelassen stand er da oben neben ihrem Vater und zeigte keine Spur von Lampenfieber. Christian musste sich seiner Sache also sicher sein, was Carmen beeindruckte. Und als er dann mit seinem Vortrag begann, da verloren sich alsbald ihre vorherigen Befürchtungen. Das lag zwar auch am Inhalt des Vortrags, aber mehr noch an der Art wie Christian Fabrizius dieses eigentlich so spröde Thema anging und vermittelte. Ihr schoss es durch den Kopf: Hätten sie im Internat solche Lehrer unterrichtet, dann hätte sie, Carmen Conradi, den Unterricht mehr geliebt und sicher noch besser abgeschnitten. Ob Christian privat, abseits der Rollen Skilehrer und Autor/Referent denn auch so gelöst und launig war? Vielleicht würde sie morgen bei dem anvisierten Gespräch darüber mehr erfahren. Und sie freute sich sehr darauf, denn ihre damaligen zarten Gefühle für ihn lebten auf einmal wieder auf.

Als es nach dem ersten Teil des Referats in die Pause ging, da war Carmen nicht nur angenehm überrascht, sondern auch höchst angetan von dem, was sie erfahren hatte. Diese Stunde war für sie wie im Flug vergangen. Der Referent wurde hierfür vom begeisterten Auditorium mit großem Beifall bedacht. Carmen, die anfangs mit Christian mitgefiebert hatte, stellte erleichtert fest, dass er offenkundig alle erreicht und beeindruckt hatte. Dem Mienenspiel nach zu schließen löste er allerdings bei seinen Zuhörern damit recht unterschiedliche Empfindungen aus. Einige Herren fühlten sich wohl „erwischt“, wieder andere wirkten nachdenklich, doch allen sah man an, wie angetan sie waren von dem Vortrag und den Aussagen des Referenten. Das war alles andere als ein trockener Fachvortrag, den sie hier geboten bekommen hatten. Es war eine überzeugende, das reale Leben und Verhalten spiegelnde Darlegung. Selbst Carmens zuvor noch so skeptischer wie besorgter Vater wirkte auf einmal wie befreit. „Schätzchen, unser Referent ist sein Geld wahrlich wert, der hat vielleicht was drauf. Das ist ja ein absoluter Glückstreffer für mich und meine Gäste!“

Die spontane Empfindung, die er seiner Tochter zugeflüstert hatte, wurde ihm nun von vielen seiner Gäste bestätigt. Er erhielt sogar Glückwünsche dazu, solch einen hervorragenden und überzeugenden Referenten gefunden und gewonnen zu haben. „Herr Senator, ich habe schon viele Referate zu diesem Thema gehört, aber an einen derart schlüssigen und nachvollziehbaren Vortrag kann ich mich nicht erinnern. Ich danke Ihnen sehr, dass Sie mich dazu eingeladen haben! Ich freue mich nun schon auf sein Referat, das er morgen am Abend in unserem Industrieclub halten wird.“ Der Herr, der dies zu ihrem Vater sagte, war einer der einflussreichsten Industriellen der Hansestadt. Er hatte den Notar Conradi erst vor einigen Tagen angerufen und ihn gebeten, am heutigen Abend den Referenten Dr. Fabrizius erleben zu können. Er hätte ihn nämlich auch gebucht, wolle sich aber zuvor noch einen persönlichen Eindruck verschaffen, obwohl auch er diesen Referenten wärmstens empfohlen bekommen hätte. So könne er immerhin dann noch reagieren, wenn ihm seine Person und der Vortrag nicht zusagten. Es sei ihm dann allemal noch angenehmer auf dessen Referat zu verzichten und das Honorar zu zahlen, als sich vor seinen Kollegen blamieren zu müssen. Hinrich Conradi freute sich ganz besonders darüber, dass der einflussreiche Industrielle vom Referenten und seinem Referat so angetan war.

Carmen hatte von Christians Vortrag weit mehr im Gedächtnis behalten, als sie sich dies zuvor hatte vorstellen können. Christian Fabrizius ließ vieles von dem, was in der Managementliteratur als einfach und leicht umsetzbar dargestellt wurde, so nicht gelten. Die dort häufig wie ein Mantra wiederholte Aussage: Du kannst, wenn du es wirklich willst, alles schaffen und alles erreichen, die würde er nicht teilen. Diese Behauptung sei zumeist nur dazu angetan die Leser zu verunsichern. Sie provoziere beim Versuch die Empfehlung umzusetzen, häufig nur ein frustrierendes Scheitern. Dem Selbstbewusstsein sei dies sicher nicht zuträglich. Die Menschen seien nun mal aufgrund ihrer Anlagen und ihres Herkommens verschieden. Im Lauf der Jahre sei das Verhalten eines Menschen so tief verankert, dass er ein Umlernen im Arbeitsalltag ohne eine anhaltende Unterstützung nicht leisten könne. Für das Führen von Menschen gelte dies allerdings nicht in gleichem Maße. Es sei ja auch nicht jedem von Haus aus in die

Wiege gelegt worden, müsse deswegen genauso intensiv eingeübt werden wie zum Beispiel das Golfspiel. Seine Beispiele hatten es in sich und trafen ins Schwarze, bei manchen vielleicht den wunden Punkt.

Carmen war von einem langweilenden Erguss ausgegangen. Nun fühlte sie sich beschenkt und fragte sich, ob sie bei einem anderen Referenten derart fasziniert und aufmerksam zugehört hätte? Das wohl kaum, vermutlich nicht einmal dann, wenn er seinen Vortrag ähnlich gut gestaltet hätte. Wenn sie nur die Hälfte der soeben gewonnenen Erkenntnisse auf ihrem künftigen Lebensweg umsetzen würde, dann konnte fast nichts mehr schiefgehen. Christians lockerer und launiger Vortragsstil nahm nicht nur sie gefangen. Woher hatte er nur diese profunde Lebenserfahrung? Er konnte doch unmöglich alle seine Beispiele selbst erlebt haben. Seine Rückgriffe auf Erkenntnisse der Hirnforschung ließen sich schon eher mit seinem Alter und Hintergrund erklären. Dabei hatte er bisher nur vier Themen herausgestellt.

Bei diesen ging es um vorbildliches Verhalten, respektvollen Umgang, eindeutige Zielvereinbarung und Berechenbarkeit des eigenen Wollens wie des Verhaltens. Was das Wesentliche dabei sei, worauf es ankomme, und was zu unterlassen sei, das vermochte er tatsächlich in dieser kurzen Zeit zu vermitteln. Aber er setzte auch hinzu: Um die eigenen Stärken und Schwächen eindeutig und weitgehend objektiv gespiegelt zu bekommen, bedürfe es eingehender Analysen und individueller Hilfen. Carmen blieb ein Kernsatz im Gedächtnis: Stärken seien zu stärken und Schwächen zu schwächen, das sei der ganz spezielle Auftrag der Führungskraft. Ihr Vater hatte zudem noch einen anderen Satz in Erinnerung. Führen bedeute: Mitarbeiter besser zu machen, sie objektiv zu beurteilen und gezielt zu trainieren. Damit stünden die Führenden vor einer besonderen Herausforderung, denn sie müssten die Begabungen der ihnen Anvertrauten erkennen und diese gezielt fördern, wozu auch die entsprechenden

Rahmenbedingungen gehörten. Darunter sei in erster Linie zu verstehen, dass ihre Tätigkeit in einem angstfreien Umfeld erbracht werden könne. Es müsse bei den begabten Mitarbeitern mit deren sich erweiternden Fähigkeiten mitwachsen. Vertrauen gewähren, Kompetenzen einräumen und Verantwortung übertragen, dies seien dabei wesentliche Bausteine. Mitarbeiter dürften Fehler machen, die aber danach gemeinsam mit dem Führenden analysiert und korrigiert werden müssen. Hier gelte eine Maxime: Kritik müsse eindeutig sein, aber auch ermutigend und verständnisvoll. Ein Mitarbeiter, der mit seiner Fassung zu kämpfen habe, weil ihm Unfähigkeit vorgehalten wurde, sei im Moment doch nicht in der Lage, seinen Fehler zu korrigieren, er müsse sich erst einmal wieder fassen können. Versuchen Sie es doch mal mit diesem Ansatz: Was müssen wir nun tun, damit dies nicht noch einmal auftritt? Hier sei erst einmal Gelassenheit angesagt, bei Wiederholung jedoch nicht mehr. Kritik müsse klar sein, dürfe aber nicht verletzen. Sonst bekomme der Mitarbeiter die Chance, sich nur noch mit der harschen Kritik zu beschäftigen, sein Fehler trete zwangsläufig in den Hintergrund wie auch die konstruktive Auseinandersetzung mit diesem.

„Jedem Mitarbeiter gebührt Respekt für seinen Einsatz und seine Person. Verfallen Sie aber nicht in ein anderes Extrem. Sie als Chef sind weder der Kumpel ihrer Mitarbeiter, noch sollten Sie danach streben, von diesen geliebt zu werden. Sie brauchen vor allem personale Autorität, die auf ihrer überzeugenden Persönlichkeit beruht. Führen heißt damit auch Vorangehen und Vorbild sein. Sie als Führender müssen wissen, wohin die „Reise" gehen soll, und wer dabei was zu leisten hat. Das fordert klare Prioritäten und darauf ausgerichtete und eindeutig vereinbarte Ziele. Diese sollen möglichst messbar sein, zumindest aber beiderseits zweifelsfrei verstanden werden. Orientieren sie sich an dem Merksatz: Warum soll welcher gewünschte Zustand wie, bis wann und von wem erreicht werden? Oder noch kürzer: Warum, was, wie, wer, womit und wann!"

„Zur Umsetzung der vereinbarten Ziele und der zugeordneten Maßnahmen gehört beiderseitige Beharrlichkeit und Disziplin. Die miteinander vereinbarten Ziele und Kontrollmarken müssen von Ihnen konsequent überprüft und vom Mitarbeiter eingehalten werden. Kontrolle gibt Ihnen die Möglichkeit Anerkennung auszusprechen, Tipps und Hilfen zu geben. Anerkennung basiert jedoch nur auf einer Leistung, die diese auch rechtfertigt. Berücksichtigen Sie dabei das individuelle Leistungsvermögen und den Stand der Fähigkeiten des Mitarbeiters. Vermeiden Sie unbedingt Ironie, die oft genug falsch ankommt und daher verletzt. Wie heißt es doch so böse: Lieber einen Freund verloren als auf ein Bonmot verzichtet."

Hier schmunzelte so mancher im Publikum, denn dies kannte man aus eigenem Tun oder Erleben. „Oder auch: Die Gattin kommt spät am Nachmittag nach Hause und stellt sich stolz und auffordernd vor ihren Mann. Da der jedoch nicht so wie gewünscht reagiert, hilft sie ein wenig enttäuscht nach. Schatz, fällt Dir denn gar nichts an mir auf. Er sieht nun etwas genauer hin, bemerkt die neue Frisur und kommentiert trocken: Diesen Prozess gegen Deinen Friseur gewinnst Du!" An der Stelle lachte das Auditorium hell auf, auch dieses Beispiel kam gut an. „Darüber hinaus möchte ich Ihnen noch eine eher arbeitstechnische Empfehlung geben. Machen sie das ihnen Unangenehme zuerst! Sie investieren sonst unnötig Energie in das Verdrängen und dämpfen somit die eigene Arbeitsfreude."

Zum Stichwort Vorbildwirkung führte er noch zwei Beispiele an. In einer AG trat ein neuer Chef mit dem Auftrag an, diese aus der Schieflage wieder in die Gewinnzone zu bringen. Den noch fast neuen Dienstwagen seines Vorgängers lehnte er gleich einmal ab, da er diese Marke aus Prinzip nicht fahre, sondern nur einen der Marke XY. Dieser Autotyp wurde dann eilfertig für ihn beschafft. Als nächstes ließ der neue Chef sein Büro umbauen, da er, wie er zu den nächsten Mitarbeitern sagte, die Luft seines Vorgängers nicht einzuatmen gedenke. In seiner dritten

Amtshandlung forderte er dann die Belegschaft auf, künftig eisern zu sparen: Es gehe dem Unternehmen sehr schlecht, daher müsse jeder Pfennig umgedreht werden. Des Referenten Fazit dazu lautete: Ohne Glaubwürdigkeit und personale Autorität des Chefs gibt es kein engagiertes Mitziehen und somit auch keinen Erfolg. Sich selbst und sein Tun in eitler Selbstüberschätzung und narzisstischer Spiegelung für sakrosankt zu halten gelte gemeinhin als Kompensation unbewussten Empfindens eigener Minderwertigkeit. Er garnierte dieses noch mit dem ätzenden Zitat: „Größenwahn ist die Kinderkrankheit der Zwerge!" Dazu zeigte er auf dem Beamer (Projektor) eine nette Karikatur.

Christian Fabrizius setzte mediale Hilfsmittel eher sparsam ein, er schien sich auf die Wirkung seiner Worte und seiner Persönlichkeit zu verlassen, und er tat gut daran. Seine lockere Art kam gut an, er verzichtete auf die „Foliengewitter" der Powerpoint-Präsentationen. Manche Zuhörer hatten Referate erlebt bei denen das Auditorium mit Daten und Grafiken förmlich zugedeckt wurden. Was sie hier erleben konnten, das setzte sich davon angenehm ab. Dies waren keine vorgefertigten, einer Datenbank entnommenen Aussagen, hier entwickelte der Referent die wesentlichen Punkte vor ihren Augen, sie waren nachvollziehbar und blieben daher auch besser im Gedächtnis haften.

Als zweites, eher freches Beispiel zur Vorbildwirkung, berichtet der Referent von einem immer wieder nachgestellten Versuch im Zoo. Über einem Affengehege wurde ein Seil gespannt und daran Bananen aufgehängt. Kein Affe der Rotte konnte diese Leckerbissen erreichen. Danach wurden alle Affen bis auf ein rangniederes Männchen entfernt. Ihm wurde nun beigebracht wie er mit Hilfe von Kiste und Stock an die Bananen gelangen konnte. Stolz wollte er dies danach der wieder erschienenen Affenschar zeigen. Doch er scheiterte und bezog für seine „Anmaßung" sogar noch Prügel. Im dritten Schritt wurden die Affen erneut ins Quartier verbannt und ihr „Häuptling" so unterwiesen wie zuvor das statusschwache Männchen. Anschließend zeigte der „Oberaffe“ wie die Bananen zu holen waren. Bald darauf beherrschten alle die neue „Kunst“. Dieses Beispiel hatte der Referent verschmitzt lächelnd dem Auditorium mit in die Pause gegeben.

Ein Schicksalsschlag

Der Referent Fabrizius meldete sich bei Dr. Conradi mit dem Bemerken ab, er wolle draußen kurz Luft schnappen und dabei auch einen schnellen Blick auf die sich vor dem Hotel ausbreitende Außenalster werfen. Er stünde danach gerne noch für eine Pausendiskussion in kleiner Runde zur Verfügung. Er lächelte Carmen zu und wand sich geschickt durch die Menge. Lebhaft diskutierten die Gäste untereinander und tauschten sich angeregt über das zuvor Gehörte aus. Plötzlich schreckte sie ein peitschender Knall auf, der einen Moment lang die Unterhaltung unterbrach. Er hatte sich zwar wie ein Schuss angehört, konnte aber auch eine andere Ursache haben. Da sich dieses Geräusch offensichtlich draußen auf der belebten Straße „An der Alster" ereignet hatte, maßen ihm die Anwesenden auch keine weitere Bedeutung bei. Als dann jedoch nur wenige Minuten später Martinshörner aufheulten und nervös kreisendes blaues Licht in den Saal hereinflackerte, da merkten nun viele auf. Was war denn da draußen vor dem Hotel passiert?

Sie erfuhren es unmittelbar darauf, und was sie nun hören mussten, das konnten sie nicht fassen. Einige der Zuhörer, die wohl draußen eine Zigarette geraucht hatten, kamen sichtlich verstört zurück in den Saal. Einer von ihnen hastete zum Veranstalter Dr. Conradi hin. „Herr Senator, draußen ist etwas Schreckliches geschehen. Direkt vor dem Eingang wurde auf unseren Referenten geschossen. Aus einem vorgefahrenen Auto heraus stürzten zwei vermummte Männer. Einer zog seine Pistole und wendete sich unserem Referenten zu, der mit dem Rücken zu ihm stand. Bevor wir überhaupt irgendwie reagieren konnten, war es auch schon vorbei. Der Täter hatte Herrn Fabrizius aus nächster Nähe direkt in den Kopf geschossen. Sein Mittäter durchsuchte derweilen mit geübten Griffen den zu Boden Gestürzten. Offenkundig wollte er ihn ausrauben, konnte aber nichts finden.

Mit einem wütenden Fluch in einer mir fremden Sprache ließ er von dem Leblosen ab. Die beiden Gangster sprangen ins Auto, das sich rasend schnell wieder entfernte. Der Hotelportier hatte geistesgegenwärtig Polizei und Krankenwagen angerufen, die auch im Nu angefahren kamen. Nach kurzer Untersuchung wurde der schwer Verletzte ins Krankenhaus gebracht.“

Die Umstehenden hatten alles mitgehört und sie konnten es nicht glauben. Carmen wähnte sich in einem Albtraum gefangen, das soeben Gehörte konnte schlicht nicht wahr sein. Sie wollte sich doch morgen mit Christian treffen, um sich über den damaligen Skikurs auszutauschen. Vor allem aber wollte sie sich bei ihm gebührend für seine, ihr das Leben rettende Tat bedanken. Und nun diese Hiobsbotschaft! Sie trieb ihr die Tränen in die Augen, erschüttert ließ sie sich auf einen Stuhl fallen, während ihre Gedanken kreisten. In ihrem Unterbewusstsein hatte Carmen während des Referats schon ein wenig weiter fantasiert. Vielleicht würde sich aus dem morgigen Treffen eine Freundschaft ergeben? Christian, der ihr seit dem Skikurs und speziell dem Lawinenunglück nie mehr aus dem Sinn gegangen war, hatte an diesem Abend einen tiefen Eindruck bei ihr hinterlassen.

Schnell breitete sich diese schreckliche Nachricht im Saal aus und schlug wie eine Bombe ein. Das zuvor Gehörte und Besprochene hatte auf einmal kein Gewicht mehr. Das durfte doch nicht sein! Konnte das Ganze denn nicht auch ein Irrtum sein? Viele Fragen schwirrten durch den Raum und trugen nicht dazu bei, die Menschen zu beruhigen. Hoffentlich kam der so kompetente wie sympathische Referent wenigstens mit dem Leben davon! Warum wurde ausgerechnet auf ihn geschossen? Wurde er das Opfer eines Zufalls oder einer Verwechslung? Weder dazu gab es eine Antwort, noch eine zum Zustand des Herrn Fabrizius. Aber sehr ernst musste dessen Befinden sein, denn sonst wäre er vom Krankenwagen doch nicht in größter Eile abtransportiert worden.

Der sichtlich geschockte Herr Conradi griff zum Mikrophon und sprach mit stockender und belegter Stimme zu seinen Gästen. „Meine Damen und Herren, ich vermag das Ungeheuerliche einfach nicht zu fassen. Eben noch stand Herr Dr. Fabrizius höchst munter vor uns und hat uns mit seinem beeindruckenden Referat vieles zum Nachdenken mitgegeben. Und nun soll dieser sympathische Mann schwer verletzt worden sein. Ich hoffe nun inständig, dass er diesen meuchlerischen Anschlag überstehen wird. Und wie ich ihrer bedrückten Haltung entnehmen kann, spreche ich hier auch für Sie. Lassen sie uns alle für ihn ganz fest die Daumen drücken. Jetzt sollte eigentlich der zweite Teil seines Referats folgen, der uns nun durch diese hinterhältige Tat verwehrt wird. Danach hatten wir vor, uns gemeinsam und in bester Stimmung einem festlichen Abendessen zuzuwenden. Dazu hatten wir als unseren Ehrengast den Referenten Herrn Dr. Fabrizius eingeladen. Vermutlich wäre es daher auch in seinem Sinne, wenn wir uns entschließen könnten, dieses Essen, allerdings unter einem anderen Kontext, nicht ausfallen zu lassen. In unseren Gedanken wissen wir dann Herrn Fabrizius mit uns am Tisch. Wir alle können leider vorläufig überhaupt nichts für ihn tun. Uns bleibt nichts anderes übrig, als ihm unsere guten Wünsche zu senden und fest die Daumen zu drücken! Ich will nun versuchen, das Essen vorzuziehen und gebe Ihnen gleich wieder Bescheid.“ Der Senator hatte zuletzt mit fast erstickter Stimme gesprochen, ihm ging das Schicksal seines Referenten sichtlich nahe. Es war bedrückend still geworden in dem zuvor noch von Leben erfüllten Saal.

Das Essen konnte dann auch vorgezogen werden, und alle, die sich zuvor dafür angemeldet hatten, fanden sich wieder ein. In der Zeit davor hatte die Polizei die drei Augenzeugen um ihre Sicht des Überfalls gebeten. Zur Person des Opfers befragten sie auch Herrn Dr. Conradi unter vier Augen. Er konnte den Beamten aber lediglich Namen, Beruf und Adresse des Überfallenen nennen, wozu er ihnen auch die ihm vom Opfer gegebene Visitenkarte aushändigte. Einer der Polizisten blätterte das Vortragsmanuskript kurz durch, fand darin aber keine irgendwie kriminalistisch verwertbaren Hinweise. Er bat den Senator, es seinerseits in Verwahrung zu nehmen, wie auch die zwei handschriftlichen Blätter, die auf dem Schreibtisch des Dr. Fabrizius im Hotelzimmer gefunden wurden. Alles andere, was die Beamten an persönlichem Besitz von ihm im Hotelzimmer vorgefunden hatten, darunter Koffer, Geldbörse, Notizbuch und Flugschein, nahmen die Beamten in Verwahrung. Verwertbares hätten sie leider bisher nicht gewonnen, sie müssten daher auch weiterhin von einem Raubüberfall ausgehen. Sie versicherten dem Senator, alles ihnen Mögliche zu tun, um den mysteriösen Fall aufzuklären. Dazu würden sie auch ihre Kollegen von der Kripo in München einbeziehen, um vielleicht in der Heimat des Opfers Hinweise auf die drei Täter zu finden.

Da sich Dr. Conradi nach dem Befinden des Überfallenen erkundigt hatte, gaben sie ihm die Telefonnummer der Notaufnahme der Klinik St. Georg, in die der Verletzte gefahren wurde. Dort rief er auch sofort an und gab sich als denjenigen aus, den das Opfer besucht hatte. Der Titel Senator schien die Sekretärin derart zu beeindrucken, dass sie das ihr eigentlich gebotene Schweigen brach. „Herr Senator, ich kann Ihnen leider nur eine sehr schlechte Auskunft geben. Der junge Herr, der vor kurzem bei uns eingeliefert worden ist, ist leider schon auf dem Transport verstorben. Es tut mir leid für ihn und auch für Sie." Nach diesem kurzen Moment des Mitgefühls wurde die Sekretärin wieder „geschäftlich". „Ich bitte sie die Kleidung, die er anhatte, morgen früh abholen zu lassen." Sie hörte noch sein entsetztes um Himmelswillen! dann legte sie auf. Sterben gehörte eben auch zum Alltag einer Klinik, aber das Mitgefühl durfte den üblichen Ablauf nicht stören.

Tochter Carmen sah es ihrem Vater als er wieder zurückkam schon von Weitem an: Christian war tot. Der Vater, eigentlich selbst des Trostes bedürftig, nahm seine erschütterte Tochter in die Arme und bekam feuchte Augen. „Carmencita, unsere leise Hoffnung ist leider in sich zusammengebrochen wie ein

Kartenhaus. Dr. Fabrizius ist tot, er muss schon tot gewesen sein bevor er in der Klinik ankam. Schätzchen, Dir geht es sichtlich nahe, so als ob Du ihn kennen würdest. Dabei war er doch für Dich wie für mich bis vor wenigen Stunden ein Fremder.“ Unter Tränen widersprach ihm seine Tochter: „Papa, hier irrst Du Dich, ich kannte ihn tatsächlich schon. Christian ist mein Lebensretter, nach dem wir so vergeblich gesucht hatten. Wir wollten uns morgen treffen, damit ich mich endlich bei ihm für seine Tat bedanken konnte. Und nun diese fürchterliche Tragödie. Wo wir uns treffen wollten und auch wann, das hätten wir dann beim Abendessen ausgemacht. Papa, warum hat das nicht sein dürfen? Jetzt stehe ich mein Leben lang in seiner Schuld!“ Sie wollte weiter sprechen, doch versagte ihr die Stimme. Als sie sich wieder etwas gefasst hatte, berichtete sie ihrem Vater unter welchen Umständen sie unmittelbar vor dem Vortrag wieder aufeinander gestoßen waren. Sich ihn, den netten Skilehrer, als einen renommierten Autor und Referenten vorzustellen, das hätte sie sich zuvor nicht einmal im Traum ausdenken können. Und nun endete alles in einem derartigen Albtraum. „Wer wird es denn seiner Familie nahebringen? Für die muss dies ja ein unfassbarer und nicht zu begreifender Schicksalsschlag sein!“ „Die Polizei wird die Angehörigen aufsuchen und es ihnen schonend beibringen. Das machen die Beamten stets sehr feinfühlig. Routine wird das nie, und das Leid und der Schock der Angehörigen lassen nicht einmal einen hartgesottenen Polizisten kalt. Aber auch wir sollten versuchen, mit ihnen Kontakt aufzunehmen, um ihnen unser Mitgefühl auszudrücken.“

Die akribische Untersuchung der Kriminalpolizei verlief leider im Sande. Sie hatten wirklich alles abgeklärt, in der Drogenszene recherchiert, Kontakt zum Verlag aufgenommen und auch zu seinem Agenten, der ihm zugleich Freund und Steuerberater war. Doch nirgendwo ergab sich auch nur der geringste Anhaltspunkt, um von der spontan getroffenen Einschätzung abzurücken. Ein etwa vierzehnjähriger Junge, der am Hoteleingang die vornehmen Herren bestaunt hatte, sagte zu den Polizisten, dass die drei

Mörder Albanisch gesprochen hätten. Er stamme selbst aus dem Kosovo und kenne diese Sprache. Obwohl der albanische Junge als Zeuge noch zu jung war, nahmen sie dessen Aussage zu Protokoll. Derjenige, der dann die Tat ausgeführt hatte, habe zuvor dem Fahrer zugerufen: „Xherdan, ist das der gesuchte Mann?“ Was der Fahrer ihm bestätigte, und den Mörder handeln ließ. Damit konnte die Polizei zwar direkt nichts anfangen. Gerichtlich verwertbar sei die Aussage des Jungen ohnehin nicht, aber als Anhaltspunkt für die Kollegen von der Kripo vielleicht doch. Leider musste dieser Raubmord später dann doch zu den ungeklärten Fällen genommen werden, was der Senator über seine Beziehungen erfahren hatte. So blieben die Conradis im Besitz des Manuskripts und der Skizzen, die vielleicht zu einem Kapitel seines geplanten dritten Buches gehörten.

Seit dem Mord an Christian war Carmen stiller geworden. Sein Manuskript hütete sie wie einen Gral. Ihr Interesse galt nun vor allem dem zweiten Teil seines Referats, in dem sich Christian zum Thema Motivation äußern wollte. Sie konnte lesen, dass Geld für das Motivieren eher zu vernachlässigen sei, eine zu den Kollegen relativ stimmige Entlohnung aber Demotivierung verhindere. Zwei Punkte gelte es dabei zu beachten: Es müsse in Relation zu der eigenen und vom Chef objektiv beurteilten und eindeutig gespiegelten Leistung stehen. Eine Gehaltserhöhung würde daher nur kurz motivieren, mache aber bei einer ungerechten Einstufung dauerhaft unzufrieden. Mit den Verweisen auf drei Theorien zur Motivation konnte Carmen nichts anfangen. Wie er das wohl dem Auditorium vermittelt hätte? Es standen noch andere Punkte, oft in Form von Stichworten in dem Manuskript, aber damit wollte sie sich mangels Hinführung vorerst nicht weiter beschäftigen. Was sie allerdings mehr interessierte, das waren die Sätze, die Christian auf Hotelpapier notiert hatte.

Aus diesen Gedankensplittern, die Christian offenkundig direkt nach seiner Ankunft im Hotel festgehalten hatte, hoffte Carmen noch mehr über ihn zu erfahren. Die Zeilen waren gut zu lesen, trotz der kleinen Schrift auf dem Hotelpapier. Ließ sich aus dieser klaren Schrift, wie seinen Notizen entnehmen, dass Christian ein lauterer Charakter war? Nach wie vor beschäftigte sie ihr Lebensretter weit mehr als ihr eigentlich lieb sein sollte. Häufig kreisten ihre Gedanken um das Referat und um das vom Schicksal verhinderte Gespräch. Oder war es vielleicht doch eher der Mann Christian, der sie faszinierte?

Ihr Vater, dem Carmens gewandeltes Verhalten nicht entgangen war, sprach sie darauf an und erhielt die Antwort: „Papa, Du siehst es richtig. Der Mord an Christian und er selbst als Person beschäftigen mich immer noch. Ich hatte mich doch so auf das Gespräch mit ihm gefreut, und dann wurde nichts daraus. Gerne hätte ich gewusst, wer er wirklich ist. Da steht vor meinem inneren Auge Christian der nette Skilehrer. Er hat uns auf der Piste zwar nichts geschenkt, aber auch immer wieder ermutigt. Und am Abend „zauberte“ er mit seiner Gitarre eine uns alle verbindende fröhliche Stimmung her. Christian hat uns, was ich frei weg zugebe, alle in seinen Bann gezogen, auch unsere nette Frau Mehling empfand ihn als einen Glücksfall. Nicht nur ich habe für ihn geschwärmt. Nur unsere Lehrerin Frau Stillweger und der andere, weniger kompetente Skilehrer Martin Schregle mieden ihn. Vermutlich war ihm dieser österreichische Skilehrer als lokaler „Aufpasser“ zugeteilt worden. Vielleicht wusste Christian etwas Abträgliches über diesen Martin Schregle. Was zwischen Frau Stillweger und Martin abgelaufen ist, und was sie dann dazu bewogen hat, sich Christian gegenüber fast abweisend zu verhalten, das kann ich mir aber nicht erklären?“

„Wer hatte denn von den vier Erwachsenen die Leitung inne? Vielleicht erklärt sich daraus das ablehnende Verhalten.“ „Das war von vornherein klar. Unsere Lehrerinnen betreuten uns so wie sonst in der Schule, aber der Leiter des Kurses war eindeutig Christian. Bei seiner Vorstellung machte er die Rollenverteilung der Erwachsenen sehr klar, wie auch die von uns Schülerinnen. Locker aber eindeutig erklärte er uns die Spielregeln in der

Berghütte und auf der Skipiste. Ohne Regeln gäbe es Unstimmigkeiten und Streit, was sich so vermeiden ließe. Bei einem solchen Skikurs sei ein kameradschaftliches Verhalten üblich. Außerdem gehöre dazu auch, dass Skilehrer und Schülerinnen sich duzten. Dies gelte natürlich nicht für die Lehrerin, hier bleibe es selbstverständlich bei der üblichen Anrede. Frau Stillweger, die doch so großen Wert auf Förmlichkeit legte, war sichtlich erleichtert. Christian nannten wir alle Chrissi, er war der viel nettere der beiden Skilehrer. Außerdem brachte er uns wesentlich mehr bei als sein Kollege. Daher sah er sich auch gezwungen, die Betreuung der beiden Gruppen täglich zu wechseln. Damals hat er uns auch unmissverständlich vor Augen geführt: Bei aller Kameradschaft gelte für sie, die Skilehrer ein eisernes Gebot. Enge Beziehungen zwischen ihnen und den anvertrauten Schülerinnen dürfe es unter keinen Umständen geben! Dabei hatte er sicher nicht absichtslos auch seinen Kollegen Martin im Blick. Eines erfasste ich bald, die beiden Skilehrer waren sich nicht grün.“

„Carmen, Du sagtest, Du hast für ihn geschwärmt. Ging das bei Dir vielleicht doch etwas tiefer, was ich jetzt gut verstehen könnte. Die Persönlichkeit von Christian Fabrizius hatte auch mich beeindruckt und das nicht nur als eloquenter Referent.“ „Papa, darüber grübele ich schon seit seinem Tod nach. Ich stelle es erst gar nicht in Abrede, unbewusst hatte ich mir vermutlich von dem Gespräch mit ihm viel erwartet. Vielleicht hätte sich daraus ja der Beginn einer Freundschaft ergeben. Als ich ihn an dem verhängnisvollen Abend als Referent erleben durfte, da hat er mich erneut in seinen Bann gezogen. Und auch als Mann hatte er mich angesprochen, obwohl er, was wir nun wissen, vierzehn Jahre älter war als ich.“ Ihr Vater nahm sie in die Arme, er fühlte mit ihr, verstand ihre getrübte Stimmung.

Nach diesem Gespräch mit ihrem geliebten Vater fühlte sich Carmen etwas besser. Nun war sie auch in der Stimmung, sich mit den ungeordneten und noch nicht ausformulierten Gedanken des

Toten zu beschäftigen. Er schreibt: „Haben wir noch Achtung vor jenen Menschen, denen wir unser tägliches Brot verdanken, oder vor Arbeitern, die für uns Tätigkeiten erledigen, für die wir uns zu gut halten oder sie schlicht nicht können? Wir sollten uns immer mal wieder eines klar machen: Nur dank ihrer Arbeit können wir uns auf das konzentrieren, was unsere spezielle Kompetenz ausmacht! Müssten wir all das selbst erbringen, was uns Handwerker, Dienstleistende u. A. abnehmen, was wäre denn dann? Unsere arbeitsteilige Wirtschaft käme dann nicht mehr vom Fleck, bräche bald zusammen. Wir kämen dann bald nicht mehr so richtig zu unserer eigentlichen Bestimmung. Jeder Mensch sollte, wenn es von den Rahmenbedingungen, den Anlagen und der Qualifikation her möglich sei, die Aufgaben übernehmen, die ihm liegen. Dafür gebührt jedem einzelnen unser Respekt.

Unsere zunehmende Akademisierung könnte irgendwann eine weitere Kluft zwischen Handwerkern, Arbeitern und uns aufreißen, neben der schon bestehenden zwischen arm und reich. Damit ginge in Deutschland ein wesentliches Bindeglied in unserer Gesellschaft verloren. Es lässt uns, so wie leider vielen in der Politik, den Kontakt zu dieser in ihrem Umfeld meinungsbildenden Gesellschaftsschicht verlieren. Wir wissen dann bald nicht mehr, wie das „Volk“ denkt und fühlt, weil uns die Bodenhaftung abhandengekommen ist. Es wendet sich ab von denen da „Oben“, die sie ihrer Ansicht nach nicht mehr vertreten, weil sie sich von ihnen weder verstanden fühlen, noch nachvollziehen können, worum es wirklich geht. Das gegenseitige Vertrauen wäre weg, Ablehnung und diffuse Ängste würden stattdessen um sich greifen. Viele Völker beneiden uns um unsere gewachsene Gesellschaftsstruktur, die nicht in scharf abgegrenzte Schichten zerfällt, sondern in einem gewissen Maße durchlässig ist. Wir können nur vermuten, was dann an Stelle des Verlorenen treten wird. Moderate Kräfte werden dies sicher nicht sein! Wer sich nicht verstanden fühlt und sich enttäuscht abwendet, der wählt nicht selten den Weg zu gefährlich simplen und radikalen „Lösungen“. In diesem Sumpf verlieren dann selbst die

Besonnenen den Grund unter den Füßen und kämpfen nur noch ums eigene Überleben. Unser sozialer Frieden ist eine gewachsene, ja große Errungenschaft, eine, die wir nicht aufs Spiel setzen dürfen. Wer je in Ländern gelebt hat, in denen dieser soziale Ausgleich nicht gegeben ist, wo hohe Mauern die Wohlhabenden vor den Menschen schützen müssen, von denen sie eigentlich leben, der kann meine Sorge nachempfinden.

Noch etwas möchte ich gerne ansprechen. Viele, die es beruflich zu etwas gebracht haben verstecken die eigene Herkunft vor Ihresgleichen. So als müssten sie sich dafür schämen ihre Kindheit und Jugend auf einem Bauernhof oder in einem Arbeiterhaushalt verbracht zu haben. Als wäre dieses Milieu ihrem Fortkommen abträglich. Vergessen sind die Notzeiten von Krieg und Nachkrieg in denen doch alle sehr dankbar waren dafür, dass ihnen die Bauern etwas außer der Reihe gegeben haben. Damals haben wir diese Bauern geschätzt, aber heute? Wer seine Herkunft und Vergangenheit leugnet, der hat m. E. auch keine unbeschwerte Zukunft vor sich. Reden wir miteinander, geben wir zu erkennen, dass auch wir nur ein Rad im Getriebe der Wirtschaft sind, die genauso einer speziellen Tätigkeit nachgehen, wie er als Bauer, Handwerker, Postbote, und mit wem wir sonst in Berührung kommen. Hierzu müssen wir uns aber noch eines deutlich machen, was deren eigene Existenzgrundlage bedroht und unsere gewachsene Sozialstruktur gefährdet.

Wie ist dies zu verstehen? Dazu ein Beispiel: Statt beim Bäcker einzukaufen, der sich redlich um gute Qualität bemüht, gehen unsere Frauen zum Discounter, um ein paar Cent zu sparen. Und wie reagieren die Bäcker darauf? Sie versuchen so gut es geht, als Backkette zu überleben, um preislich mithalten zu können. Beste Qualität lässt sich aber so nicht mehr erreichen, denn die hat nun mal ihren Preis. Aber selbst diese Ausweitung, die vielleicht nur eine Flucht nach vorn ist und manchmal auch nur das endgültige Aus hinausschiebt, die schaffen nur wenige. Zumeist verschwindet der vertraute Betrieb aus dem Viertel, öfters im Zug des

Generationenwechsels. Und was ist die Folge? Verödete Dörfer, stereotype Städte und langweilige Einkaufszentren an der Peripherie. Das wäre an sich schon schlimm genug, aber etwas anderes wiegt noch schwerer. Der Wegfall eines unsere Zivilisation tragenden Elements, des Bindeglieds zwischen „Oben“ und „Unten“ bricht damit weg und lässt eine tiefe Kluft zurück. Christian hatte an dieser Stelle abgebrochen, seine Schlüsse daraus und die von ihm gesehenen Lösungen hätten Carmen interessiert, doch die hatte er mit ins Grab genommen. Vermutlich hätte er in seinem dritten Buch eher gesellschaftskritische Töne angeschlagen. Ob er damit bei den Managern Gehör gefunden hätte? Diese Frage muss offen bleiben, zumal der Kontext ja fehlte.

Der „Hausaltar“

Kannte Carmen Christian Fabrizius dank dieser Zeilen nun noch ein wenig besser? Ihr schien es so zu sein. Vor ihr stand der gute und allen helfende Skilehrer, der dafür gesorgt hatte, dass alles bestens lief und am Abend Stimmung im Gastraum der Berghütte aufkam. Dann hatte sie ihn als kompetenten und mitreißenden Vortragenden erlebt, als einen, der auch skeptische Geister überzeugt und in seinen Bann gezogen hatte. Die Zeilen, die er kurz vor dem Referat niedergeschrieben hatte, gaben ihr einen Einblick in seine innere Haltung, wie in seine „Werkstatt“ als Autor. Ja und nicht zuletzt sah sie den Mann Christian vor sich, der sie nicht gleichgültig gelassen hatte. Doch ganz exakt vermochte sie sein Bild nicht festzuhalten, immer wieder schoben sich die beiden anderen Rollen darüber. Hatte sie überhaupt einen Zugang zum privaten Christian gefunden, oder hielt sie sich an der Vorstellung fest, die sie sich selbst von ihm gemacht hatte?

Eines Tages hatte Vater Conradi etwas Besonderes für seine Tochter in petto. Seit Christians Tod waren nun drei Wochen vergangen, aber weder der Vater noch seine Tochter hatten wieder zur Normalität zurückgefunden. Wobei nicht die alltägliche Routine gemeint war, sondern der Fluss der Gedanken, die immer wieder zu dem Mord zurückkehrten und sich an der Person Christian Fabrizius festhielten. Hinrich Conradi hatte versucht, Kontakt zu den Hinterbliebenen des Toten aufzunehmen, was ihm aber leider nicht gelungen war. Der telefonische Bescheid des bevollmächtigten Agenten und Anwalts von Dr. Fabrizius, des Herrn RA Michael Rauch, lautete lapidar: Frau Marianne Fabrizius wünsche in Ruhe gelassen zu werden, sie käme ohnehin über den Tod ihres Neffen nur schwer hinweg.

Selbst ihres Vaters Versuch, über den Verlag, der seine Bücher veröffentlicht hatte, mehr über Christian Fabrizius zu erfahren, brachte kein Ergebnis. Er erfuhr, dass auch der Verlag nur mit

Herrn Rauch zu tun hatte, der den Autor in allem vertreten habe. Der Redaktionsleiter, der sich um die Manuskripte des Autors Fabrizius gekümmert hatte, gab wenigstens eines preis. Alle seine Versuche, den Bestsellerautor Christian Fabrizius auch persönlich kennen zu lernen, seien ins Leere gelaufen und endeten stets bei seinem Agenten. Er hätte zwar einmal die Tante seines Autors erreicht, die ihn aber auch an Herrn RA Michael Rauch, den Bevollmächtigten ihres Neffen verwiesen habe. Die Frau habe auf ihn damals den Eindruck gemacht, als stünde sie unter Druck, was er sich aber nicht erklären konnte. „Herr Notar, es wird uns leider nichts anderes übrigbleiben, als in Christian Fabrizius einen verschlossenen oder scheuen Menschen in Erinnerung zu behalten." Herr Conradi vermutete ein Geheimnis dahinter, was aber verneint wurde. Sein Agent und Anwalt sei ein enger Freund des Toten gewesen. Herr RA Rauch gelte in München als bekannter, gut vernetzter und seriöser Anwalt. Wenn etwas faul an der Sache Fabrizius gewesen wäre, dann hätte sich der Anwalt als ein enger Freund des Toten ganz sicher intensiv darum gekümmert. Die Annahme der Polizei, dass es sich mit großer Wahrscheinlichkeit um einen Raubmord handelte, sei aus seiner Sicht schlüssig. „Herr Notar, manches im Leben müssen wir leider als Schicksal stehen lassen, so bitter und mysteriös das auch ist. Der Zufall fragt nicht danach, wessen Lebensfaden er gerade durchgeschnitten hat. Diesmal hat es einen bekannten Autor getroffen und morgen kann ein kleines Kind an der Reihe sein. Ich selbst bedauere seinen Tod auch aus rein ökonomischen Gründen. Die beiden Bücher, die Herr Fabrizius bei uns veröffentlicht hat, haben unserem Verlag sehr gut getan, obwohl uns sein Anwalt einen schwer zu akzeptierenden Vertrag aufgezwungen hatte. Zum Glück wurde das Buch ein großer Erfolg. Von einem Bestseller hatte ich zwar geträumt, aber das durfte ich ja nicht erwarten. Ich bin mir sicher gewesen, dass auch sein drittes Buch, an dem er schon gearbeitet hatte, ein Erfolg geworden wäre." Hinrich Conradi hatte zwar einen guten Eindruck von dem Herrn gewonnen, mit dem er sich über Christian Fabrizius austauschen wollte, aber leider keine vertiefenden Informationen erhalten können. Als er dies seiner Tochter berichtete, war Carmen darüber schon etwas enttäuscht.

Doch heute hielt er eine Überraschung für sie in den Händen. Als sie das dünne Päckchen geöffnet und das flache Geschenk ausgepackt hatte, rief Carmen staunend aus: „Papa, woher hast Du denn diese Photographie? Das ist ja eine ganz aktuelle Aufnahme von Christian. Damit hast Du mir eine große Freude gemacht." „Schätzchen, einer unserer Gäste hatte mit seinem Handy während des Vortrags dieses Bild gemacht. Er ließ es mir erst gestern zukommen. Frau Meyer (*die Sekretärin des Notars*) hat es auf meinen Wunsch vergrößern und rahmen lassen." Hinrich Conradi war nicht entgangen, dass sich bei aller Freude seiner Carmen auch Wehmut hineinmischte. Ihm kam es so vor als hätte seine Tochter einen engen Freund verloren. Musste er sich am Ende gar noch Sorgen machen, dass sich Carmen da in einer fixen Idee verlieren könnte? Das würde ihm als Vater nicht gefallen. Daher fühlte er sich aufgefordert, behutsam dagegen zu steuern.

„Schätzchen, wir sollten Christian Fabrizius, der uns als Mensch wie als Fachmann so beeindruckt hatte, im Rückblick nicht gleich zu einem Familienmitglied machen. Du kanntest ihn zwar, wolltest Dich auch mit ihm treffen, aber daraus solltest Du nicht mehr ableiten, sonst verrennst Du Dich vielleicht noch. Du hattest Dir zwar gewünscht, dass Ihr beide Euch bei einem Gespräch näher kommen würdet. Aber woran machst Du denn fest, dass auch er daran interessiert war?"

„Papa, diese Frage habe ich mir natürlich selbst auch gestellt. Aber ich fand gewisse Anhaltspunkte, die dafür sprachen. Es kann zwar sein, dass ich diese an, vielleicht zu optimistisch betrachteten Kleinigkeiten fest mache, und Dir daher zum Teil Recht geben müsste. Aber das sehe ich von meinem Gefühl her anders. Als mich Christian nach unserem „Zusammenstoß" erkannt hatte, da ging ein Strahlen über sein Gesicht. Und noch etwas ist mir aufgefallen. Auf der Hütte wurde ich von allen Carmen genannt.

Nur für meine engen Freundinnen Monika und Hanne war ich Carmencita. Als ich mich auf der Piste einmal etwas dämlich angestellt hatte, da raunte Christian mir zu: Carmencita, nur Mut, das schaffst Du mit meiner Hilfe. Und er machte es mir noch einmal vor, und ich es ihm nach. Und siehe da, ich konnte es. Dabei schaute er mich so vertraut an wie ein „Mitverschworener". Papa, das war kein Zufall, ich habe gespürt, dass er mich mochte, es aber in seiner Rolle nicht zeigen wollte oder durfte. Als wir uns dann so überraschend wieder gesehen haben, da nannte er mich nämlich nicht nur Carmen, sondern erneut auch Carmencita. Ist es üblich, dass jemand, der im Winter, warum auch immer er das machte, als Skilehrer arbeitet, dich sofort wiedererkennt und sogar mit Namen anspricht? Und Christian hat ja sicher nicht nur den einen Skikurs geleitet, sondern mehrere. Da hatte er doch viele Schüler und Schülerinnen zu betreuen, und konnte sich unmöglich alle ihre Namen merken. Und dann spricht er ausgerechnet mich mit meinem Kosenamen an, und das nach so langer Zeit. Lieber Papa, das kann doch kein Zufall sein. Ich unterstelle, dass ich ihn beeindruckt habe, denn sonst hätte er mich längst vergessen. Als er nach dem ersten Teil seines Referats hinausging, da lächelte er mir zu, das sehe ich noch immer vor mir. Papa, sein letztes Lächeln, sein letzter Gruß, er galt mir. Allein dieser hätte mich ermutigt; aber es hat leider nicht sollen sein. Ein unbarmherziges ihm ungnädiges Schicksal zog einen Schlussstrich darunter."

Ihr Vater nickte zustimmend: „So wie Du es schilderst, ist das recht schlüssig argumentiert. Könnte am Ende aus Dir doch noch eine Rechtsanwältin werden und vielleicht keine Psychologin mehr?" Nun überraschte und erfreute ihn seine Carmen. „Papa, das will ich neuerdings sogar tatsächlich werden!" „Schätzchen, was hat denn bei Dir zu diesem Sinneswandel geführt?" „Papa, das hat sogar auch etwas mit Christian zu tun. Aber nicht nur mit ihm. Dein Herzenswunsch ist mir ja nicht verborgen geblieben, und der ist mir auch nicht gleichgültig. Ich weiß doch wie gerne Du es hättest, wenn ich in Deine Fußstapfen treten würde. Ich konnte mir aber bisher nicht so recht vorstellen, dass ich das Zeug dazu habe.

Mich plagen zwar nach wie vor gewisse Zweifel, aber ein anderer Impuls hat meinem Schwanken nun ein Ende gesetzt. Seitdem ich nämlich indirekt mitverfolgen konnte, wie die Polizei und die Staatsanwaltschaft im Fall von Christians Ermordung recherchiert haben, empfand ich dies als spannend und vor allem lohnenswert. Diese Seite der Juristerei ist sicher sehr interessant und setzt Akribie voraus, was mir in der Schule als Stärke attestiert wurde. Das Ergebnis der bisherigen Recherche im Fall Christian ist für mich allerdings eher unbefriedigend. Meines Erachtens kann das kein Zufallsmord gewesen sein. Einer der Zeugen hatte doch ausgesagt, dass die beiden Täter zuvor auf ihn gedeutet hatten. Dabei gab es doch ähnlich gut gekleidete Herren, die für die Mörder noch günstiger positioniert gewesen wären. Und wie steht es mit der Aussage eines anderen Zeugen, dass der Mittäter Christians Gesäßtasche übersehen hat? Ist es denn nicht so, dass viele Männer ihre Geldbörse dort mit sich tragen? Wenn es den Mördern also nur um den Raub zu tun gewesen wäre, dann hätten sie Christian allenfalls niedergeschlagen oder betäubt, aber doch nicht gleich erschossen. Papa, meinem Gefühl nach ist da etwas ziemlich dubios. Wenn ich mit meinem Studium durch bin, dann werde ich mich um diesen ungelösten Fall kümmern!“

Wieder allein in ihrem Zimmer tauschte Carmen ein Bild an der Wand gegen das Porträt von Christian aus. Versonnen blickte sie auf den Mann, der wie nie ein anderer zuvor, bei ihr große Chancen gehabt hätte. Eine kleine Träne quoll ihr aus dem Augenwinkel. Hätte sie ihr Vater nun beobachten können, dann würde seine latente Sorge wohl wieder aufleben. Lange betrachtete Carmen das Porträt, das einen fröhlichen, schmunzelnden Christian zeigte. Der Fotograf hatte wohl genau in dem Moment abgedrückt als Christian seinen Zuhörern eine „kecke“ Botschaft „zugemutet“ hatte. Sein verschmitzter Blick unterstrich dies noch zusätzlich. Christians eher hageres Gesicht hatte dadurch die Strenge verloren, die sich ansonsten gelegentlich auf ihm zeigte. Konnte man Christian als einen schönen Mann bezeichnen? Das wohl eher nicht, aber als einen markant und männlich

Aussehenden schon. Die hohe Stirn, die dunklen kurz gehaltenen Haare, vor allem aber das kräftige Kinn sprachen dafür. Seine grauen Augen unter den kräftigen Augenbrauen taten ein Übriges dazu, um diesen Eindruck zu vermitteln. Aber kalte Augen waren es bestimmt nicht, eher wache, alles aufmerksam im Blick habende, schon; so konstatierte sie. Doch wie hätte sie ihn beurteilt, wenn sie, Carmen, ihn nicht gekannt hätte und nun nur mit dieser Fotografie konfrontiert würde? Wäre dann ihr Eindruck auch so ausgefallen? Wahrscheinlich hätte sie in Christian einen dieser typischen kühlen Intellektuellen gesehen. Aber jetzt, nach all dem Erlebten? Christian war der Mann, in den sie sich, wenn sie nicht alles trügt, verliebt hätte. Von ihm ging eine Anziehung aus, der sie sich gerne überlassen hätte. Die kleine Todesanzeige, die aus der extra gekauften Süddeutschen Zeitung stammte, fixierte sie hinten auf der Fotografie. „Christian, ich finde Deine Mörder, und ich bringe heraus, wer sie zu dieser Tat angestiftet hat. Dein Tod darf nicht ungesühnt bleiben!“

Eine Zäsur

Über fünf Jahre waren inzwischen ins Land gegangen, Jahre, in denen sich für Carmen Conradi Etliches ereignet hatte, leider auch manches, was weniger schön war. Carmen hatte ihr Studium bestens abgeschlossen, und die beiden Staatsexamen so gut bestanden, dass ihrem weiteren Berufserfolg nichts mehr im Wege stand. Ihre drei Jahre lang anhaltende Beziehung zu einem Assistenten an einem Juralehrstuhl hatte sie wieder gelöst. Die Beziehung mit ihm, der um sieben Jahre älter war, zerbrach letztlich an den unterschiedlichen Lebensentwürfen. Er, ein lockerer und netter Sunnyboy, war bei weitem nicht so zielstrebig, wie sich Carmen dies vorgestellt hatte. Jens musste sich unbedingt habilitieren, um überhaupt einen Ruf an eine Universität erhalten zu können. Doch damit ließ er sich viel Zeit, was er damit begründete, er wolle doch auch noch leben. Aus seiner Sicht war Carmen hingegen eine Streberin, eine, die fast verbissen darauf hinarbeitete, einmal ihres Vaters Kanzlei fortführen zu können. Außerdem störte ihn ihre enge Bindung an ihren Vater. Er musste davon ausgehen, dass sie ihn immer mehr mit diesem so erfolgreichen Vater und schwer erreichbaren Vorbild vergleichen würde. Jens war zwar ein netter und gut aussehender Mann, begabt und heiter, aber ihm fehlte die Reife, die Carmen von ihrem künftigen Mann erwartete. War sie denn je überhaupt so richtig in Jens verliebt gewesen? Diese Frage konnte sie nicht mit letzter Sicherheit beantworten. Es war wohl eher eine gute Kameradschaft, wenn nicht gar eine Zweckgemeinschaft gewesen.

Nach wie vor wohnte sie, die nun fünfundzwanzigjährige Assessorin, zu Hause und kümmerte sich nebenbei um den Zwei-Personen-Haushalt. Die Haushälterin machte zwar alles was täglich anfiel, aber Carmen umsorgte ihren Vater so, dass er sich wohlfühlte. Von jeher hatten Vater und Tochter ein liebevolles Einvernehmen. Das noch immer nicht vergessene tragische

Erlebnis, der Mord an Christian Fabrizius, hatte Vater und Tochter noch enger zusammenrücken lassen. Beide konnten sich in das Befinden des anderen einfühlen und sich auch gegenseitig helfen. Und ihr starker Vater hatte das auf einmal auch tatsächlich nötig. Warum denn dies? Der Senator und Notar Dr. Conradi war doch ein sehr bekannter und geachteter Anwalt und in aller Augen ein Herr, der dank seines Ansehens und seiner Erfolge nur hoch zufrieden sein konnte. Dieser Eindruck täuschte leider, denn Hinrich Conradi hatte vor vier Jahren einen erneuten Schicksalsschlag hinnehmen müssen. 26 Jahre zuvor versetzte es ihm den ersten fürchterlichen Hieb. Schwer war er damals über den Unfalltod seiner ersten Frau Sonja hinweggekommen. Sie, die er so sehr liebte, hatte ein Raser bei seinem unerlaubten Überholmanöver auf einer Landstraße kurz vor Hamburg getötet. Und mit ihr, der Hochschwangeren, starb damals auch sein noch ungeborener Sohn.

Den zweiten Hieb des Schicksals konnte er zwar besser verkraften, aber weh tat er doch. Seine zweite Frau Conchita hatte sich von ihm getrennt und war wieder in ihre Heimat Spanien zurückgekehrt. Obwohl es sich für ihn so allmählich abgezeichnet hatte, traf es ihn doch schlimmer, als er das zuvor angenommen hatte. Zwar konnte Carmen zu ihrer so beschäftigten und immer mehr in ihrer Kunst aufgehenden Mutter leider kein sonderliches nahes Verhältnis entwickeln, doch war auch ihr diese Trennung sehr nahe gegangen. Dieser Schmerz hatte sich aber einige Zeit später in Unverständnis und Parteinahme für den Vater umgewandelt, und das, wie sie fand, wohl begründet.

An jenem verhängnisvollen Abend, als Vater und Tochter zum Referat des Dr. Fabrizius aufgebrochen waren, hatte die schon angeknackste Ehe den weiteren und offensichtlich irreparablen Riss bekommen. Hinrich Conradi, erbost über die einseitige Haltung seiner Ehefrau, hatte beschlossen, nunmehr ein Exempel zu statuieren. Und er wusste auch wie er das anstellen würde. Für Conchita war es ganz selbstverständlich gewesen, dass ihr Mann sie zu ihren Vernissagen begleitete und dafür auch sein Netzwerk aktivierte. Hingegen hatte sich Conchita ungeniert die Freiheit herausgenommen, nun schon zum vierten Mal eine ihm wichtige Veranstaltung zu boykottieren. Dabei waren hierzu doch speziell auch die Ehepaare eingeladen. Hinrich Conradi war von Haus aus nachsichtig und verständnisvoll, doch dieses Mal hatte seine Frau überzogen.

Als die nächste Vernissage der „Künstlerin" Conchita Conradi-Seguin anstand, lud ihr Mann seine Freunde, Bekannten und Geschäftsfreunde bewusst nicht dazu ein. Außerdem beraumte er für diesen Abend noch eine Sitzung der Anwaltskammer an. Seiner Frau machte er klar, dass sie an diesem Abend leider auf ihn verzichten müsse. Unbeherrscht, wie sie sich leider immer mehr zeigte, schrie sie ihn an. „Das wäre dann ja wirklich ungeheuerlich von Dir, und zudem auch noch eine riesige Unverschämtheit, das kannst Du mir doch nicht antun!!!" Ganz ruhig entgegnete er ihr: „Du glänzt doch selbst in letzter Zeit durch mich kränkende Abwesenheit. Doch wenn es um Dir wichtige Dinge geht, dann erwartest Du völlig selbstverständlich von mir, dass ich mit von der Partie bin."

Das konnte Conchita nicht fassen und entgegnete ihm zornig: „Hinrich, das lässt sich doch überhaupt nicht vergleichen. Deine langweiligen Veranstaltungen mit diesen mich so schrecklich anödenden Anwälten und Wirtschaftsleuten sind doch nicht so wichtig wie die Kunst! Wir Künstler bewegen etwas und schaffen etwas Neues. Aber in Deinen Kreisen geht es doch stets nur um das Gleiche, um derart Triviales wie Paragraphen, Geld, Aufträge und Kontakte. Damit wird die Welt bestimmt nicht positiv verändert. Ihr Juristen gestaltet doch nur verzwickte Verträge, die Eure Klienten bei ihren Geschäften begünstigen. Wir Künstler wollen etwas anderes, die Menschen sollen beim Betrachten der Bilder angeregt und innerlich erreicht werden. Deswegen ist die Kunst eben so etwas Besonderes und Unvergleichliches. Das solltest Du endlich auch mal einsehen."

Auf diese aus seiner Sicht überzogene Ansicht seiner Frau ging Hinrich Conradi erst gar nicht ein, er griff einen anderen Punkt auf. „Conchita, aber genau dieselben Leute, die Dich anöden, die sollen Deine Kunst bewundern und Dich als Malerin im Besonderen. Du erwartest allen Ernstes und ganz ungeniert von ihnen, dass sie Deine Bilder erwerben und in ihren Räumen aufhängen. Mit Verlaub gesagt ist dies für mich eine schiefe, ja höchst gespaltene Einstellung.“ Das hätte er nicht sagen dürfen, denn nun war Conchita außer sich. „Hinrich, wenn Du nicht zur Vernissage kommst, dann hast Du mir den Fehdehandschuh hingeworfen, was nicht ohne Folgen bleiben wird!!“

Diese Vernissage wurde für die von ihrer Kunst so überzeugte Malerin zu einem Desaster. Keiner der sonst von ihrem Mann Eingeladenen war erschienen, nicht einmal deren Ehepartner hatten den Weg zu ihr gefunden. Zu ihrer mit so vielen Erwartungen verbundenen Vernissage hatte sich nur ein kleines Häuflein von Interessierten eingefunden. Sie kamen überwiegend aus Conchitas Freundeskreis. Seitens des Galeristen waren auch nur wenige Geladene gekommen. Zu ihnen gesellten sich dann noch einige Künstlerkollegen von Conchita. Diesen ging es leider nicht nur um ihre Kunst, sondern, so wie sie es wiederholt feststellen musste, mindestens genauso um die kulinarischen Köstlichkeiten ihres kalten Buffets. Ihre Künstlerkollegen sprachen außerdem dem gereichten Sekt und Wein kräftig zu, aber das kannte sie schon und es gehörte wohl dazu. Conchita musste mit ihrer Fassung kämpfen, sie machte aus ihrer Verärgerung über ihren Banausen von Mann kein Hehl. Dafür fand sie sogar noch Zustimmung, zumeist von den mitfühlenden Damen. Niemand von ihnen kannte allerdings die eigentlichen Hintergründe, die zu diesem Affront geführt hatten, sondern nur Conchitas Version. Seit diesem misslungenen Abend bestand die kriselnde Ehe der Conradis nur noch auf dem Papier. Der Umgang der beiden Eheleute vereiste zusehends und ließ keine Klärung mehr zu. Die Kränkung konnte Conchita nicht verwinden.

Daraufhin hatte Conchita insgeheim ihre Kontakte nach Spanien wieder verstärkt, um so ihre Heimkehr vorzubereiten. Als alles in Madrid vorgeklärt war, beschloss sie ihren „Noch-Mann“ vor vollendete Tatsachen zu stellen. Sie hatte in ihrer Heimat eine Vierzimmer-Wohnung mieten können, die ihre Eltern in der ruhigen Villengegend ausfindig gemacht hatten, in der sie selbst seit zehn Jahren wohnten. In diesem Haus gab es auch das von Conchita gewünschte Atelier, das im Dachgeschoß des alten Anwesens lag. Der Besitzer nutzte das Haus, seinen Stadtwohnsitz, recht selten, denn er besaß ein großes Weingut auf dem Lande. So konnte Conchita guten Mutes in Hamburg ihre Zelte abbrechen und sich zurück in ihre geliebte Heimat begeben. Sie wartete dazu nur noch eine günstige Gelegenheit ab, um den schwarzen Peter für die Trennung ganz bei ihrem Mann anzusiedeln. Sie wollte ihren sonst so beherrschten Mann irgendwie aus der Ruhe bringen, um ihn zu einer Rektion zu reizen, die sie nutzen konnte.

Schon bald griff Conchita eine höchst banale Gelegenheit beim Schopf. Bei seinem späten Heimkommen ließ ihr Mann trotz heftigen Regens die Haustüre einen Moment lang offen. Diese Chance ließ sich der Pudel von Conchita nicht entgehen, und entwischte nach draußen. Kurz darauf wollte er aber wieder herein. Hinrich, der ihm die Türe zum Garten öffnete und ihn abtrocknen wollte, konnte den Pudel nicht festhalten. Der Hund tobte triefnass durch das Wohnzimmer. Conchita beschimpfte jedoch nicht ihren Pudel sondern ihren Mann, der nicht einmal den armen „Toto“ abtrocknen könne. Wütend zeigte sie auf die Spuren, die der Pudel hinterlassen hatte. Ein Wort gab das andere, verärgert verwies Hinrich darauf, dass ihr verzogener Köter wieder einmal nicht gefolgt habe.

Conchita war außer sich und schrie ihn an: „Mein Toto ist ein ganz lieber Hund und kein Köter. Du bist ja so was von bösartig, gibst vor, ein Tierliebhaber zu sein, aber nun hast Du Dein wahres Gesicht gezeigt!“ Damit endete ihre Tirade nicht, denn sie musste diese Chance nutzen und legte nach. Sie habe sowohl ihn als auch dieses verfluchte Deutschland satt, werde allem den Rücken kehren und nach Spanien zurückkehren. Alles Weitere würde sie von dort aus in die Wege leiten. Für ihren Lebensunterhalt in Madrid forderte sie eine nicht gerade bescheidene Summe.

Hinrich Conradi war es schon davor nicht entgangen, dass seine Frau seit der von ihm boykottierten Vernissage mächtig beleidigt war. Ihre Temperamentausbrüche waren seither auch ausgeblieben. Daher war er nicht sonderlich überrascht über diese heftige Reaktion seiner Frau und konnte ihrem Ansinnen gelassen zustimmen. Conchita hatte mit einer heftigen Reaktion gerechnet, aber keineswegs mit einem solch „coolen“ Verhalten. Erst einmal blieb ihr die Luft weg, denn das hätte kein spanischer Ehemann so einfach hingenommen, er aber, dieser wie immer beherrschte Hanseat sagte noch: „Conchita, eine zeitweilige Trennung kann unter Umständen für uns beide gut sein. Vielleicht wird uns dann beiderseits bewusst, was wir aneinander schätzen und auch nicht missen wollen. Wenn nicht, dann müssen wir uns nach einiger Zeit wie gesittete Menschen zusammensetzen und eine uns beide zufriedenstellende Lösung finden.“

Erneut wurde die impulsive Conchita mit dieser überlegenen Haltung konfrontiert, die sie im Laufe ihrer Ehe je länger je mehr geärgert hatte. Ihrer Ansicht nach mussten in einer guten Ehe auch mal die Fetzen fliegen, um sich danach versöhnen zu können. Stattdessen zeigte sich Hinrich so beherrscht und scheinbar ungerührt, als ginge ihn alles nur am Rande etwas an. Zu gerne hätte sie jetzt gewusst, was wirklich in ihrem Mann vorging. Denn dass ihm diese Trennung nach über zwanzig Jahren Ehe nicht naheging, das nahm sie ihm nicht ab. Mit dieser introvertierten deutschen Mentalität war sie von Anfang an nicht so recht klargekommen, da fehlte doch all das Feuer und die Leidenschaft der Spanier. Das kühle Klima dieses Landes war anscheinend in die Menschen hineingekrochen und hatte das ihnen angeborene Temperament abgekühlt, ja vereist. Solch bitteren Gedanken überließ sich jetzt Conchita Seguin, die gedachte, den Ehenamen Conradi in Spanien nicht mehr zu führen.

Sie, die von ihm so verkannte und gekränkte Künstlerin, wollte in Madrid ein neues und unabhängiges Leben führen. Conchita war überzeugt, in Spanien für ihre Kunst mehr Anerkennung zu bekommen. Sie wähnte sich, was die gescheiterte Beziehung anging, völlig im Recht. Ganz selbstverständlich ging sie davon aus, dass ihr die Hälfte des Conradischen Vermögens und an den Einkünften ihres Mannes zustand. Doch hier erlag Conchita einem Irrtum, denn bei ihrer Eheschließung hatte sie ein Dokument unterzeichnet, in dem eine Gütertrennung vereinbart worden war. Der vorsichtige Anwalt Hinrich Conradi hatte damals nicht ausgeschlossen, dass seine junge Frau eines Tages vielleicht an einem jüngeren Mann Gefallen finden könnte und sich dann mit dem Rivalen und der Hälfte seines Vermögens absetzen wollte? Zu oft hatte er in seiner beruflichen Praxis erlebt, dass solche Ehen gescheitert waren. Die im Frühling der Liebe geschlossenen Ehen waren oft im Vorfeld nicht geregelt worden. Die damit begründete Gütergemeinschaft führte bei Trennungen fast immer zu großen Problemen. Obwohl er damals seiner jungen Frau sehr zugetan war und auch vertraute, erinnerte er sich an die Worte seines Vaters: „Mein Junge, es gibt keine Garantie für eine anhaltende Liebe und auch nicht für eine feste Ehe. Daher rate ich meinen vermögenden Klienten immer zu einem Ehevertrag, der von vornherein Gütertrennung vorsieht. Im Fall einer Scheidung bleibt dann wenigstens die ungerechtfertigte Schmälerung des von den Ahnen ererbten Vermögens aus. Du kannst nach der Trennung ja immer noch großzügig sein, aber es hängt dann allein von Dir ab und eben nicht von anderen."

Conchita, die sich nach wie vor als reiche Frau fühlte, hatte diesen Vertrag längst wieder vergessen. In ihrer Vorstellung ging das Zerwürfnis ohnehin nur von ihrem sturen Mann aus, und dafür müsse er nun eben auch „bluten". Sie, die wie gesagt, aus armen und wenig kultivierten Verhältnissen stammte, konnte sich außerdem ein materiell derart eingeschränktes Dasein wie in ihrer Jugend nicht mehr vorstellen und zog es auch nicht in Betracht. Hätte Conchita diesen Schritt bei Kenntnis ihrer tatsächlichen Rechte auch unternommen? Und durfte sie davon ausgehen, dass sie in ihrer einstigen Heimat emotional dort wieder anknüpfen konnte, wo sie ihr Mann vor einem Vierteljahrhundert herausgeholt hatte? Nicht nur sie hatte sich während dieser Zeit verändert, auch an ihrem damaligen Umfeld war diese nicht spurlos vorüber gegangen. Irrigerweise ging sie aber davon aus, dass die besondere Urlaubsstimmung, die sie bei ihren Besuchen in der Heimat erlebt hatte, nach wie vor die Realität des spanischen Alltags sei.

Voller Zuversicht strickte sie an ihrem Projekt Heimkehr in das Land ihrer Sehnsucht. Bald dort zu leben, wo alles besser sein würde, als in ihrem derzeitigen eingeengten Dasein, beflügelte ihre Phantasie und Stimmung. Eines Tages traf ein Möbelwagen ein, der all das mitnehmen sollte, was sie großzügig als das Ihre ansah. Hinrich Conradi verwahrte sich nicht dagegen, er schritt erst ein als der kostbare Sekretär hinausgetragen werden sollte. „Dieser Sekretär bleibt hier, er ist ein Erbstück aus dem Haus meiner Großeltern!“ Dies nahm Conchita gleichmütig hin, dann würde sie sich eben in Madrid bei einem Antiquitätenhändler ein ähnliches Möbelstück kaufen. Conchita verfügte ja neben den aus ihrer Sicht ihr zustehenden Überweisungen ihres Mannes noch über ein eigenes Konto. Dieses war gut gefüllt, denn sie hatte beim Verkauf ihrer Bilder immer ansehnliche Honorare erhalten. Sie ging zuversichtlich davon aus, auch in Spanien gut verkaufen zu können. Ein Problem gab es dann mit dem verwöhnten Pudel von Conchita. Mitnehmen wollte sie ihn nicht und bei ihrem Mann lassen schon gar nicht. Also übergab sie ihn an eine Bekannte, die mehrere Hunde betreute. Schon am folgenden Tag brachte Carmen ihre Mutter zum Flughafen. Dort hatte sie dann doch mit den Tränen zu kämpfen. Es war zwar kein Abschied für immer, aber ein einschneidender Tag allemal, bedeutete er doch das Ende der Ehe ihrer Eltern.

So ungerührt wie er sich gegeben hatte, war Hinrich Conradi von der Trennung keineswegs geblieben. Offiziell galt nun für alle, die ihn danach fragten, eine Sprachregelung: Wir haben uns auseinandergelebt und gehen künftig getrennte Wege. Ob wir irgendwann wieder zu unserer Ehe zurückkehren werden, lasse ich vorerst offen. Nur Carmen wusste, wie sehr ihr Vater unter dem Scheitern seiner Ehe litt. Er suchte die Schuld nicht nur bei Conchita, sondern auch bei sich. Es war ja nicht allein der große Altersunterschied, der sie allmählich immer mehr entfremdet hatte, es gab dafür noch andere Gründe. Sie, die junge impulsive Frau, fand sich nach der Eheschließung in einem völlig ungewohnten Umfeld wieder. Außerdem war sie in Hamburg nicht nur materiell von ihrem Mann abhängig geworden, sondern auch emotional. Sie lebte erst dann wieder auf, wenn ihr Mann am Abend aus seiner Kanzlei heimkam. Sie zählte nun, ohne den Begriff zu kennen, jetzt auch zu den „grünen Witwen". Aber so allmählich getraute Conchita sich dann doch ihr schützendes Nest zum Einkaufen und Schlendern zu verlassen. Sie besuchte außerdem Ausstellungen und Museen, um keine Langeweile aufkommen zu lassen. Dessen ungeachtet musste sie sich jedoch erst einmal an ein völlig verändertes Dasein in einem ihr sehr fremden Land gewöhnen. Conchita, die bis dahin berufstätig gewesen war, war nun zu einer Hausfrau geworden. Sie lebte jetzt in einem großen Haus, und musste auch nicht mehr auf das Geld schauen. So lange sie denken konnte wollte sie reich sein und ein interessantes Leben führen, so ihre Vorstellung.

Aber als sie sich dann schlagartig in dieser zuvor so sehr gewünschten Lage wiederfand, bemerkte sie erst, dass dieses Leben nicht nur Sonnenseiten hatte. Reich zu sein, das musste auch erst einmal „verdaut" sein. Auf einmal hatte Conchitas Dasein die es bisher stützenden Strukturen verloren, wozu nicht nur die Arbeit gehörte, sondern auch die Geborgenheit ihrer Familie, wie die gewohnten Abläufe in ihrer Heimat. Dort ging es zwar oft recht chaotisch und auch nicht gerade harmonisch zu, aber sie fehlte ihr, diese sich nun immer mehr verklärende Welt. Dagegen halfen nicht einmal die im Abstand von zwei Monaten unternommenen Heimreisen. Spanien blieb für Conchita die lebendige, sonnige und farbige Welt. Um beschäftigt zu sein und der tüchtigen Haushälterin nicht in die Quere zu kommen widmete sie sich nun dem großen Garten. Außerdem verbesserte sie am freien Tag der Haushälterin ihre Kochkünste und vertiefte ihre Deutschkenntnisse. Besonders freute sie sich auf die Wochenenden, denn dann konnte sie zusammen mit ihrem Mann so einiges unternehmen. Mit dem passionierten Segler auf dem Wasser dahin zu gleiten, gefiel ihr immer mehr, und ihre Begabung dafür anerkannte ihr Mann.

Hinrich und Conchita erlebten gemeinsam etliche schöne Jahre, doch mit der Zeit traten die Unterschiede in den Charakteren und der Mentalität, wie der Bildung immer mehr in den Vordergrund. An Hinrich Conradi faszinierte Conchita anfangs seine Eleganz, Bildung und Kultiviertheit, sowie seine vornehme Haltung. Er war ohne Zweifel ein Mann zum Anlehnen, von dem sie außerdem viel lernen konnte. Sie partizipierte auch gerne an dem Ansehen, das Hinrich entgegengebracht wurde. Auf einmal war Conchita eine gut aussehende gnädige Frau, die hofiert wurde. Als Frau Conradi lebte sie jetzt in der Welt, die sie sich immer erträumt hatte. Als sie damals von ihren Eltern besucht wurde, da waren diese hocherfreut über Conchitas sozialen Aufstieg. Sie staunten über das schöne und riesige Haus in bester Lage Hamburgs. Stolz hatte sie Conchita damals durch ihre neue Welt geführt. Ihre Eltern gingen ganz selbstverständlich davon aus, dass ihre Conchita rundum glücklich sein musste. Nachdem sie dann noch erfahren hatten, dass ihre Tochter schwanger war, und sie dadurch zu Großeltern wurden, freuten sie sich riesig. Conchita selbst war damals selig, sie würde nun Mutter werden, konnte ihrem Hinrich ein Kind schenken und ihn so noch mehr an sich binden.

Doch als das Kind geboren war, veränderte sich ihr Dasein quasi über Nacht. Inzwischen hatte sie sich nämlich bestens in ihre

Rolle als wohlhabende und überall hofierte Ehefrau hineingefunden. So leben zu dürfen, das war wirklich ein Traum. Ihr Mann verwöhnte sie, erfüllte ihre Wünsche, die mit der Zeit zwar nicht ausuferten, aber immer anspruchsvoller wurden. Dazu gehörte bald ein schickes Sportauto, mit dem sie beeindrucken konnte. Und was war nun aus diesem Leben geworden? Auf einmal war sie nicht mehr nur die Ehefrau, die so gerne ausgegangen war, jetzt war sie auch eine Mutter. Liebevoll hatte sie sich ihres Säuglings angenommen, aber bald schon bemerkt, wie sehr sie trotz des netten Kindermädchens nun ans Haus gefesselt war. Damit kam sie denkbar schlecht zu recht. Vorbei war es mit der liebgewordenen Freiheit, selbst die Wochenenden hatten sich durch die kleine Carmen verändert. Ihr Kind ließ anfangs weder das Segeln zu, noch sonstige längere Unternehmungen. Außerdem führte ihres Mannes wachsender beruflicher Erfolg dazu, dass er vermehrt Reisen unternehmen musste, und auch am Abend nicht immer pünktlich zu Hause sein konnte. Hinrich war in seinem beruflichen Hamsterrad gefangen und sie in ihrem goldenen Käfig, so erlebte sie diese Zeit.

Daraus wollte sie sich unbedingt befreien, was ihr dann mit der Malerei, ihrem neuen Hobby, auch gelang. Nicht einmal sie selbst hatte damit gerechnet, wie sehr sie sich dadurch selbst verwirklichen konnte. Auf einmal war sie nicht mehr nur die Frau des Anwalts Dr. Conradi, sondern auch noch die Künstlerin Conchita Seguin. Eine positive Kritik in der Tageszeitung über ihre erste Ausstellung stachelte ihren Ehrgeiz erst richtig an. Ohne es selbst ganz mitzubekommen, veränderte sich die Balance zwischen ihren beiden Rollen immer mehr zu ungunsten der Familie.

Besuch bei der Mutter

Carmen hatte sich ein Jahr nach der Trennung ihrer Eltern endlich dazu aufgerafft, nach Madrid zu fliegen. Dort wollte sie ihre Mutter und Großeltern aufsuchen. Wohlweislich hatte sie aber ein Zimmer in einem nahegelegenen Hotel gebucht. Sie wollte unabhängig sein und selbst bestimmen können, wie der Besuch ablief. Und er wurde dann leider, so wie insgeheim befürchtet, zu einem enttäuschenden Erlebnis für Carmen. Die Atmosphäre im Haus der Großeltern empfand sie einmal mehr als ihr nicht zusagend und konfus. Die ewigen gegenseitigen Vorhaltungen und Streitereien der Großeltern, bei denen die Enkelin immer wieder Partei nehmen sollte, hatte sie bald satt. Doch als die Großmutter dann gar noch ihren Ex-Schwiegersohn schmähte, da wurde Carmen ärgerlich und gab ihr deutlich contra. „Wem verdankt ihr denn dieses Haus? Doch nicht Euch selbst. Mein großzügiger Vater hat es Euch geschenkt, und dafür schmäht Ihr ihn. Er ist nicht nur der beste Vater, er ist auch ein gütiger Mensch, den Ihr doch nur flüchtig kennt. Ihr seht ihn durch die dunkle Brille meiner Mutter, die ihre Ehe gar nicht objektiv beurteilen kann. Wenn Ihr dies nicht einsehen wollt, dann verschont wenigstens mich mit diesen unzutreffenden Anschuldigungen. Ich liebe meinen Vater, und ich kenne ihn besser als Ihr alle. Wenn jetzt noch ein einziges schlechtes Wort gegen meinen Papa fällt, dann verlasse ich Euch auf der Stelle." Überrascht über diese bei ihrer sanften Enkelin so ungewohnt heftige Reaktion, hielten sie sich nun zurück. Als dann später noch ihre Mutter hinzukam, beherrschten andere Themen die Gespräche. In diese mischte sich Conchita temperamentvoll ein, wodurch das lärmende Chaos an Intensität noch zunahm. Das, was Carmen so unangenehm war und sie auch nie verstehen würde, dies empfand ihre Mutter anscheinend als das spanische Leben schlechthin, das ihr in Deutschland so gefehlt hatte.

Carmen wurde bei diesem Besuch wieder einmal bewusst, wie fremd ihr diese aufgeregte Welt geblieben war und bestimmt auch ihrem Vater gewesen sein musste. Sie hatte zwar das Äußere von der Mutter geerbt, doch vieles stammte von ihrem Vater, und darüber war sie heilfroh. Ihres Vaters innere Wärme und seine Großzügigkeit bestimmte die eine Seite seines Wesens, die andere prägten Gelassenheit, Beherrschung und Disziplin. Dazu konnte ihr kluger Vater Sachverhalte schnell erfassen und analysieren. Das trainierte sie selbst nun auch während ihres Studiums mit seiner Hilfe. Sie lernte durch ihn, sich im Gestrüpp der Gesetze und Verordnungen zurechtzufinden. Ihrem Vater machte es Spaß mit seiner Tochter darüber zu diskutieren, und er freute sich über ihre raschen Erfolge im Studium. Carmen war für ihn durch und durch eine Conradi und ganz gewiss keine Seguin. Nie war auch Carmen dies bewusster geworden als in jenen Tagen in Madrid.

Beim ersten Besuch bei der Mutter kam Carmen unangemeldet und offenkundig nicht gelegen. Sie bekam gerade noch mit, wie ein halbnackter bärtiger Mann in ein Nebenzimmer verschwand. Carmen kam es so vor, als hätte sie diesen Mann schon einmal irgendwo gesehen. Hier in Madrid sicherlich nicht, es musste also in Hamburg gewesen sein. Bei ihrer Nachfrage bekam sie die lakonische Antwort, er sei ein zufällig zu Besuch gekommener Hamburger Künstlerkollege. Der gebürtige Spanier sei wenig begütert, daher hätte er in Madrid ein Quartier gebraucht. Beim Gang zur Toilette stiegen in Carmen aber erhebliche Zweifel an der Version ihrer Mutter auf. Die Türe zum Schlafzimmer stand nämlich einen Spalt offen und gab den Blick auf das zerwühlte Doppelbett frei. Carmen ging davon aus, dass ihre Mutter sie angelogen hatte, wohl um zu verbergen, dass…?

Als Carmen damals über ihren Vater sprechen wollte, wurde sie barsch unterbrochen. „Ich will kein Wort zu Deinem Vater hören. Er ist für mich nicht mehr vorhanden, ich bin aus seiner kalten Welt entflohen, um hier ein neues und freies Leben zu beginnen.“ Die Mutter griff in die Tischschublade und zog einen Packen ungeöffneter Briefe heraus. „Dein Vater kann so viel schreiben wie er will, mich interessieren seine Briefe nicht, Du kannst sie ihm wieder zurückbringen! Er soll meinen Frieden nicht länger stören, das sage ihm, aber deutlich! Dein Vater ist für mich nur noch ein Teil einer ungeliebten Vergangenheit. Alles was damit zu tun hat, ist für mich heute ohne Bedeutung, ist längst Geschichte. Mich interessiert jetzt nur noch meine eigene Zukunft.“ Damit wusste Carmen auch, ohne dass es ihre Mutter ausgesprochen hatte, welchen Stellenwert sie als Tochter bei ihr hatte. Damit erklärten sich nun auch die für sie so unbefriedigenden Telefongespräche mit ihrer Mutter. Fast immer wirkte diese dabei abwesend, vielleicht fand sie das, was Carmen ihr erzählte auch nur uninteressant. Wenn ihre Mutter überhaupt mal einen längeren Beitrag einbrachte, erzählte sie nur von sich und ihrem künstlerischen Tun. Daher war auch dieses Mal das abweisende Verhalten ihrer Mutter für Carmen bitter und stimmte sie traurig.

Dennoch raffte sich Carmen zu einem zweiten Besuch auf, den sie allerdings zuvor angekündigt hatte. Dieses Mal war die Wohnung einigermaßen aufgeräumt und der bärtige „Besucher“ nicht präsent. Carmens geschultem Auge entging jedoch nicht, dass versteckt hinter einem Schrank Männerkleidung hing. Nun war sie fast sicher, dass es nicht nur die Sehnsucht nach Spanien gewesen war, die die Mutter dazu bewegt hatte, ihre Ehe aufzukündigen. War sie am Ende gar schon in Hamburg mit diesem Kollegen ein Verhältnis eingegangen? Ausschließen wollte Carmen das nicht, aber es machte die Kluft zwischen Mutter und Tochter noch breiter. Wie fremd ihr diese Frau geworden war, die doch immerhin ihre Mutter war. Und an diesem Gefühl änderte sich während der Stunden in der spanischen Hauptstadt auch nichts mehr. Carmen schied zwar nicht im Groll von Mutter und Großeltern, aber enttäuscht schon. Auf dem Heimflug überlegte sie, ob sie das in Madrid Erfahrene nicht besser für sich behalten sollte? Einerseits wollte sie ihren Vater schonen, doch andererseits empfand sie es angesichts ihres so vertrauten Verhältnisses aber nicht richtig. Sie wollte es daheim von der Situation und den Fragen ihres Vaters abhängig machen.

Statt des Chauffeurs stand ihr Vater am Flughafen, was sie zwar sehr freute, ihr aber die Möglichkeit nahm, daheim noch einmal über das ihm zu Offenbarende nachzudenken. Ihr vielbeschäftigter Vater hatte sich seiner Tochter zuliebe ungeniert an diesem Nachmittag freigenommen. Statt nun sofort nach Hause zu fahren, besuchten sie ein gemütliches Cafe an der Binnenalster. An diesem Werktag gab es dort mehrere freie Tische. Sie entschieden sich für einen, an dem sie ungestört miteinander reden konnten. „Schätzchen, ich sehe es Dir an, Dein Besuch in Madrid ist wohl nicht sonderlich erfreulich ausgefallen. Carmen, ich kenne Dich viel zu gut, um das zu übersehen. Bitte verschweige mir nichts, selbst wenn es mir wehtun sollte." So erfuhr ihr Vater, dass Carmen dort nicht gerade erwünscht gewesen war, nicht einmal bei ihren Großeltern, die, wie sie glaubte, von ihrer Tochter Conchita indoktriniert worden waren. Die Enkeltochter war und blieb für sie ihres Vaters Augenstern, und durch ihn hatte sie sich auch zu einer typischen Deutschen entwickelt. Früh schon war ihnen das einerseits fröhliche, andererseits aber auch ungewohnt ernsthafte Kind entglitten. Mehr und mehr wurde Carmen so für Mutter wie Großeltern zu einer eher Fremden.

Carmen hielt auch ihren Verdacht nicht zurück, ihre Mutter hätte einen Geliebten, den sie wohl schon von Hamburg her kannte. Als Carmen diesen schwer zu begreifenden und auch ihrem Wesen widersprechenden Verdacht offen gelegt hatte, war ihr wohler. Einen langen Augenblick verstummte ihr Vater, um Carmen dann mit müder Stimme zu antworten. „Das, was ich leider schon lange vermuten musste, findet nun seine Bestätigung. Dein Verdacht ist zwar noch nicht bewiesen, als gewichtiges Indiz spricht es aber auch dafür. Dennoch will ich darauf nicht reagieren und alles beim Status quo belassen. Ich habe nicht vergessen, dass ich Deiner Mutter vor allem anderen Dich verdanke, und auch Jahre einer schönen Gemeinsamkeit! Dass Conchita die Trennung einseitig an mir festmacht, wundert mich nach der Vorgeschichte nicht. Ich bewerte es als Selbstschutz und als wohlfeiles Argument, um vor sich selbst, wie vor anderen, besser dazustehen. Aber Dich, unsere gemeinsame Tochter, abzulehnen, weil sie Dich nur als einen Teil von mir ansieht, das empfinde ich geradezu als „pervers“. Wie sehr sie Dich damit verletzt, vermag sie offenkundig auch nicht an sich heranzulassen. Dieses zwanghafte Verdrängen wird ihr letztlich selbst schaden, sie wird es noch einmal tief bereuen. Schätzchen, lasse Dich dadurch nicht entmutigen, Mutter bleibt Mutter. Telefoniere weiter mit ihr und verzichte auch nicht, so Du es über Dich bringst, auf einen weiteren Besuch bei ihr. Dann musst Du Dir wenigstens später einmal keine Vorwürfe machen.“

Das Gespräch mit ihrem Vater hatte Carmen wieder etwas aufgerichtet. Es gab ja ihn, der sie von Kind an geliebt und verstanden hatte. Carmen brauchte diese Geborgenheit. Ihr geliebter Papa war der reale Fixpunkt in ihrem jungen Leben. Einen besseren Vater konnte sie sich nicht vorstellen und dafür war sie dankbar. Er war, was die Männer anging, auch so etwas wie die Messlatte, die sie anlegen wollte. Wenigstens musste der Mann, den sie kennen lernen wollte, jene Anlagen aufweisen, die es zuließen, zu einem so besonderen Mann heranzuwachsen, wie es ihr Vater für sie war. Sie wusste aber auch, dass es daher für sie sehr schwer werden würde, irgendwo anders Wurzeln schlagen zu können und sich auf einen Mann einzulassen.

Wie immer wenn sie nach längerer Abwesenheit nach Hause kam, hielt sie Zwiesprache mit Christian. Er gehörte irgendwie zu ihrem Leben, er war längst zu dem anderen in Träumen präsenten virtuellen Fixpunkt in ihrem Dasein geworden. Nur er wäre in ihrer Vorstellung jener Mann gewesen, der das Zeug dazu gehabt hätte, eines Tages mit ihrem Vater mithalten zu können. Ihn idealisierte sie mangels eindeutiger Fakten immer mehr zu einer Lichtgestalt. Sie hütete sich allerdings, darüber mit ihrem Vater zu sprechen, den sie sonst in fast alles eingeweiht hatte, was sie bewegte. Er würde sie zwar verstehen können, aber auch besorgt sein, dass sich seine Einzige in einer Fantasiewelt verlieren könnte. Carmen hatte eines nie mehr aus den Augen verloren. Sie hatte sich fest vorgenommen nach Abschluss ihrer Ausbildung den Mord an Christian aufzuklären. Vielleicht sah Carmen darin auch unbewusst eine Möglichkeit, sich dem realen Christian zu nähern, um so diesem erträumten Idealmann innerlich entsagen zu können?

Freundinnen

Früher als Carmen es sich eigentlich vorgenommen hatte, kam der Anstoß zu einem Flug nach München. Ausgelöst hatte es ein Anruf ihrer Schulfreundin Anna-Lisa Molter, die Carmen zu sich nach Bayern eingeladen hatte. Die Almi, so wurde die attraktive und stets fröhliche Anna-Lisa nach ihren Initialen genannt, war eine Münchener Mitschülerin im gemeinsam besuchten Internat am Bodensee gewesen. Damals hatten sie zu ihrem Leidwesen nur wenig Kontakt gehabt, was daran lag, dass die zurückhaltende Carmen erst ihre beiden letzten Schuljahre im Internat verbracht hatte. Somit waren die netten Mädchen schon „besetzt“, und Anna-Lisa war für Carmen die netteste von ihnen. Verwundert über diesen unerwarteten Anruf wollte Carmen gleich einmal wissen, wie Anna-Lisa ausgerechnet auf sie, Carmen, gekommen sei?

„Carmen, Du warst doch einige Zeit mit dem Jens Halder befreundet, und der Jens ist wiederum ein Cousin meines engen Freundes Klaus. Ich weiß zwar nicht mehr so genau, wie wir in einem Gespräch auf Dich gekommen sind. Auf alle Fälle kamst Du dabei sehr gut weg. Als dann Dein Nachname Conradi fiel, da dämmerte es mir. Eine zweite Carmen Conradi konnte es nicht so leicht geben, also musstest Du diese nette Juristin sein, welcher der Jens noch immer nachtrauert.“ Die beiden Schulkameradinnen führten dann am Telefon ein langes und sehr angeregtes Gespräch. Daraufhin beschlossen sie spontan, dieses demnächst in München noch weiter zu vertiefen.

Carmen nahm sich eine Woche Urlaub. Sie wollte im Anschluss an das Wochenende bei Anna-Lisa auch die Tante von Christian aufsuchen. Carmen hoffte zuversichtlich, dass sie dies irgendwie möglich machen konnte. Die Schulfreundin wohnte wie sie ihr erklärt hatte, im Münchner Stadtteil Obermenzing, unweit des Endes der Autobahn von Stuttgart. Mit einem Mietauto hatte Carmen die kleine ruhig gelegene Wohnung bald erreicht, wo die beiden Freundinnen sich bald bei Kaffee und Kuchen im Gespräch verloren. Anna-Lisa war auch Juristin geworden, arbeitete jedoch nicht in ihrem eigentlichen Berufsfeld. Sie war bei der Kripo gelandet, wo sie eine gute Stelle gefunden hatte. Anna-Lisa wirkte auf Carmen heute noch attraktiver. Ihre blonden Haare umrahmten ein schönes Gesicht, in dem zwei freundlich schauende blaue Augen besonders auffielen. In ihrer fröhlichen Art erzählte Anna-Lisa, dass sie inzwischen in ganz festen Händen sei. Ihr Verlobter Klaus sei ein Arbeitskollege und im Drogendezernat tätig. Derzeit mache er seinen letzten Kurs, der ihn noch eine Stufe höher befördern werde. „Seit einiger Zeit suchen wir eine größere Wohnung und wollen dann auch heiraten.“ Ihre Vorfreude auf dieses Ereignis war deutlich zu spüren.

Carmen freute sich einerseits für die Freundin, wurde andererseits aber auch mit ihrem unbefriedigenden Singledasein konfrontiert. Anna-Lisa hatte wenigstens schon den Richtigen gefunden, sie selbst aber leider noch immer nicht. Sie hatte zwar ab und an den einen oder anderen jungen Mann kennen gelernt, doch zu einer näheren Freundschaft kam es mit Ausnahme von Jens Halder nie. Stets legte Carmen ihre beiden inneren Messlatten an, und da kamen diese jungen Herren nicht gut weg. Keiner hatte aus ihrer Sicht das „Potential“, um jemals auch nur in die Nähe ihres Vaters zu kommen. Einer, der wenigstens mit Christian in etwa mithalten konnte, war leider auch nicht unter diesen. Das beschäftigte Carmen, zumal sie wusste, dass auch ihr Vater seiner Einzigen den passenden Freund gewünscht hätte. Das deutete sie der Anna-Lisa zwar an, doch tiefer wollte sie darauf nicht eingehen. Die Zeit reichte den Beiden noch für einen Spaziergang zur nahe gelegenen Blutenburg, um im dortigen Restaurant einen Kleinigkeit zu sich zu nehmen. Da sich das Wetter merklich eingetrübt hatte, zogen sie sich aber bald wieder in Anna-Lisas gemütliche Wohnung zurück.

„Carmen, bis jetzt habe fast nur ich geredet, was Du durch Dein interessiertes Nachfragen noch verlängert hast. Aber nun würde ich schon gerne etwas über Dich erfahren." „Almi, Du wusstest ja einiges von mir, daran möchte ich anknüpfen. Derzeit bin ich in der Hamburger Staatsanwaltschaft beschäftigt und werde anschließend noch eine weitere allerdings nur kurze Station beim Staat absolvieren. Danach ist mein Berufsweg auch schon weitgehend vorgezeichnet. Mein Vater, ein Anwalt und Notar, führt eine renommierte Kanzlei, in die ich in nächster Zeit einsteigen soll, um dann so allmählich in sie hinein zu wachsen. Dazu muss ich allerdings auch noch promoviert werden, um dem hohen Anspruch der Klientel zu entsprechen. Mein Vater wird mich hierbei wie auch bisher nach Kräften unterstützen. Meine Eltern haben sich leider getrennt, daher lebe ich bei meinem Vater und habe zu meiner Mutter nur noch wenig Kontakt. Von Kindesbeinen an war mein Vater derjenige, der sich trotz seiner großen beruflichen Belastung mehr um mich gekümmert hat als meine Mutter. Die verlor sich mehr und mehr in ihrer Malerei, die sie über alles andere stellte."

Irgendwann kamen sie dann auch auf den gemeinsamen Skikurs zu sprechen, worauf Carmen nur zu gerne einstieg. Anna-Lisa hatte damals eifrig fotografiert, und etliche Aufnahmen zeigten dabei auch ihre damaligen Skilehrer. Anna-Lisa entging es nicht, dass Christian besonders ausgiebig und mit traurigen Augen von Carmen betrachtet wurde. Behutsam fasste sie nach. „Carmen, Du hast also auch für den feschen Christian geschwärmt? Dieser tolle Mann hatte uns ja allen so gut gefallen, wir schwärmten doch für ihn. Nur unsere sich so vornehm gebärdende Lehrerin Isolde Stillweger, aber vor allem dieser unangenehme Martin, der andere Skilehrer, hatten etwas gegen ihn. Ich weiß auch ganz genau, warum das so war! Zufällig hatte ich mitbekommen, wie der Christian die Beiden energisch zur Rede gestellt hatte. Zuvor hatte er sie bei einer leidenschaftlichen Knutscherei ertappt. Chrissis „Belehrung" war derart deutlich ausgefallen, dass sie danach auf ihn stocksauer sein mussten. Ich habe es noch gut im Ohr, was er ihnen zum Schluss seiner Philippika vorgeworfen hatte. Wir alle halten uns hier streng an Spielregeln, die bei unseren Skikursen zu gelten haben! Und nun verstoßen ausgerechnet zwei Erwachsene, die doch als Vorbilder wirken sollen, so grob dagegen! Sollte das noch einmal vorkommen, dann sehe ich mich leider gezwungen, dies im Protokoll an den Veranstalter festzuhalten! Ich hatte aber nicht nur diese Vergatterung mitgehört, sondern vorher auch ihr leidenschaftliches Knutschen gesehen. Die beiden Sünder hatten mich nicht bemerkt und so konnte ich ihr Ausscheren aus der Disziplin sogar mit der Kamera eingefangen.

Christian hatte mich dann seinerseits bei meiner versteckten Detektivarbeit erwischt und dazu nur nachsichtig bemerkt: Madl, wir beiden haben dieses Mal noch nichts gesehen. Dabei hielt er den Zeigefinger vor den Mund, und ich nickte zustimmend wie eine Mitverschwörerin. Der Chrissi war ein Pfundskerl und so ein toller Skilehrer. Zu gerne hätte ich gewusst, was und wer er in seinem normalen Dasein war. Schade, dass dieser Skikurs dann derart tragisch enden musste. Dabei wärst ja Du fast ums Leben gekommen. Wir alle haben damals um Dich, aber auch um ihn gebangt, als er uns vor einer weiteren Lawine gewarnt hatte. Wir alle sollten uns fernzuhalten, was ihn selbst aber nicht daran hinderte, Dich aus der Lawine zu befreien und zu uns zu bringen. Anschließend fuhr er wieder hinein in den Lawinenstrich, um nach dem ebenso verschütteten Skilehrer Martin zu suchen. Durch diesen schlimmen Zwischenfall konnte sich Christian nicht mehr wie geplant am Bus von uns verabschieden. Zu meinem Bedauern ward er von da an nie mehr gesehen. Obwohl er der Sprachfärbung nach ein Münchner sein musste, habe ich ihn nie wieder getroffen, was ich noch heute schade finde.“ Nun war es an Carmen ihrerseits Farbe zu bekennen.

„Almi, da kann ich Dir einiges berichten. Der Chrissi hieß mit Familienamen Christian Fabrizius und er wohnte in Gräfelfing bei München und trug einen Doktortitel. Ich weiß sogar auch, was aus ihm geworden ist. Er war nämlich ein bekannter Autor und ein gesuchter Referent im Managementbereich, was ich selbst direkt miterleben durfte, und was mich sehr beeindruckt hatte. Außerdem war ich leider in seiner Nähe als er auf tragische Weise ums Leben gekommen ist.“ Carmen schilderte ihr das damalige Erlebnis und die Tragik, die damit verbunden war. Anna-Lisa konnte es nur schwer fassen und schüttelte betrübt den Kopf. „Der so nette Christian ist also tot, dabei war er doch so ein gesunder und sportlicher junger Mann. Carmen, das kann doch nicht mit rechten Dingen zugegangen sein. Ausgerechnet in Hamburg, wo er Deines Wissens zuvor noch nie gewesen war, wurde er auf offener Strasse erschossen. Mein Bauchgefühl deckt sich hier mit dem Deinem, das kann kein Zufall gewesen sein, und bestimmt auch kein Raubmord. Jemand musste davon wissen, dass er sich in Hamburg aufhielt, also weit ab von seinem üblichen Lebensraum. Dadurch würden sich im heimatlichen München keine Spuren ergeben, und der vorgetäuschte Raubmord auch glaubhafter wirken als in München. Hieran gilt es anzusetzen, und da bin ich mit von der Partie! So wie Du die Zeugenaussagen gedeutet hast, erscheint mir ein Auftragsmord schlüssig zu sein. Wenn dies zutrifft, dann spricht einiges dafür, dass die Recherche nicht in Hamburg, sondern in München ansetzen muss. Die Aussage meiner Kollegen, sie hätten alles untersucht, erscheint mir in diesem Licht nicht ganz zutreffend zu sein. Vielleicht haben sie etwas übersehen oder eine Aussage nicht hinterfragt.

Doch dies sollten wir für heute noch ruhen lassen, um uns die gute Laune nicht ganz zu verderben. Carmen, ich bin was Christian und Dich angeht, ziemlich neugierig. Ausgerechnet Du, die doch in Hamburg lebt, hattest Kontakt zu unser aller Schwarm! Das interessiert mich brennend!“ Carmen berichtete von dem Hamburger Abend, bis Anna-Lisa einwarf: „Ihr wolltet Euch also am nächsten Tag treffen und miteinander reden. Ich frage mal ganz direkt nach. Hattest Du Dir vielleicht davon etwas mehr versprochen.“ Carmen gestand, dass sie insgeheim gehofft hatte, Christian als Freund zu gewinnen. „Almi, obwohl er doch fünfzehn Jahre älter war als ich, hat er mich dermaßen fasziniert, dass ich damit kein Problem gehabt hätte. Doch es hat leider nicht sollen sein. Der erste Funke, der meine Schwärmerei in eine zarte

Liebesahnung verwandelt hatte, war seine Rettungstat. Als Christian mich mühsam aus der Umklammerung durch die Lawine befreit und mich aufgerichtet hatte, da habe ich ihn spontan geküsst. Und diesen Kuss erwiderte er sehr liebevoll, um dann aber erschrocken innezuhalten. Ich war ihm also nicht gleichgültig, das wurde mir in diesem Augenblick klar. Obwohl es doch so kalt war, zog er seinen Anorak und sogar den Pullover aus, um mich damit zu wärmen. Fürsorglich stützte er mich bis zu Euch ins sichere Gelände. Dann erst suchte er nach dem auch unter der Lawine begrabenen Martin, den er zusammen mit dem sofort alarmierten Hüttenwirt befreien wollte. Wie er sich zuvor unmittelbar nach meiner Errettung vor dem weißen Tod sich meiner noch weiter so lieb und behutsam angenommen hatte, das machte mich sicher, dass ich ihm etwas bedeutete. Es war bestimmt nicht nur sein Verantwortungsgefühl was ihn antrieb. Noch lange habe ich daran gedacht und mich immer wieder darüber gefreut.

Mein Vater und ich haben danach alles daran gesetzt, Christian über den Veranstalter und den Alpenverein ausfindig zu machen, doch es war jedes Mal vergeblich. Selbst der Hüttenwirt, der ihn doch gut kannte, tat auf einmal so, als hätte er Christian bei diesem Skikurs zum ersten Mal erlebt. Wir stießen überall auf eine uns unerklärliche Mauer des Schweigens. Was wir auch unternahmen, wir hatten keinen Erfolg. Und dann treffe ich ihn nach zwei Jahren in einem Luxushotel in meiner Heimatstadt Hamburg wieder. Doch damit nicht genug, erstaunt erfuhr ich damals, welch bekannter Autor und Referent sich hinter ihm verbarg. Sein Vortrag und auch seine Art zu referieren fesselten mich derart, dass ich ihn dafür immer mehr bewunderte. Ich hatte mich schon so auf das angekündigte lange Gespräch mit ihm gefreut, das von diesem entsetzlichen Mord verhindert wurde. Seitdem habe ich ihm, wie mein Vater liebevoll lästert, einen „Hausaltar“ errichtet. Einer der Teilnehmer seines Referats schenkte meinem Vater nämlich ein Foto von Christian, das während seines Vortrags entstanden war. Eine gerahmte Vergrößerung des Fotos hängt seitdem in meinem Schlafzimmer.“ Es wurde ziemlich spät an diesem Abend, denn die Freundinnen hatten sich noch viel zu erzählen.

Christians Tante

Am nächsten Morgen unternahmen die beiden jungen Damen bei nun gutem Wetter eine Fahrradtour, die sie zunächst zu einem ausgiebigen Frühstück im Restaurant „Pumpenwerk“ führte. Dessen eigenartige Bezeichnung erklärte Anna-Lisa ihrem Gast. „Ursprünglich war dieser Backsteinbau eine Pumpstation der Eisenbahn. Hier wurde einst für die Dampfkessel der Lokomotiven das Kesselwasser aus dem nahen Flüsschen Würm gepumpt. Nachdem dieser Bau viele Jahre lang nicht mehr genutzt und am Verfallen war, sanierte ihn ein Investor, fügte den gelungenen Anbau hinzu und machte aus der umgebenden Wildnis einen Gastgarten.“ Carmen fuhr auf dem Rad von Anna-Lisa hierher und diese nahm das Fahrrad ihres Freundes Klaus, der ja dienstlich abwesend war. Nachdem sie dem üppigen Frühstück zugesprochen und die Morgensonne auf der Terrasse des Restaurants ausgiebig genossen hatten, ging es weiter. Anna-Lisa hatte ihrer Freundin kein direktes Ziel genannt, sie sagte nur: „Wir fahren noch etwas gen Süden.“ Sie wollte Carmen, um sie nicht zu beunruhigen, vorläufig noch nicht einweihen. Anna-Lisa hatte nämlich vor, im Gräfelfinger Ortsteil Lochham nach der im Telefonbuch unter Marianne Fabrizius angegebenen Lärchenstrasse zu suchen. Vielleicht fanden sie dort das Haus, in dem Christian gelebt hatte.

Gemächlich fuhren sie durch den schmalen Pasinger Stadtpark, immer entlang der hier rasch fließenden Würm. An ihrem Lauf seien die ersten Siedlungen im Stadtraum München entstanden, erläuterte Anna-Lisa, wovon noch drei alte gotische Kirchen zeugten. Am Ende des Pasinger Stadtparks gab es keinen Hinweis darauf, dass sie München verlassen hatten und bereits auf der Markung von Gräfelfing waren. Doch die Münchnerin Anna-Lisa wusste genau, wo sie jetzt angelangt waren, und auch wo die Lärchenstrasse zu finden war. Sie war nicht davon ausgegangen, dass das Haus von Christian auf Anhieb zu finden war. Nun standen die Beiden vor einem breit ausladenden zweistöckigen

Haus mit ausgebautem Dachgeschoß, das wohl noch aus der Vorkriegszeit stammte. Hinter diesem Gebäude zeigte sich ein moderner Bungalow. Bis dahin ahnte Carmen noch nicht, dass sie bereits an Anna-Lisas Ziel angekommen waren. Erst als diese einen der vier Klingelknöpfe neben dem Gartentor betätigte, da dämmerte es ihr. Sollte Anna-Lisa ihr gar einen unausgesprochenen Wunsch erfüllen? So musste es sein und das versetzte Carmen nun doch in Aufregung. Bang fragte sie sich, wie sie hier ankommen würden.

Eine ältere, auf den ersten Blick etwas verhärmte Frau trat vor die Türe und fragte die beiden jungen Damen freundlich nach ihrem Begehr. Anna-Lisa entgegnete ihr: „Frau Fabrizius, entschuldigen Sie bitte diese Störung am Samstagmorgen. Wir beiden Freundinnen waren einst Skischülerinnen ihres Neffen Christian. Meine Freundin Carmen aus Hamburg war dann sogar noch unter den Zuhörern, die ihren Neffen in der Stunde vor seinem jähen Tod erlebten, und die er so begeistert hatte.“ Die Frau reagierte daraufhin nicht sofort, sie blickte sich besorgt nach allen Seiten um und bat dann die beiden jungen Damen doch herein zu kommen. „Bitte stellen Sie ihre Fahrräder hinter dem Müllhäuschen ab, dann entdeckt sie niemand.“ Warum nur war Frau Fabrizius derart misstrauisch? Vielleicht würde sich ihr Verhalten nun enträtseln, so dachte die Kriminalistin Anna-Lisa bei sich. Als die feine weißhaarige Frau die Haustüre hinter ihnen fest verriegelt hatte, schien sich Anna-Lisas Annahme zu bestätigen, sie musste vor irgendwem Angst haben. Aber warum nur, hatte sie denn etwas zu verbergen oder vielleicht gar zu befürchten?

Frau Fabrizius lebte in einer etwas altmodisch eingerichteten aber gemütlichen Wohnung. Neben dem Wohnzimmer, in das sie gebeten wurden, gab es offenkundig noch weitere Räume. Hatte Christian hier in dieser Wohnung gelebt oder in einer der beiden anderen Wohnungen des Hauses? Vielleicht hatte er, der doch zu Vermögen gekommen war, sich den Bungalow in den Garten bauen lassen? Nachdem sich die jungen Damen vorgestellt hatten lud Frau Fabrizius ihre beiden Gäste zum Kaffee ein und verschwand dann in der Küche. Das verschaffte Anna-Lisa und Carmen die Gelegenheit sich im Zimmer umzusehen. Auf einem antiken Sekretär stand eine Bildercollage, die Christian in verschiedenem Alter zeigte. Als sie in der Erinnerung versunken vor den Bildern Christians verweilten, trat die Hausfrau wieder zu ihnen und sagte mit wehmütiger Stimme: „Mein Chrissi war so ein lieber und fröhlicher Junge, einer den alle mochten, aber auch ein richtiger Lausbub. Nie hatte er mir Sorgen gemacht, schnitt in der Schule immer bestens ab und absolvierte danach sein Studium in Mindestzeit. Und dann war plötzlich alles vorbei und ich blieb allein zurück mit meinem Kummer." So als wollte sie nicht wieder in Traurigkeit versinken, wechselte sie den Ton und schwenkte auf anderes über. „Darf ich Sie nun zum Kaffee bitten!"

Nachdem sie den Kaffee eingeschenkt und dazu auch Kekse gereicht hatte, stellte sie eine Frage. „Frau Conradi, wenn ich mich nicht verhört hatte, dann lautet Ihr Vorname Carmen. Könnte es vielleicht sein, dass Sie manchmal auch Carmencita genannt werden?" Die überraschte Carmen nickte zustimmend: „Frau Fabrizius, weshalb fragen Sie das? Mit diesem Kosenamen bedenken mich nur mein Vater und einige meiner Freundinnen. Die Hausfrau erweiterte die Frage: „Hatte Sie vielleicht mein Chrissi auch so genannt? Wenn ja, dann sind Sie jenes besondere Mädchen, das von einer Lawine verschüttet worden war, und das Chrissi aus dieser befreien konnte. Ich habe es noch gut im Ohr, wie er mir damals davon berichtet hatte. Er sagte mir auch, dass ihm dieses Mädchen ausnehmend gut gefallen habe. Aber als verantwortlicher Leiter des Skikurses habe er dies zu seinem Bedauern nicht zeigen dürfen. Daher sei er so froh gewesen, dass er diese Carmencita dem weißen Tod entreißen konnte. Er haderte mir gegenüber auch ein wenig mit seiner Rolle, denn unter anderen Vorzeichen hätte er versucht, eines auszuloten. Hätte er, der doch um einiges Ältere bei diesem so gut aussehenden, fröhlichen und klugen Mädchen Chancen gehabt?"

Als sie Carmen anschaute, da wusste sie es, denn eine Träne quoll ihr aus dem Auge, als diese es mit trauriger Stimme bejahte. „Frau Fabrizius, dann hatte ich mich also nicht getäuscht, Chrissi war mir zugetan, so wie ich ihm. Ja, er hatte mich nach der Errettung aus der Lawine tatsächlich Carmencita genannt, und ich freute mich sehr darüber. Ich habe ihn sogar spontan geküsst, und dies entsprang nicht nur der Dankbarkeit, die ich natürlich auch empfand, sondern einem anderen Gefühl. Mein Vater und ich haben danach alle Hebel in Bewegung gesetzt, um Christian über den Veranstalter und den DAV ausfindig zu machen, doch wir stießen stets auf eine unsichtbare Mauer des Schweigens. Niemand wollte ihn kennen, nicht einmal der Hüttenwirt, den wir telefonisch erreichen konnten. Wir rätselten über das Geheimnis, das Christian zu umgeben schien. Was uns alles so erschwerte, war, dass ich doch nur seinen Vornamen kannte, nicht aber seinen Nachnamen und auch nicht wo er lebte.“

„Liebe Carmen, dazu kann ich Ihnen später auch die Erklärung geben. Diese ist leider alles andere als erfreulich, und sie hatte Chrissis Leben sehr belastet. Doch nun interessiert mich erst einmal, wie es dann dazu kam, dass Sie und Chrissi sich wieder gefunden haben.“ „Liebe Frau Fabrizius, das war ein unglaublicher Zufall, einer, den sich sonst nur Romanautoren ausdenken können. Ich durfte anstelle meiner Mutter an einem Vortrag teilnehmen, zu dem mein Vater viele Gäste eingeladen hatte. Sonderlich gespannt war ich weder auf das Referat, noch auf den angekündigten, mir völlig unbekannten Referenten Dr. Fabrizius. Mein Motiv war ein völlig anderes, ich wollte lediglich meinen Vater begleiten und darüber vielleicht ein paar interessante Menschen kennen lernen. Woher sollte ich denn wissen, dass der Skilehrer Chrissi und der Referent Dr. Christian Fabrizius ein und dieselbe Person waren. So traf ich ihn völlig unerwartet zwei Jahre nach dem Lawinenunglück wieder – aber nicht im Deutschen Süden – sondern in einem Hotel in meiner Heimatstadt Hamburg. Obwohl er sich doch mental auf sein Referat eingestellt hatte, erkannte er mich; er hatte mich offenbar nicht vergessen. Chrissi begrüßte mich sogar mit dem vertrauten Carmencita. Darüber habe ich mich riesig gefreut, denn ich hatte Christian, der obendrein mein Lebensretter war, natürlich nie mehr vergessen. Wir konnten uns auch noch kurz darüber verständigen, dass wir uns am nächsten Morgen treffen wollten, um länger miteinander reden zu können. Davon hatte ich mir viel versprochen. Ich führte ihn in den Konferenzsaal und erlebte dort meine zweite Überraschung. Dieser charmante Chrissi war jener berühmte Autor und Referent Dr. Christian Fabrizius. Jetzt wusste ich auch, warum wir uns nicht sofort zu einem Gespräch zurückziehen konnten; und dann machte der Mord an ihm alle Träume zunichte.“ Carmen vermochte es nicht ihre Tränen länger zurückzuhalten. Nachdem sie sich wieder gefangen hatte, setzte sie ihre Beichte fort: „Ich kannte nun auf einmal seine Identität, und ich erlebte ihn als bekannten Referenten. Nicht nur ich war höchst angetan von seinem Referat und der Art seines Vortragens. Das hat mich sehr beeindruckt. Aber Christian hat mich als Mann schon noch weit mehr interessiert.“

Carmen berichtete ihren beiden Zuhörerinnen, was ihr Vater und sie alles unternommen hatten, um mit Christians Angehörigen sprechen zu können. Aber von allen, die sie erreichen konnten, wurden sie stets an seinen Agenten RA Michael Rauch verwiesen, der als einziger Auskunft geben konnte, oder durfte. Hier hakte Chrissis Tante Marianne ein: „Micki Rauch verfügt aufgrund seiner Vollmacht über alles und blockt auch heute noch jeden Zugang zu mir ab. Er nahm mir sogar das Versprechen ab, alle Personen, die nach Christian fragen, zu bitten, ihn, den Rechtsanwalt Michael Rauch anzurufen. Wie er sagte, wolle er mich damit vor aufdringlichen Menschen schützen, so seine mich schon damals nicht restlos überzeugende Begründung. Micki ist mir inzwischen unheimlich geworden, und ich traue ihm auch nicht mehr über den Weg. Ich hege sogar den Verdacht, dass er mich bespitzeln lässt. Micki war schon in der gemeinsamen Schulzeit Chrissis Busenfreund, warum auch immer. Ich fand ihn ja auch lange Zeit einigermaßen sympathisch, aber seit etwa sechs Jahren veränderte er sich immer mehr. Der Anwalt wurde einerseits immer sachlicher und hat sich auch als Person zu seinem Nachteil verändert. Chrissi übertrug ihm geschäftliche und juristische Tätigkeiten, die ihn bei seiner wissenschaftlichen Arbeit störten und ihm wertvolle Zeit raubten."

Bei diesem Punkt schaltete sich Anna-Lisa erstmals ein: „Frau Fabrizius, ging dies von ihrem Neffen aus, oder stieg er damals vielleicht auf einen Vorschlag des Herrn Michael Rauch ein?" „Der Vorschlag kam von Micki Rauch. Chrissi wertete dieses Anerbieten damals als einen netten Freundschaftsdienst, auf den er nur zu gerne einging. Als sich dann Chrissis erstes Buch derart gut verkaufte, bot sich Micki ihm auch als Agent an. Er habe ja schon zuvor als sein Anwalt alle Dinge mit dem Verlag geregelt. Das Mandat erweiterte sich anschließend auch auf die sich rasch entwickelnde Vortragstätigkeit Chrissis. Mein Neffe konnte sich damals mit dem besten Willen wirklich nicht selber darum kümmern. Seine wissenschaftliche Arbeit, mit der er sich habilitieren wollte, nahm ihn viel zu sehr in Anspruch. Außerdem musste er fast alle seine übrige Zeit darauf verwenden, um der Bitte seines Verlags nach einem zweiten Buch nachzukommen."

Damit gab sich Anna-Lisa nicht zufrieden und hakte nach. „Sie sprachen davon, dass sich dieser Michael Rauch zu seinem Nachteil verändert habe. Wie würden Sie denn diese Veränderung beschreiben? War diese denn jedes Mal wenn Sie ihn sahen in etwa gleich, oder gab es Phasen, in denen er anders auf Sie wirkte?" Marianne Fabrizius, der die beiden jungen Damen gut gefielen und denen sie von ihrem Gefühl her vertrauen durfte, dachte einen Moment lang über diese Frage nach. Außerdem gefiel ihr deren Interesse an Chrissi, konnte sie doch bisher noch mit keinem Fremden so eingehend über ihn sprechen wie heute. Zugleich bemerkte sie, wie gut ihr das tat. Als Frau Fabrizius nun auf die Frage zu antworten begann, schien sie sich an eine Beobachtung heranzutasten. „Manchmal wirkte Micki fahrig und irgendwie abwesend auf mich, dann wieder gewann ich den Eindruck, als drohe er geradezu vor Tatendrang zu bersten. Ja, und ich erinnere mich jetzt an das leise Zittern seiner Hände, das allerdings nur dann auftrat, wenn er weniger aktiv war. Mein Chrissi schob es auf eine zu große Arbeitsbelastung, er nahm Micki selbst dann noch in Schutz wenn er sich schlecht benahm."

„Frau Fabrizius, was war dies denn für ein schlechtes Benehmen?" „Micki wurde laut, beschimpfte uns als krasse Laien, die sich anmaßten, seine Arbeit als Anwalt zu bekritteln. Dabei hatten wir dies gar nicht getan, wir stellten doch nur Fragen an ihn. Ich, weil ich irgendwie misstrauisch geworden war, und Chrissi, weil er wissen wollte, warum sein Freund Micki etwas so und nicht anders gestalten wollte oder dies bereits getan hatte. Doch nochmals zurück zu seinem nervösen Gehabe. An einem Samstag war es besonders schlimm mit dem Zittern seiner Hände. Aber als er dann nach einiger Zeit wieder von der Toilette zurück war, verlor es sich bald und er war nach kurzer Zeit nicht mehr hektisch, sondern auf einmal ruhig und entschlossen. Damals schenkte ich dieser Beobachtung keine Aufmerksamkeit, aber weil Sie mich nun gezielt danach fragen, werde ich stutzig. Frau Molter hegen Sie denn einen bestimmten Verdacht?"

Die Angesprochene nickte: „Meiner Erfahrung nach kann hier etwas nicht stimmen. Christians Freund, der Anwalt und Agent Michael Rauch, muss entweder ein materielles Interesse an ihres Neffen Einkünften gehabt haben, oder er weiß mehr zu dem Mord an Christian. Aufgrund Ihrer Beobachtungen drängt sich der Verdacht auf, dass Herr Rauch Drogen zu sich nehmen könnte. Ich finde es nun auch an der Zeit, zu meiner Person noch etwas zu sagen. Ich habe erst gestern durch meine Schulfreundin Carmen von Christians Tod erfahren, und heute erst, wie sehr Carmen innerlich mit ihrem Neffen verbunden war. Dabei wollten wir Freundinnen uns nach so vielen Jahren nur mal wiedersehen und miteinander einige schöne Tage in München verbringen. Ich habe beim unvergessenen Skikurs, genau wie die meisten anderen

Mädchen, für den netten Chrissi geschwärmt. Daher hat mich die Nachricht seines jähen Todes auch nicht kalt gelassen. Carmen äußerte die Vermutung, dass Chrissi das Opfer eines Auftragsmordes geworden sein könnte. Nach allem, was ich nun erfahren habe, verdichtet sich dieser Verdacht immer mehr, er geht für mich auch in eine ganz bestimmte Richtung, und die heißt Michael Rauch. Eigentlich lasse ich in meiner Freizeit derartiges nicht an mich heran. Frau Fabrizius, ich habe nämlich von Berufs wegen mit der Aufklärung von Verbrechen zu tun. Ich bin unmittelbar nach dem Studium in Heidelberg direkt zur Münchner Kriminalpolizei gekommen, und bin heute dort im höheren Dienst tätig. Ihr Einverständnis vorausgesetzt, werde ich mich dieses Falles annehmen und mich mit meinen Kollegen beraten, wie wir die Recherche wieder aufnehmen können."

Jetzt fühlte Carmen sich aufgerufen: „Frau Fabrizius, ich wusste bis gestern auch nicht, dass meine Freundin bei der Kripo beschäftigt ist. Mir kommt dies nun allerdings sehr gelegen, denn ich hatte mir fest vorgenommen, nach meinem Studium den Mord an Christian aufzuklären. Er war ja nicht nur mein Lebensretter, er ist doch auch jener Mann, der mir nie mehr aus meinen Gedanken entschwunden ist. Ich bin ihm, und meiner unverhohlenen Zuneigung zu ihm, dies schuldig. Eigentlich wollte ich damals Psychologin werden. Aber unter dem Eindruck des Mordes an Christian, habe ich mich anders entschieden. Zur großen Freude meines Vaters bin ich Anwältin geworden wie er. Derzeit bin ich bei der Staatsanwaltschaft Hamburg tätig, will aber nach einer letzten Station beim Staat in die Kanzlei meines Vaters eintreten. Nun kennen Sie auch meine Motivation und meinen Beruf. Da ich inzwischen ja Ihren Nachnamen weiß, hatte ich vor, Sie morgen anzurufen und hoffte, von Ihnen nicht abgewiesen zu werden. Aber nun kam mir meine Freundin Anna-Lisa zuvor mit diesem Fahrradausflug direkt zu Ihnen. Dass wir nun hier bei Ihnen sitzen dürfen und Sie uns nicht an den Anwalt Rauch verwiesen haben, ist für mich eine große Erleichterung. Mir kommt gerade eine Erinnerung hoch, die ich zuvor nur am Rande wahrgenommen hatte. Die Polizei fragte uns damals nämlich, ob wir mit folgender Eintragung im Notizbuch von Christian Fabrizius etwas anfangen könnten. Am Montag nach seinem Referat stand in ihm „B mit MR". Damit konnten wir nichts anfangen, doch jetzt schon eher. Wollte er sich an besagtem Montag mit diesem Michael Rauch treffen, um etwas mit ihm zu besprechen? Worum es da gehen sollte, kann ich zwar vage erahnen, aber vielleicht wissen Sie damit mehr anzufangen?"

Was würde Frau Fabrizius nun darauf entgegnen? „Bevor ich auf diese bedeutsame Notiz eingehe, drängt es mich, Ihnen Ihre eventuelle Besorgnis zu nehmen. Über Ihren unerwarteten Besuch war ich zuerst schon ein wenig erschrocken und auch misstrauisch geworden, doch das hat sich nun ganz gelegt. Denn eines spricht für Sie, Chrissi hat sie sehr gemocht, und deshalb verdienen sie mein Vertrauen. Ich bin froh, dass Sie gekommen sind, was auch für Ihre Freundin gilt. Endlich einmal kann ich frei über Christian reden, ich erlebe Sie jetzt als Verbündete bei der Aufklärung des Mordes. Dazu sind Sie beide mir sehr sympathisch. Das vorweg, und nun zu der Eintragung in seinem Notizbuch. Christian hatte an besagtem Montagnachmittag mit Micki Rauch ein Treffen vereinbart. Es ging dabei unter anderem um die Abrechnungen seiner Honorare aus Vorträgen und Buchverkäufen. Micki hatte, ohne die direkte Zustimmung von Christian einzuholen, viel von dessen Geld in Anlagen gebunden. Darüber und über eine bestehende Vollmacht wollte Christian mit seinem Freund Michael sprechen."

„Frau Fabrizius, hatte Ihr Neffe damals den Eindruck, dass Herrn Rauch dieses Treffen beunruhigte?" Die Angesprochene nickte und entgegnete: „Frau Molter, Christian sagte mir danach, sein Freund sei wieder einmal ärgerlich geworden, weil ihm kein volles Vertrauen entgegengebracht würde." Anna-Lisa schlug der Dame des Hauses vor, sie doch auch mit ihrem Vornamen anzusprechen, worauf Frau Fabrizius gerne einstieg.

„Vielleicht wundern Sie sich darüber, dass ich über meinen Neffen spreche, als sei ich seine leibliche Mutter. Dahinter verbirgt sich leider eine überaus tragische Geschichte, die seinem aber auch meinem Leben einen anderen Verlauf bescherte. Christian war gerade zwei Jahre alt geworden, als seine Eltern und mit ihnen mein Mann, bei einem Unfall auf dem Weg zum Skifahren ums Leben kamen. Christian befand sich damals in meiner Obhut, und danach war er ein Waise und ich eine Witwe. Dazu ist noch eines vorauszuschicken. Christians Vater und mein Mann waren eineiige Zwillingsbrüder, und seine Mutter war meine jüngere Schwester. Christian hatte bald keine Erinnerungen mehr an seine Eltern, lediglich Fotos zeugten für ihn noch von ihnen. So wurde ich zu seiner Mutter und er zu meinem Sohn. Von klein an wusste er zwar, dass ich „nur" seine Tante war, aber er sah in mir stets seine Mutter. Es fiel mir allerdings auch nicht schwer, diese Rolle anzunehmen. Ohne ihn wäre ich um vieles gebracht worden, denn mein sonniger Neffe bereicherte mein Leben ungemein. Unser Verhältnis war so eng, dass er praktisch alles, was ihn bewegte, mit mir besprach. Ich durfte damals meine gute Stelle bei der hiesigen Gemeinde flexibler gestalten, umso mehr für Christian da sein zu können. Außerdem wohnten meine Eltern unweit von uns und kümmerten sich ihrerseits liebevoll um den geliebten Enkel.

Wie es bei eineiigen Zwillingen nicht anders sein kann, waren die Brüder unzertrennlich und wohnten natürlich im selben Haus. Wir im unteren Stock und sie im mittleren Geschoß. Das war allerdings für uns wenig von Belang, wir hingen ohnehin immer zusammen. Auch ich hatte zu meiner Schwester ein sehr enges Verhältnis, sonst wäre das in dieser Konstellation wahrscheinlich nicht so gut gegangen. Eigentlich wollten wir damals an diesem Tag des Schreckens zu viert zum Skifahren aufbrechen. Aber da die Großeltern selbst einen dringenden Termin wahrzunehmen hatten, blieb ich, die sich aus dem Skifahren nicht so viel machte, mit Christian zu Hause. Wenn es bei einem solch schrecklichen Unglück überhaupt noch so etwas wie Trost geben kann, dann lag er darin, dass es mich verschont hatte und ich für Christian da sein konnte. Sonst hätten sich die Großeltern seiner angenommen, doch die waren schon alt und mein Vater auch leidend. Als Christian zwölf Jahre alt wurde sind seine Großeltern kurz nacheinander gestorben. Die Eltern der Zwillinge sind bei einem Bombenangriff ums Leben gekommen, sie selbst wuchsen daher bei ihren Großeltern auf."

Anna-Lisa unterbrach den Redefluss mit der Frage, ob es noch weitere Verwandte gäbe? „Von Seiten meines Mannes und seines Bruders gibt es keine mehr. Ich selbst habe jedoch noch eine jüngere Schwester. Karin lebt mit ihrem Mann im schweizerischen Baden, unweit von Zürich. Die beiden haben drei Kinder, zwei Mädchen und einen Jungen. Christian verbrachte bei ihnen etliche Ferien, und sein Cousin Reinhard, fünf Jahre jünger als er, kam immer wieder zu uns. Die beiden Buben mochten sich und hatten ein enges Verhältnis zueinander. Reinhard könnte glatt als Christians Bruder durchgehen, so ähnlich sind sie sich von ihrer Art. Aber selbst in ihrem Aussehen gibt es etliche Übereinstimmungen. Die Gene meiner Familie scheinen sich bei den beiden Cousins durchgesetzt zu haben. Auch beim beruflichen Werdegang meiner Neffen ergeben sich große Übereinstimmungen. Beide sind zwar ähnlich locker und liebenswürdig als Menschen, aber beruflich unglaublich zielgerichtet und ehrgeizig. Reinhard wurde allerdings kein Geisteswissenschaftler wie Christian, sondern Arzt wie seine Eltern und Schwestern. Soweit zum familiären Hintergrund meines Neffen Christian, und zu seinem Schicksal als Heranwachsender. Unsere enge Bindung führte dazu, dass er sich im Garten unseres Hauses einen Bungalow bauen ließ und seine Wohnung im Haus an gute Bekannte von uns vermietete.

Ja und dann brach dieses so gnadenlose Schicksal erneut über uns herein. Die Nachricht von Christians Tod, die mich über Micki Rauch erreicht hatte, war für mich nicht zu fassen, und ich verfiel in einen schweren Schock. Als ich mich daraus endlich wieder befreit hatte, und dies auch mit Hilfe meines einfühlsamen Neffen

Reinhard, empfand ich mein Leben auf einmal als sinnlos. Mir war so, als hätte man mir mein Herz herausgeschnitten und mein Leben geraubt, ich verfiel in eine tiefe Depression. Daraus befreite mich, so eigenartig dies klingen mag, erst das Verhalten von Micki Rauch. Er wollte mir eines Tages mit einer Unterschrift den Verkauf von Christians Bungalow in meinem Garten abluchsen. Ich durchschaute aber sein Manöver und verweigerte ihm die Unterschrift. Seitdem versucht er mich mit Verweis auf seine Generalvollmacht immer wieder unter Druck zu setzen. Und ich fürchte ihn immer mehr. Den Bungalow erbte zwar ich als Christians ehemaliger Vormund, aber ich habe einen Erbverzicht zu Gunsten meines Neffen Reinhard geleistet, denn das wäre ganz in Christians Sinn gewesen. Michael Rauch, der immer wieder bei mir auftaucht, nannte dies eine voreilige Handlung, verstieg sich sogar zu der unverschämten Behauptung, dass ich dumm gewesen sei und mich um eine gute Miete gebracht habe. Ich sehe das allerdings anders, denn mir gehören die drei Wohnungen im Vorderhaus. Meine Nacherbinnen sind hier meine beiden Nichten. Annemarie und Marianne. Zusammen mit meiner Rente und den Mieteinnahmen kann ich gut leben. Ja, und große Ansprüche ans Leben habe ich ohnehin nicht mehr. Gerne hätte ich es gehabt, dass Christian eine liebe und zu ihm passende Frau gefunden hätte, und ich so vielleicht auch noch Großmutter geworden wäre. Doch dieser Traum ist zerronnen." Nach einem tiefen Seufzer sagte Frau Fabrizius dann: „Eines verbindet uns drei Frauen nun, Sie und ich wollen herausfinden, wer meinen Christian auf dem Gewissen hat!"

Während dieses Berichts hatten sich die beiden Freundinnen wiederholt angesehen. Denn was sie hörten, verstärkte ihren bereits gehegten Verdacht. Dieser Michael Rauch spielte bei dem Geschehen eine höchst zwielichtige Rolle. Diese aufzuklären, war nach ihrer Ansicht der Ausgangspunkt der Recherche; hier galt es anzusetzen. Anna-Lisa sprach es offen aus: „Es spricht einiges dafür, dass dieser Michael Rauch über den Mord an Christian viel mehr weiß, als er gegenüber der ermittelnden Polizei zugegeben hat. Sein Verhalten spricht auch dafür, dass er etwas zu verbergen hat. Sollte er sich vielleicht ab und an im Drogenmilieu bewegt haben? Dafür spricht wieder einiges, zumindest könnte er eine Verbindung zu diesem gehabt haben. Würde sich dieser Verdacht erhärten, dann könnte dies für unsere Nachforschungen interessant werden. Vielleicht ergibt sich hier ein Zugang zu einer Seite seines Freundes, die ihrem Neffen vermutlich verborgen geblieben ist. Nicht selten werden Drogenabhängige nämlich erpressbar und dadurch zum Opfer krimineller Elemente. Das würde auch zu Herrn Rauchs Persönlichkeitsveränderung passen. Dort will ich nachfassen. Möglicherweise versteckte er sich bisher viel zu sehr hinter seinem Status als Freund und beauftragter Anwalt. Dadurch wirkte er auf die Ermittler glaubhaft und war für deren weitere Ermittlungen uninteressant. Und noch etwas spricht dafür, dass er verdächtig ist. Meines Erachtens hat er als Anwalt und Agent am Erfolg von Christian stark partizipiert. Könnte es denn nicht sein, dass ihm dies nicht gereicht hat, um sein kostspieliges Leben zu finanzieren?“ Anna-Lisa schien in ihrem Element zu sein und stürzte sich mit Eifer auf den ungeklärten Mordfall Christian Fabrizius. Carmen waren ihre Überlegungen aber auch nicht fremd, denn nun schaltete sie sich ein.

„Frau Fabrizius, wissen Sie denn etwas Näheres zum Lebensstil von Michael Rauch? Können Sie vielleicht sogar einschätzen, wie gut seine Anwaltskanzlei läuft?“ Was seine Kanzlei anging konnte Frau Fabrizius wenig sagen, nur, dass er – laut eigener Behauptung – dort sehr viel zu tun habe. Zu seinem Lebensstil konnte sie jedoch einiges beitragen. Der Anwalt wohne in Starnberg und lebe dort in einem großen und mondänen Haus mit Garten. Außerdem fahre er mehrere Autos, allesamt teure Luxusmarken. Von Christian erfuhr sie damals noch, dass der Anwalt ein großes Segelboot besitzt und auch über eine eigene Bootshütte am Starnberger See verfügt. Zu seinem familiären Umfeld wusste Frau Fabrizius aber nur wenig. Mickis Eltern lebten seit Jahren in der Südschweiz, sie hätten aber seit einiger Zeit den Kontakt zu ihrem Sohn eingestellt. Zu seiner Schwester sei die Beziehung auch schon besser gewesen, denn von ihr sei schon lange keine die Rede mehr. All das habe sie von Christian erfahren, der aber den Grund für die Distanz zu Mickis Eltern und zur Schwester nicht kannte. Von ihrem Neffen wusste sie auch, dass sein Freund häufig die Partnerin gewechselt hatte, sonst aber wenig Umgang mit anderen Menschen pflegte. Was Christian auch nicht gefallen hatte, sei, dass Micki in dubiosen Lokalen im Bahnhofsviertel verkehrte. Dort soll er sich mit zweifelhaften Gestalten umgeben, was Christian von einem ehemaligen Schulkameraden erfahren hat. Mickis und Christians Lebensstile hätten – so wie es Frau Fabrizius bewertete – schwerlich gegensätzlicher sein können.

Ihr Neffe Christian habe immer bescheiden gelebt und daher auch nur ein kleines Auto gefahren. Lange hatte er wohl deswegen auch gezögert, den Vorschlag seiner Tante anzunehmen und sich in den großen Garten einen modernen Bungalow hineinbauen zu lassen. Christian hatten seine beiden Zimmer unterm Dach ihres Hauses vollauf genügt. Letztlich habe sie ihn jedoch mit dem Argument überzeugt, dass er ja einmal heiraten werde. In diesem Fall sei doch ein Haus mit Garten für seine Familie eine ideale Sache. Damals hatte er nur verlegen gelacht, es aber nicht mehr so weit von sich gewiesen, wie dies sonst seine Art gewesen war. Etwas verschämt gestand Frau Fabrizius den beiden jungen Damen: „Wissen Sie, ich hätte es schon sehr gerne gesehen, wenn mein Christian endlich eine nette Freundin gehabt und mit ihr eine Familie gegründet hätte.“

Die Frage ob er denn keine Beziehung gehabt habe, verneinte seine Tante. „Mein ehrgeiziger Neffe war viel zu sehr mit seinem beruflichen Vorankommen beschäftigt, als dass er dafür Zeit gefunden hätte. Vielleicht stimmten aber auch seine Vorstellungen von einer Partnerin mit der Realität nicht überein!“ Er sei bei fast jedem Wetter in die Berge gegangen, im Sommer zum extremen Bergsteigen und im Winter zum intensiven Skifahren. Diese Hobbys habe er zusammen mit ähnlich gestrickten Bergfexen ausgeübt. Auch als Skilehrer habe er einige Winterwochen mit großer Freude gearbeitet. Aber nach dem ihm gemachten Prozess wegen des Lawinenunglücks am Arlberg sei ihm dieses Steckenpferd völlig verleidet gewesen.

Hier fassten die Gäste nach, denn von diesem Prozess hatten sie nie etwas erfahren. Zu dem damaligen Unglück seien sie selbst nie befragt worden, obwohl sie doch dessen Zeugen gewesen waren. Außerdem sei es Carmen gewesen, die von dem mutigen Christian aus der Lawine gerettet worden war. Was sie nun erfahren mussten, ließ die beiden Freundinnen aufhorchen. Ausgerechnet Christian Fabrizius sollte wegen grober Fahrlässigkeit und Fehleinschätzung der Lage am Lawinentod des Skilehrers Martin Schregle die Schuld tragen. Christian, der doch als Erster nach ihm gesucht, und der alles daran gesetzt hatte, ihn zu orten und zu bergen. Sie konnten damals leider die Suche nicht verfolgen, weil der Autobus, der sie an jenem Schicksalstag in ihr Internat zurückbrachte, schon an der Talstation des Lifts auf sie gewartet hatte.

Von ihrer Gruppe sei damals ihre Lehrerin Frau Stillweger als Zeugin vor Ort zurückgeblieben. Deren Kollegin Frau Mehling habe sie, die geschockten Schülerinnen, daher allein zum nahen Lift gebracht. Sie sei dann auch mit ihnen in den Bus eingestiegen. Frau Stillweger war erst am nächsten Nachmittag wieder im Internat erschienen. Laut ihren einsilbigen und knappen Angaben hatte sie gegenüber der ermittelnden Gendarmerie den Unfallhergang beschrieben. Da es am Abend des Unglücks für sie keine gute Verkehrsverbindung mehr gegeben hatte, konnte sie erst am nächsten Tag mit Zug und Taxi nachkommen.

Der Plan

Nebenan im Flur schlug die Standuhr drei Mal, was Frau Fabrizius aufschreckte die sich eine schlechte Hausfrau schalt. Sie wollte nun rasch für sie alle eine kleine Mahlzeit zubereiten. Doch das war den beiden jungen Damen überhaupt nicht recht. Stattdessen gingen sie gerne auf ihren Kompromissvorschlag ein, miteinander einen nahen Biergarten aufzusuchen, der direkt an der Würm lag. Anna-Lisa und Carmen fuhren auf ihren Fahrrädern voraus, Frau Fabrizius wollte mit ihrem Auto nachkommen und sich etwas Zeit lassen. Der „Blockwart" wie sie einen Nachbarn nannte, der sie vermutlich bespitzelte, durfte keinen Verdacht schöpfen. Es war tatsächlich nur ein kurzer Weg bis zu dem um diese Zeit noch wenig besuchten Biergarten. Die beiden Freundinnen nahmen an einem Tisch Platz, der unmittelbar an dem Flüsschen lag. Dessen leises Rauschen erschwerte möglichen Zuhörern das Lauschen. Carmen kannte diese ganz andere Art der Gastronomie noch nicht, aber sie gefiel ihr. An einem Stand wählten sie das gewünschte Essen aus und holten sich die Getränke, wobei sich Carmen von der Münchnerin Anna-Lisa beraten ließ. Verwundert stellte Carmen fest, dass sich die Bräuche dieser Bayern von denen ihrer Heimat tatsächlich um einiges mehr unterschieden, als sie zuvor angenommen hatte. Nachdem sie sich kurz über die Unterschiede in Mentalität und Gewohnheiten der Bayern und Hanseaten unterhalten hatten, wendeten sie sich wieder dem Fall Christian Fabrizius zu.

Anna-Lisa und Carmen tauschten sich erst einmal über den Besuch bei Christians netter Tante aus und bewerteten die dort gewonnenen Erkenntnisse. Beide waren sehr zufrieden mit dem, was sie dort erfahren hatten; und auch mit der Gastfreundschaft dieser warmherzigen und liebenswürdigen Frau. „Carmencita, wenn wir mit unserem überraschenden Besuch ein wenig ihre noch immer tiefe Trauer durchbrochen haben, hat er sich schon gelohnt. Und nun schöpft sie vielleicht Hoffnung, dass wir ihr dabei helfen können, sie von der Bedrohung durch diesen dubiosen Anwalt Rauch zu befreien. Außerdem lernte sie in Dir heute die heimlich Verehrte ihres Neffen Christian kennen, und diese hat ihr sichtlich gefallen. Im Augenblick ist ihre Trauer vielleicht noch schmerzlicher, aber langfristig gesehen wird es dann eher tröstlich für sie sein. In Dir hat sie eine Leidensgenossin gefunden, die sich mit dem Herzen in ihre Lage einfühlen kann." „Liebe Almi, Du hast mich gerade Carmencita genannt, was sicher kein Zufall war, und ich freue mich darüber. Ich habe damals im Internat schon etwas darunter gelitten, dass ich dort so schwer Anschluss gefunden habe. Mit der Aussicht auf Freundinnen hat mir mein Vater den Aufenthalt dort schmackhaft gemacht. Ich als Einzelkind sollte, so seine Hoffnung, aus meiner „Isolierung" herauskommen. Aber so ganz hat das in diesen zwei Jahren leider nicht geklappt, und nun führt es mit zeitlicher Verzögerung doch noch zu einer Freundschaft mit Dir."

„Carmencita, und dabei bleibe ich nun ganz bewusst, denn ich sehe in Dir eine enge Freundin, ich will Dir jetzt aufdecken, wie ich vorzugehen gedenke. Ich recherchiere am Montag als erstes, welcher Staatsanwalt damals in München mit dem Fall Christian Fabrizius befasst war. Sollte ich ihn kennen, dann bitte ich ihn, den Fall wieder aufzunehmen, denn es liegen inzwischen seitens der Kripo neue Erkenntnisse vor, die vor allem einen möglichen Anstifter zum Mord ziemlich belasten. Wenn der Staatsanwalt mir nicht bekannt sein sollte, dann ersuche ich eben meinen Chef, sich an diesen Staatsanwalt zu wenden und den zu den Akten genommenen Fall wieder aufzunehmen. Hier bin ich recht zuversichtlich, denn Mordsachen lassen uns nicht in Ruhe. Wie Du sicher auch von Hamburg her weißt, sind wir sensibilisiert und irgendwie auch an unserer Ehre gepackt. Mörder und deren Auftraggeber dürfen auf keinen Fall frei herumlaufen und so für andere zur Bedrohung werden, wie das im speziellen Fall für Frau Fabrizius gegeben ist. Vielleicht bringt uns eine Fangschaltung seines Telefons weiter. Außerdem werde ich mich mit unserem Drogendezernat kurzschließen und finde dort mit etwas Glück nicht nur offene Türen vor, sondern auch konkrete Anhaltspunkte gegen diesen dubiosen Rechtsanwalt Michael Rauch. Dich bitte ich, übermorgen bei Frau Fabrizius nach eventuellen Unterlagen zu suchen, die diesen eigenartigen Prozess betreffen, der Christian in Österreich gemacht wurde. Irgendwie signalisiert mir meine Erfahrung, dass wir hier einen weiteren Faden aufgreifen können, der vermutlich auch zu diesem Michael Rauch führt. Ich werde Dich künftig über den Stand unserer Recherchen auf dem Laufenden halten. Ich müsste mich schon sehr täuschen, wenn dieser Michael Rauch nicht der Drahtzieher des Mordes ist. Er allein konnte davon profitieren, außerdem kannte er als Einziger die berufliche Agenda von Christian. Wie wir ihn letztlich überführen können, hängt von unseren Ermittlungen ab und von der Qualität der gefundenen Beweise, die wir bis dahin hoffentlich zusammentragen können."

Nach kurzer Pause fuhr Anna-Lisa fort. „Mir kommt gerade ein weiterer Ansatzpunkt für unsere Recherche in den Sinn. Sagte Christians Tante nicht, sie habe vom Tod ihres Neffen zuerst durch Michael Rauch und dann erst durch die Polizei erfahren? Nach ihrer Erinnerung sei die Polizei erst eine Stunde nach dem Anruf Rauchs bei ihr erschienen, um ihr den Tod ihres Neffen schonend nahezubringen. Die beiden Beamten waren dann sehr überrascht, dass ihr das schon bekannt war. Carmen, was mich dabei besonders stutzig macht, ist der Anruf von Michael Rauch am Abend und außerhalb der üblichen Bürozeit. Ich werde die Kollegen ansprechen, die damals mit dieser unangenehmen Aufgabe betreut waren. Ich hoffe sehr, dass sie sich noch erinnern können. Wichtig ist mir dabei, ob sie sofort nach Erhalt der Nachricht durch ihre Hamburger Kollegen zu Frau Fabrizius gefahren sind. Ich habe zwar keine große Hoffnung hier weiterzukommen, aber wir dürfen nichts außer acht lassen. Manchmal sind es gerade solche Kleinigkeiten, die letztlich wichtig werden. Zumindest ist es doch nicht uninteressant, woher ausgerechnet dieser Anwalt so früh vom Tod Christians erfahren hatte. Vielleicht findest Du in den anderen Unterlagen von

Christian auch noch einen weiteren Hinweis, der mir und meiner Dienststelle dann weiterhelfen kann."

Am Eingang zum Biergarten zeigte sich jetzt Frau Fabrizius mit strahlendem Gesicht. Ihrer Miene nach musste sie etwas Erfreuliches erfahren haben. Noch bevor sie sich um Essen und Trinken kümmerte, musste sie ihre Freude mit den jungen Damen teilen. „Mein Neffe Reinhard wird mich morgen besuchen. Eigentlich wollte er erst am Montag kommen, um sich um seinen Bungalow zu kümmern. Dafür hatte er sich eine Woche Urlaub genommen. Aber als ich ihm von Ihrem überraschenden Besuch berichtete, disponierte er um. Er wollte nun auch noch die beiden jungen Damen kennen lernen, die gerade wegen Christian bei mir sind. Als ich ihm sagte, dass eine von ihnen jene Carmencita ist, die vor Jahren seinem Cousin so ungemein gefallen hat, da wurde er neugierig. Reinhard erinnert sich noch gut an Christians Bericht über den so unglücklich verlaufenen Skikurs. Die Beiden hatten sich damals lange darüber unterhalten. Einerseits war da das Chrissi so belastende Lawinenunglück, aber andererseits gab es auch ein junges Mädchen, das ihm sehr gefallen hat. Zum Schluss unseres Telefonats sagte mein Neffe Reinhard noch: Tante Marianne, diese Carmencita möchte ich jetzt unbedingt kennen lernen."

Das Handy von Frau Fabrizius unterbrach ihren Redefluss, ihr Neffe Reinhard rief sie noch einmal an. Er habe gerade spontan umdisponiert und sitze bereits im Auto. In etwa drei Stunden sei er in München. Ob sie denn nicht schon heute Abend die beiden jungen Damen zum Essen in ein gutes Restaurant einladen könne? Er sei einfach viel zu neugierig auf die beiden Freundinnen. Anna-Lisa und Carmen waren dazu gerne bereit, und Frau Fabrizius reservierte daraufhin im Restaurant „Goldene Gans" für 20.00 Uhr vier Plätze. Anna-Lisa kannte dieses gepflegte Restaurant und freute sich auf dessen exquisites Essen. Sie käme leider selten in ein besonderes Gasthaus. Ihr Freund Klaus bevorzuge bayerische

Hausmannskost, die er entweder bei ihr oder seinen Eltern bekomme.

Anna-Lisa und Carmen unterrichteten Christians Tante sodann von ihren geplanten Schritten, mit denen sie hofften, den Mord an ihrem Neffen endlich aufklären und sühnen zu können. Die alte Dame stimmte dem Plan sofort zu, sie wollte die beiden Freundinnen dabei in jeder Hinsicht unterstützen. Damit könne sie sich hoffentlich von dem auf ihr lastenden Druck befreien. Sie wolle Carmen am Montag gerne auch alle Unterlagen überlassen, die ihr für die geplante Recherche dienlich sein könnten. Vor allem zwei Aktenordner könnten interessant sein. In erster Linie sei es der mit Michael Rauchs Abrechnungen von Christians Honoraren der Referate und der Buchverkäufe, in dem sich vielleicht noch weiterführende Hinweise finden ließen. Zumindest müsste sich klären lassen, inwieweit der Anwalt Michael Rauch partizipiert habe. Der andere, schmälere Ordner enthalte Rechnungen, die ihm Michael Rauch für die Betreuung des Referenten und Autors Christian gestellt habe.

Damit gab sich Carmen noch nicht zufrieden und fragte: „Mich würde noch eines interessieren. Gibt es denn über den Prozess, der Christian gemacht wurde, keine Unterlagen?“ Doch diese würde es geben, denn Christian sei von Kind an Sammler gewesen, er habe all das akribisch abgelegt, was ihm wichtig oder interessant erschienen sei. Ob Carmen hierin etwas für die Recherche hilfreiches vermute, wollte Marianne Fabrizius wissen. Carmen bejahte es und meinte: „Sollte dieser Michael Rauch ihn in diesem Prozess vertreten haben, kann das durchaus sein. Irgendetwas könnte er nämlich auch daraus zu seinen Gunsten abgeleitet haben.“ „Carmen, das kann ich Ihnen sogleich beantworten: Michael Rauch war damals tatsächlich sein Anwalt und Christian war dabei mit dessen Vorgehen und Argumentation nicht sonderlich zufrieden. Da er jedoch in jener für ihn hektischen Zeit zu sehr mit seiner Habilitationsschrift beschäftigt war, nahm er das Urteil zähneknirschend hin, war aber darüber unglücklich und verärgert. Er hatte auf Empfehlung des Anwalts auf einen Einspruch verzichtet und somit auch darauf, bei der nächst höheren Instanz eventuell Recht zu bekommen.“ Die drei Damen hatten fast zwei Stunden auf den harten Bänken ausgehalten. Sie trennten sich nun, um sich zum Abendessen im Restaurant wieder zu treffen.

Christians Cousin

„Carmencita, Du bist ja richtig aufgeregt, so als würdest Du Dich heute zum ersten Mal mit einem jungen Mann treffen. Dabei wissen wir doch fast nichts über diesen Reinhard. Vielleicht ist er ja wirklich ein so netter Mensch wie ihn seine Tante sieht. Es kann aber auch sein, dass sie ihn in ihrer Liebe überhöht. Aber eines ist sicher, wir werden uns erst bei und nach dem gemeinsamen Essen ein besseres Bild von ihm machen können!" „Ach Almi, ich komme mir doch gerade auch vor wie ein Backfisch, bin überflutet von einer mir unerklärlichen Erwartung. Ich versuche ja, mich dagegen zu stemmen, aber es hilft nicht viel. Das kann nur in einer Enttäuschung enden, aber ich bin einfach riesig gespannt auf Christians Cousin. So als würde davon wunder was für mich abhängen. Almi, wenn er nur halb so nett ist wie Christian, dann könnte Reinhard mir schon gefallen. Wenn nicht, dann vertiefen wir wenigstens unsere Beziehung zu seiner Tante und kommen so vielleicht etwas weiter bei unserer Recherche."

„Meine sehr verehrten jungen und überaus hübschen Damen, ich bin Reinhard, der kleine Cousin von Christian!" Die beiden Freundinnen hatten den plötzlich vor ihnen stehenden jungen Mann nicht kommen sehen. Sie saßen etwas abgeschirmt in einer Ecke und hatten sich außerdem noch in die Speisenkarte vertieft. Vor ihnen stand tatsächlich die sommerlich elegant gekleidete, jüngere Zweitausgabe von Christian. Sie blickten in ein offenes, fröhliches Gesicht, das selbst der zuvor etwas skeptischen Anna-Lisa gefiel. Die beiden Freundinnen hatten sich erhoben, um sich ihm vorzustellen, aber Reinhard wusste genau, wen er vor sich hatte. So als wären sie sich seit langem vertraut, duzte er die beiden Freundinnen. „Du bist also die Anna-Lisa, blond, schön und mit wachem Blick. Ich freue mich, Dich nun kennen zu lernen." Er führte die Hand zum Munde, die sie ihm gereicht hatte, was der Anna-Lisa zwar völlig fremd war, ihr aber gefiel. Auch Carmen begrüßte er mit diesem altmodischem Handkuss, dabei sagte er: „Genauso habe ich mir Dich vorgestellt, den unvergessenen Traum meines Cousins. Ich muss daher das Bild, das ich mir daraufhin von Dir gemacht hatte, nicht einmal korrigieren.“ Reinhards Stimme zeigte keinen Anklang an das Schwyzer Idiom, obwohl er doch in Zürich zu Hause war. Stattdessen sprach er jenes Südhochdeutsch, das auch Anna-Lisa zu eigen war.

Carmens Puls hatte sich beschleunigt, er schlug ganz oben im Hals. Sie war ziemlich verwirrt und glaubte zu träumen als Reinhard vor ihnen stand. Ihr war, als hätte sie Christian getroffen, um das damals so grausam verhinderte Wiedersehen nachzuholen. Sein schmales, hageres Gesicht wirkte fast streng, doch die Lachfältchen um seine Augen hoben diesen Eindruck gleich wieder auf. Christians hohe Stirn hatte auch sein Cousin, beide waren mittelgroß und schlank, hatten blaue Augen und leicht gewellte braune Haare. Carmen fühlte sich sogleich in Reinhards Bann gezogen, denn es schien etwas Besonderes von ihm auszugehen. Oder war es doch eher die Anziehungskraft zweier gleich gestimmter Seelen? Diesem sympathischen jungen Mann konnte man sich blind anvertrauen. Carmen wusste instinktiv, Reinhard war absolut anständig und zuverlässig, auch wenn er dies durch seine lockere, liebenswürdige Art vielleicht zu überspielen versuchte.

Frau Fabrizius bat die Damen, sich doch wieder zu setzen. „Anna-Lisa und Carmen, ich habe meinen Neffen Reinhard auf Euch vorbereitet und ihm damit die erste Scheu genommen, so er die überhaupt je hatte.“ Reinhards Tante wirkte wie verwandelt, was nicht nur an ihrem hellen Kleid und an den hochgesteckten Haaren lag. Ihr stand die Freude über das Kommen des Neffen ins Gesicht geschrieben, und diese drückte sich auch in ihrer Stimme aus. Carmens Verlegenheit verlor sich bald, jedoch nicht ihr Interesse an Reinhard. Auch ihn schien Carmen zu beeindrucken, was ihn aber nicht davon abhielt, sich allen drei Damen gleichermaßen zuzuwenden. Die fröhliche Anna-Lisa und der so charmante wie herzliche Reinhard holten die beiden anderen immer mehr in diese gelöste Stimmung herein. Was Carmen von und über Reinhard hörte, faszinierte sie immer mehr. Dieser junge Mann hatte wirklich etwas zu sagen und er hörte auch den Damen interessiert zu. Seine Tante hatte schon recht damit, wenn sie die beiden Cousins in Art und Aussehen als ziemlich ähnlich beschrieb. Reinhard hatte zwar noch volleres Haar, und er war auch nicht so sonnengebräunt wie es Christian gewesen war. Eine Erklärung dafür brachte Anna-Lisas Frage nach Reinhards beruflicher Tätigkeit. Er sei Chirurg an einer Klinik und dort mehr eingespannt als ihm lieb sei. Er gehe gerne zum Wandern in die Berge, sei aber leider in der letzten Zeit kaum dazu gekommen. Der gute Ruf des Bereichs, in dem er tätig sei, habe dazu geführt, dass immer mehr schwierige Fälle an sie überwiesen würden. Sein noch recht junger Professor und Chef Klaus Michel habe ihm daher in letzter Zeit immer schwierigere Operationen übertragen. Seine Begründung fußte auf dem Reinhard attestierten großen Geschick, und der von Natur aus sehr ruhigen Hand. Reinhard gab lachend zu, das Lob habe ihn mächtig angespornt, und hätte ihm schon auch geschmeichelt. Allerdings würde er den Verdacht nicht los, dass dies ein geschickter Weg sei, ihn noch mehr im OP-Saal zu binden. Für seine Karriere sei diese Beurteilung allerdings schon hilfreich gewesen. Denn damit habe er problemlos früher als üblich jene Anzahl spezieller Operationen nachweisen können, die er vor zwei Jahren als Voraussetzung für die Prüfung zum Facharzt für Chirurgie benötigt habe. Hier schimmerte trotz seiner lockeren Art eines durch, Reinhard war sehr ehrgeizig und wollte beruflich schnell vorankommen.

Carmen fiel ein, dass seine Tante davon gesprochen hatte, ihr Neffe würde derzeit überlegen, an eine andere Universität zu wechseln, denn dadurch könnte er seinen fachlichen Horizont erweitern. Ob sich Reinhard bei dieser Suche vielleicht auch Hamburg vorstellen könnte? Dies hätte sie ihn zwar liebend gerne gefragt, unterdrückte es aber wohlweislich. So direkt wollte sie ja nicht preisgeben, wie sehr ihr Reinhard gefiel. Sollte er seinerseits

Interesse an Carmen haben, dann – so hatte es Carmen verinnerlicht – würde er als Mann schon selbst die Initiative ergreifen müssen.

Aber wie ging es Reinhard mit ihr, Carmen? Gefiel sie ihm vielleicht auch? Auf diese Antwort musste sie nicht lange warten. Derart interessiert wie er sich ihr zuwendete, schloss Carmen hoffnungsvoll, musste es so sein. Und das sagte er ihr dann auch unverblümt. Während Anna-Lisa sich mit Frau Fabrizius unterhielt, widmete Reinhard sich Carmen. Geschickt verstand er es, noch einiges aus ihr herauszulocken, denn er wollte Carmen offenkundig näher kennen lernen. Ihm schien zu gefallen, was er von ihr und über sie zu hören bekam. Ob er wohl ahnte, dass sie an ihm interessiert war, wenngleich sie sich dies nicht anmerken lassen wollte?

Hätte Carmen seine Gedanken lesen und seine Gefühle entschlüsseln können, dann hätte sie nicht länger rätseln müssen. Reinhard gefiel diese scheue und schöne junge Frau ausnehmend gut. Solch ein kluges und kultiviertes Mädchen hatte er sich immer vorgestellt und nun bot sich ihm die Chance, um sie zu werben. Eines ermutigte ihn besonders. Warum hatte Carmen denn sonst versteckt eingebracht, dass sie derzeit ohne Bindung sei? Damit würde sie doch nicht herausrücken, wenn ihr an ihm nichts läge. Durch diese indirekte Botschaft fühlte sich Reinhard eigentlich aufgefordert, um Carmen zu werben. Doch hier gab es auf seiner Seite noch ein Hindernis.

Reinhardt steckte nämlich durch sein jäh aufgeflammtes Interesse an Carmen auf einmal in einem Dilemma. Ihr dieses schon jetzt aufzudecken, schien ihm allerdings verfrüht zu sein. Es könnte von Carmen leicht missdeutet werden. Erst wenn er sich davon überzeugt hatte, dass Carmen eine Beziehung mit ihm eingehen wollte, würde er ihr sein derzeitiges Problem aufdecken. Was wollte er denn noch verschweigen? Er hatte vor einigen Monaten eine schwierige Operation im Rachen- und Halsbereich einer Patientin durchgeführt. Erst danach hatte er erfahren, um wen es sich bei der Patientin gehandelt hatte. Und er fand es im Nachhinein auch gut so. Wenn er gewusst hätte, bei einem falschen Schnitt die Karriere dieser jungen und bekannten Opernsängerin zu zerstören, hätte ihn dies um seine Sicherheit gebracht. Dieses Wissen hätte vermutlich seine sonst intuitiv vorgenommenen Eingriffe mit Bedenken belastet und erschwert. Vor seinem Chef hatten nämlich schon einige andere erfahrene Kollegen den Eingriff bei einer Sängerin als hochriskant eingestuft. Trotzdem wollte sein Chef die Operation wagen. Nach nochmaliger Untersuchung schob er sie kurz vor dem Eingriff dann doch lieber Reinhard, seinem Oberarzt zu.

Carmen wollte noch Näheres zu seinem Tun als Chirurg erfahren. Reinhard ging gerne darauf ein und gab das wieder, über was er soeben nachgedacht hatte. „Warum hatte denn Dein Chef die Verantwortung Dir aufgebürdet“, wollte Carmen wissen? „Carmen, dies hatte einen leicht einzusehenden Grund. Meinem Ruf als noch junger Chirurg würde ein Misserfolg weniger schaden, als ihm, dem bekannten Spezialisten. Unvoreingenommen, lediglich mit der Indikation konfrontiert, übernahm daher ich die schwierige Operation. Du könntest jetzt zu Recht einwerfen, dass ich mein Können überschätzen würde. Vielleicht ist da etwas dran, aber ich gebe Dir dazu eines zu bedenken. Da liegt diese junge Patientin vor dir auf dem Operationstisch, ist auf den Eingriff seelisch eingestellt, medizinisch vorbereitet und hofft auf ein gutes Gelingen. Durften wir sie nun enttäuschen und ihre Hoffnungen zerstören? Das konnte nicht sein! Ich musste es wagen und auf mein Können wie den Beistand von Fortuna vertrauen. Ich gebe zu, mit im Spiel war sicher auch mein beruflicher Ehrgeiz.“

Soweit berichtete er dem Interesse Carmens folgend über diese Operation. Wohlweislich verschwieg er jedoch das danach Folgende. Überschwänglich bedankte sich die hübsche junge Sängerin bei ihm. Was ihn danach aber störte, war der Bericht in einer Musikzeitschrift. Die Amerikanerin Susan N. hatte ihn nach ihrer Genesung zum Dank in ein Gourmetlokal eingeladen. Sie störte sich nicht daran, dass ein Fotograf davon Wind bekommen hatte und seine Chance nutzte. Vermutlich hatte Susan diesen Sensationsreporter auf ihre Fährte gelockt. Ihr war es wohl wichtig, eine gute Publicity zu bekommen, ein Denken, das Reinhard so völlig fremd war. Es blieb ihm also nicht viel anderes übrig, als gute Miene zu dem ihm so gar nicht passenden „Spiel" zu machen.

Zwei Tage später zeigte ihm eine Op-Schwester den aufgebauschten und bebilderten Bericht in einer Illustrierten. Als er dessen Überschrift las, da war Reinhard davon alles andere als angetan. „Der Opernstar Susan N. und ihr Neuer, der Chirurg Reinhard D." Und weiter musste er lesen: Dieser hervorragende Chirurg habe in einer riskanten Operation die Karriere der begnadeten Sängerin gerettet. Reinhard wusste natürlich auch, dass die Presse ihr Futter brauchte und Berichte gerne ausschmückte. Aber was er im weiteren Text lesen musste, gefiel ihm schon gar nicht. Die Presse machte ihn gegen seinen Willen zum Liebhaber der Sängerin Susan N. und brachte ihn dadurch in eine unangenehme Lage. Der um ihre Karriere bemühten Susan schien der Bericht jedoch zu gefallen.

Die Aussagen „Hervorragender Chirurg und riskante Operation", konnte er ja noch stehen lassen. Denn ihm, Reinhard, der seinen Ehrgeiz nicht verleugnete, spielte es in die Karten und war seinem Fortkommen dienlich. Doch die weitere „Story", die der Reporter erfunden hatte, schlug ihm gehörig auf den Magen. Er musste lesen, die beiden jungen Leute seien sich bereits am Krankenbett näher gekommen und seitdem ein Paar. Diese Behauptung ärgerte ihn mächtig, denn zu seinem Selbstverständnis als Arzt gehörte es, private und berufliche Dinge strikt zu trennen. Die Klinik war für ihn sein Arbeitsplatz und kein Ort des Anbandelns. Und gar die Aussage sie seien ein Paar! Davon waren sie aus Reinhards Sicht meilenweit entfernt, denn mehr als eine

Freundschaft war es nicht. Mit diesem „Report“ hatte es angefangen und seitdem galt er als ständiger Begleiter, der etwas kapriziösen Sängerin. Ob es seitens Susan Liebe war, oder nur der Dankbarkeit geschuldet, war Reinhard nicht wichtig. Er schickte sich drein und machte vorläufig mit, außerdem bekam er so Freikarten für Aufführungen, in denen Susan mitwirkte. Er fand Susan ja auch nett und außerhalb der Öffentlichkeit „normal“, aber Liebe war es von seiner Seite nicht. Er war bisher jedoch zu feige gewesen oder auch nur zu bequem, um sich wieder von Susan zu trennen. Doch jetzt musste es sein, denn diese ihn mehr und mehr beeindruckende Carmen Conradi könnte durchaus jene Frau sein, die ihm immer vorgeschwebt hatte.

Noch wusste er zwar nur wenig von Carmen, doch das, was er schon festgestellt hatte, gefiel ihm ungemein. Welches besondere und feine Mädchen, noch dazu klug und gut aussehend. Wer allerdings beim ersten Eindruck voreilig anhand des Vornamens und Aussehens davon ausgegangen war, eine dunkelhaarige temperamentvolle Spanierin vor sich zu haben, der gab sich einem Irrtum hin. Carmen war von ihrem Naturell her durchaus eine Hanseatin, zurückhaltend und stilvoll, sie verhielt sich bescheiden und kultiviert. Obwohl sie noch so jung war, wirkte sie auf Reinhard wie eine Dame aus der sogenannten „besseren Gesellschaft“. Solch eine Frau hatte er sich immer erträumt, und nun saß sie mit ihm an einem Tisch und zog ihn immer mehr in ihren Bann. Carmen war eine junge Dame, um die es sich zu kämpfen lohnte. Und das hatte er auch vor; und dies trotz seines momentanen „Handicaps“.

Als er noch darüber grübelte, ob und wie er Carmen sein Dilemma aufdecken konnte, ohne dabei Gefahr zu laufen, die zarten Fäden ihrer Annäherung wieder zu kappen, kam ihm der Zufall zu Hilfe. Anna-Lisas Handy summte, und ihrer Freude nach zu schließen, musste es ihr Verlobter sein, der sie gerade anrief. Er teilte seiner Anna-Lisa mit: Sein Kurs sei aufgrund des Wunsches aller Teilnehmer bereits heute Abend beendet worden, und er sei schon unterwegs nach Hause. Alle seien nämlich jeden Tag eine Stunde früher im Seminarraum „angetreten“ und hatten so den Sonntagmorgen abgearbeitet. Bei aller Freude ergab sich für Anna-Lisa aus seinem früheren Heimkommen eine Schwierigkeit. In ihrer kleinen Wohnung sei zwar für drei Mädchen Platz, nicht aber für eine gemischte Belegung, wie sie sich nun ergeben würde. Dies versuchte sie ihrem Klaus etwas gewunden nahe zu bringen. Frau Fabrizius, die das Problem mitbekommen hatte, half ihr aus der Patsche. Carmen könne doch bei ihr nächtigen, was diese durch zustimmendes Kopfnicken bekräftigte. Da Reinhard im Bungalow übernachten würde, war allen geholfen. Damit wäre sie Reinhard näher, und vielleicht ergab sich so die Chance, dass er sich ihr gegenüber erklärte.

Doch dann unterbrach Frau Fabrizius diese Überlegungen, denn sie lud Anna-Lisa und Klaus zu einem gemeinsamen Frühstück am nächsten Morgen ein. Reinhard wollte dazu auch einen Beitrag leisten und in der Frühe zusammen mit Carmen Semmeln und die für ihn in München unabdingbaren Brezeln beschaffen. Dieser Vorschlag gefiel Carmen, eröffnete er doch noch die Möglichkeit, ungestört miteinander zu reden. Beinahe hätte sie darüber vergessen seiner Tante die Kopie des letzten Fotos von Christian zu geben, die sie mitgebracht hatte. Frau Fabrizius musste sich zwar einige Tränen abwischen, doch dann gewann die Freude über dieses Bild die Oberhand. Was für ein treffendes und für ihren Christian so typisches Bild, das fand nicht nur sie, sondern auch ihr Neffe Reinhard.

Nach dem Abendessen fuhr seine Tante allein nach Hause zurück, denn Reinhard sollte Carmen in ihrem Mietwagen zur Lärchenstrasse lotsen. Er quetschte sich auf den Rücksitz des Mini und fuhr mit den beiden jungen Damen zu deren Wohnung. Dort wollte er warten bis Carmen ihre Sachen gepackt hatte. Als sie vor der Wohnung von Anna-Lisa anlangten, stießen sie auf ihren gerade eingetroffenen Verlobten. Klaus begrüßte sie fröhlich und herzlich. Carmen und Reinhard stellten sich mit ihren Vornamen vor, so wie es unter jungen Leuten der Brauch war, worauf Klaus sogleich einstieg. „Carmen, Du bist also die attraktive Hamburger Juristin, von der mein Cousin Jens so geschwärmt hat. Kein Wunder, dass er Eurer früheren Beziehung noch immer nachtrauert. Und Du, Reinhard, kannst dann kein anderer sein als der neue Freund dieser schönen jungen Frau, mein Kompliment.“ Ebenso locker kam es von Reinhard zurück: „Klaus, dem ist leider noch nicht so, aber ich hoffe schon, dass es bald so sein wird!“ Zum Glück verbarg der Schatten des Hauses Carmens verräterisches Erröten. Nun hatte sie es vernommen, wenn auch nur indirekt, ihr Gefühl hatte sie also nicht getäuscht, Reinhard war ihr tatsächlich zugetan.

Während die beiden jungen Herren, die sich auf Anhieb bestens zu verstehen schienen, im Wohnzimmer warteten, packte Carmen mit Hilfe von Anna-Lisa ihren Koffer. Das gab der Freundin die Chance zu fragen, wie ihr denn der Reinhard gefalle. „Almi, der so liebenswürdige Reinhard ist für mich fast eine jüngere Zweitausgabe von Christian. Er ist nicht nur sehr nett, sondern auch kultiviert und blitzgescheit. So hatte ich mir meinen Partner immer vorgestellt. Kurz gesagt, der Reinhard gefällt mir ausnehmend gut. Almi, das ist tatsächlich der Mann für das gemeinsame Leben, den würde ich gerne festhalten. Ich gehe aber zuversichtlich davon aus, dass Reinhard und ich uns schon morgen darüber klar werden, ob und wie es mit uns beiden weiter gehen wird. Was er zu Klaus sagte, macht mir große Hoffnung.“

Und diese Hoffnung trog Carmen keineswegs, denn Reinhard ergriff bereits in ihrem Mietauto die Initiative. „Liebe Carmen, ich habe mich Anna-Lisas Verlobtem gegenüber etwas flapsig geäußert. Ich hoffe, Du nimmst mir dies nicht übel.“ „Lieber Reinhard, aber nein, das hat mir sogar gefallen!“ „Dann habe ich mich also doch nicht getäuscht. Carmencita, das macht mir Hoffnung, Du gefällst mir von Minute zu Minute besser, dabei hatte ich voreilig angenommen, Dich durch Christians Schilderung bereits schon lange und gut zu kennen. Dich nun so direkt zu erleben, ist aber schon noch einmal anders, und nun bin ich auf dem besten Weg mich in Dich zu verlieben. Ich mag mir auf einmal gar nicht mehr vorstellen, wie es ein Dasein ohne Dich überhaupt geben kann. Carmencita, geht Dir mein Bekenntnis zu weit oder ist es Dir vielleicht sogar unangenehm?“ Statt ihm nun zu antworten, lenkte Carmen den Wagen in eine Einbuchtung, beugte sich zu ihm hinüber und küsste den Überraschten leidenschaftlich. Diese unerwartete „Antwort“ machte ihn kurz sprachlos, doch dann schloss er die Arme um Carmen und zog sie fest an sich. Beider Hoffnung verwandelte sich so in reales Glück. Sie hatten sich gefunden und waren sich auch ohne viele Worte einig geworden.

Hand in Hand gingen die Liebenden am nächsten Morgen zum Bäcker. In einer nahen Tankstelle bekamen sie auch noch abgepackten Schinken und Käse. Sie selbst hätten gut auf das Frühstück verzichten können, denn in ihrem Glück hätten sie derart Profanes vorerst nicht gebraucht. Reinhard hatte Carmen auf dem Weg zum Bäcker sein Dilemma berichtet, was diese aber recht locker nahm. „Ich durfte doch nicht davon ausgehen, dass Du derzeit solo bist, das wäre mir dann schon eher etwas suspekt vorgekommen. Interessante Männer wie Du, werden von den Frauen doch nicht übersehen und dann eben geangelt. Aber ich weiß jetzt auch eines ganz genau, wir beide haben auf einander gewartet und gehören nun für immer zusammen. Weil Du Dir meiner Liebe ganz sicher sein kannst, wird es Dir leichter fallen, Dich von dieser Susan wieder fair zu lösen.“ Reinhard nickte und bestätigte: „Geliebte Carmencita, mir geht es jetzt so gut wie nie zuvor und ich sehe die Welt ringsum wie verwandelt. Die wahre Liebe ist etwas Wunderbares und lässt einem Flügel wachsen. Sei versichert, ich werde Susan nicht vor den Kopf stoßen, aber ihr gegenüber eindeutig sein, was ich bisher nicht gewesen bin. Susan kann es so auch eher verschmerzen, denn sie hat natürlich immer gespürt, dass ich nicht in sie verliebt bin. Sie ist zwar abseits der Außenwelt recht nett, aber leider auch etwas oberflächlich, vielleicht sogar ein wenig flatterhaft. Ihr Naturell wird es ihr leichter möglich machen, sich wieder von mir zu lösen."

Carmen musste gleich nach dem Erwachen unbedingt ihren Vater anrufen. Sie wollte ihn doch teilhaben lassen an ihrem so überraschend und gewaltig über sie hereingebrochenen Glück. „Papa, stell Dir vor, Christians Cousin Reinhard wusste von mir und war daher schon höchst neugierig auf mich. Er könnte glatt als Christians jüngerer Bruder durchgehen, und das sowohl von seiner Art her als auch von seinem Aussehen." Carmen war kaum zu bremsen in ihrem Überschwang, bis ihr Vater dann doch noch zum Zug kam: „Schätzchen, halte ihn fest, denn so wie Du ihn mir geschildert hast, ist Reinhard der Richtige für Dich. Ein Chirurg passt ganz gut zu Dir, denn dann kommt ihr Euch auch beruflich nicht ins Gehege. Ich freue mich riesig mit Dir und ich hoffe, Deinen Reinhard bald einmal zu Gesicht zu bekommen!" Nicht nur ihr Vater freute sich über das junge Glück, auch Reinhards Tante war fast aus dem Häuschen, als sie davon erfuhr. Sie nahm Carmen in die Arme und hieß sie herzlich willkommen in ihrer Familie.

Als Anna-Lisa und Klaus am nächsten Morgen pünktlich eintrafen, standen die beiden Liebesleute Hand in Hand vor der Eingangstüre, um die Freunde hinüber zu Reinhards Bungalow zu bitten. Anna-Lisa freute sich sichtlich: „Carmencita, nun habt Ihr Euch viel schneller gefunden, als ich mir dies gestern noch vorstellen konnte. Und das freut mich sehr, denn Ihr zwei passt wunderbar zusammen, so als wärt ihr schon immer für einander bestimmt gewesen." Anstelle von Carmen antwortete Reinhard: „Anna-Lisa, auch mir erscheint dies fast unwirklich zu sein! Aber der Weg, der uns nun dank Christian zusammengeführt hat, begann schon vor einigen Jahren, nur kannten wir ihn nicht."

Auf der Terrasse des Bungalows gab es ein opulentes Frühstück, dem alle gut zusprachen. Daran schloss sich auf Wunsch der Gäste eine Besichtigung des Bungalows an. In diesen von Licht gefluteten Räumen hatte also Christian gewohnt und sich sein privates Reich stilvoll und gemütlich eingerichtet. Schöne alte Landschaftsbilder zierten die hellen Wände, lediglich das Esszimmer fiel dabei aus dem Rahmen. Es wirkte durch seine Holzvertäfelung rustikal, aber keineswegs kitschig oder gar bayrisch-barock. Dieser so anheimelnde und auch gut geschnittene Bungalow beeindruckte aber nicht nur Carmen. Er gefiel auch Anna-Lisa und Klaus. Es verleitete Klaus zu dem Ausspruch: „Dieses Haus ist ja ein Traum, aber einer, der für uns leider nie möglich sein wird!" Anna-Lisa und Klaus machten während des Rundgangs kein Hehl daraus, wie gut ihnen dieses Haus und der Garten gefallen würden. Noch dazu befanden sich unter dem ganzen Bungalow trockene und nahezu leere Kellerräume. Von so einem Juwel konnte man nur träumen, denn wie es Klaus deutlich gemacht hatte, lag derartiges meilenweit außerhalb ihrer finanziellen Möglichkeiten.

Reinhard wusste inzwischen von seinen in der Schweiz verheirateten Schwestern, dass keine von ihnen je daran denken würde, nach München zu ziehen. Und wie stand es nun mit ihm selbst? Bisher nutzte er den Bungalow als seine sehr selten genutzte Zweitwohnung, was nicht nur er als überzogenen Luxus ansah. Er hatte bisher nicht völlig ausgeschlossen, dass er den Bungalow selbst beziehen würde. Doch davon hatte er vor einigen Wochen Abstand genommen und wollte deshalb in seiner Urlaubswoche einen Makler einschalten, um den Bungalow zu vermieten. Dies allerdings nicht ohne Auflagen, die das Vermieten erschweren würde. Aber nun sah er noch eine andere Alternative. Könnten Anna-Lisa und Klaus diese für ihn wesentlichen Wünsche erfüllen? Das ließe sich doch leicht prüfen. Die wie aus heiterem Himmel über ihn gekommene Liebe zu Carmen bestärkte nun seine Überlegung. Denn für seine Zukunft würde sich dadurch eine völlig andere private und berufliche Orientierung ergeben. Reinhard war zum Glück beruflich flexibel und nicht gezwungen, in der Schweiz zu bleiben.

Er wusste aus den Gesprächen von Carmens enger Beziehung zu ihrem Vater, so dass ihr Wegzug aus Hamburg ein unvertretbar großes Opfer darstellen würde. Noch gewichtiger war jedoch ihre berufliche Bindung an die Hansestadt, denn sie sollte ja in einigen Jahren die Nachfolge in ihres Vaters Kanzlei antreten. Reinhard ging inzwischen ganz selbstverständlich davon aus, dass Carmen und er für immer beieinander bleiben würden. Da Carmen an Hamburg gebunden war, käme ein anderer Ort schon deshalb nicht in Frage. Pragmatisch und unkompliziert wie er veranlagt war, sah Reinhard darin kein Problem. Außerdem freute sich laut Carmen der künftige Schwiegervater über die Wahl seiner Tochter. Dann würde er, Reinhard, eben doch dem Ruf an die Hamburger Universitätsklinik folgen und die ihm dort angebotene Professur annehmen. Als er dies Carmen eröffnete, strahlte sie vor Freude. Reinhard hatte ihren unausgesprochenen Wunsch erahnt, er meinte es so ernst mit ihrer Beziehung wie auch sie.

Beim Spaziergang zum Friedhof, in dem Christian seine letzte Ruhestätte gefunden hatte, besprach er mit Carmen auch seine Überlegung, eventuell Anna-Lisa und Klaus den Bungalow zu vermieten. Carmen, die wusste, dass Anna-Lisa und Klaus erst dann heiraten wollten, wenn sie eine passende Wohnung gefunden hatten, begrüßte Reinhards Idee. Dafür sprach nicht nur beider guter Eindruck von Anna-Lisa, sondern auch von Klaus. Immer mehr bestätigte sich der Freundin Aussage, ihr Klaus sei nicht nur ein liebenswerter, sondern auch ein patenter und umgänglicher Mensch. Ihr Verlobter hatte sich nämlich bei seinen Eltern und seinen künftigen Schwiegereltern ganz selbstverständlich als handwerklicher Nothelfer eingebracht. Wenn in einer ihrer Wohnungen etwas defekt war, dann hieß es zuversichtlich, das bringt der Klaus schon wieder in Ordnung. Als Reinhard dies von Carmen erfahren hatte, da fand auch er, dass das neue Freundespaar seine geeigneten Mieter sein könnten.

Lange standen die vier jungen Menschen vor Christians Grab, dessen Leben ein ruchloser Mord so abrupt beendet hatte. Carmen, aber auch Anna-Lisa, bekamen feuchte Augen, was den beiden Männern nicht entgangen war. So wie wenn sie es abgesprochen hätten, nahmen sie ihre Liebste in die Arme, um sie zu trösten. Diese an und für sich kleine fürsorgliche Geste nahm Reinhard zusätzlich für Klaus ein. Auf einem großen, wenig bearbeiteten rohen Kalkstein war eine schlichte Bronzeplatte befestigt. Dieser Grabstein stand symbolisch für Christians Liebe zu den Alpen. Diesem Gestein war er beim Bergsteigen ständig begegnet. Auf der Tafel waren mit wenigen Zeilen Christians Daten und sein Schicksal verewigt. Zu lesen waren da: Dr. Christian Georg Fabrizius, sein Geburts- und das Todesdatum, vor dem noch ein unüblicher Zusatz stand. Selbst einem flüchtigen Betrachter würde die deutliche Botschaft „ermordet“ sofort auffallen. Wie musste dieser Zusatz auf den verdächtigten Michael Rauch wirken, falls er je seine Schritte hierher gelenkt hatte? Leise flüsterte Reinhard Carmen zu: „Liebes, Christian verdanken wir, dass wir beide zueinander finden konnten. Er hat dafür gesorgt, dass wir zu einem Paar wurden, wie auch immer dies geschehen sein mag!“ Die an ihn geschmiegte Carmen nickte nur stumm, denn sie konnte, überwältigt von der Erinnerung an den Toten, nicht sofort sprechen. Als sie ihre Erschütterung überwunden hatte, bestätigte sie Reinhards Gedanken. „Ich sehe es genau wie Du, und ich gehe noch einen Schritt weiter. Christian wird uns auch künftig wie ein heller Stern auf unserem gemeinsamen Weg begleiten.“

Bevor jedoch Reinhard bereit war, Anna-Lisa und Klaus als Mieter seines Bungalows anzunehmen, wollte er noch einiges von ihnen und über sie wissen. Er fragte sie daher eher beiläufig, was sie denn für die derzeit von ihnen gesuchte Wohnung überhaupt aufwenden konnten? Was er schon dem Vorgespräch entnommen hatte, bestätigten sie ihm nun erneut: Sie beide waren ja Staatsbedienstete und standen erst am Anfang ihrer beruflichen Laufbahn. Dies bedeutete, dass sie noch längere Zeit ein bescheidenes Salär beziehen würden, was ihnen keine großen Sprünge erlaube. Da sie außerdem in nicht allzu ferner Zeit Kinder haben wollten, komme für sie leider die so erwünschte größere

Wohnung im teuren München nicht in Frage. Mit äußerster Anstrengung und einem avisierten Zuschuss ihrer Eltern könnten sie nämlich gerade mal 1.700,- € Miete aufbringen. Selbst diese Summe wäre im Kernraum von München bestenfalls für eine 3-Zimmer-Wohnung mit kleinem Balkon in einem öden Wohnblock ausreichend. Sie hofften zwar noch immer unverdrossen auf einen Glückstreffer, aber der lasse leider noch auf sich warten. Die Verlobten klammerten sich bisher aber noch an eine vage Hoffnung, und stellten sich dabei eines vor. „Es müsste doch auch ältere Vermieter geben, denen an Unterstützung durch ein junges Paar gelegen sei. Anna-Lisa würde sich – so es dort einen gebe – um den Garten kümmern und ich mich dann um alles andere, was eben in einem solch von uns gesuchten Zwei- oder Dreifamilienhaus anfallen würde. Ich bastle nämlich gerne und hätte so auch einen Ausgleich zu meinem Job", gab Karl Wanner preis. Er setzte noch fast resigniert hinzu: „Na ja, man darf ja auch mal als Erwachsener einem unerfüllbaren Traum nachhängen."

Solch eine aktive Mitwirkung hatte sich auch Reinhardt von seinem Mieter vorgestellt. Da er selbst als Oberarzt in der Schweiz gut verdiente und noch andere Einnahmen hatte, war für Reinhard die Höhe der Mieteinnahme nicht das ausschlaggebende Kriterium. Weit wichtiger war ihm eine Betreuung seiner Tante und der beiden Häuser. Unter diesem Gesichtspunkt würde er sich mit dem Mietpreis einverstanden erklären, den das junge Paar aufbringen konnte. Nachdem er sich zu dieser Entscheidung durchgerungen hatte, äußerte er sich: „Vielleicht kann ich ja Euren Traum möglich machen. Ihr beiden mir angenehmen Menschen, ich bin zwar kein älterer Vermieter, aber doch einer, der klare Erwartungen an seine künftigen Mieter hat. Mit dem Betrag, den Ihr an Miete aufbringen könnt, bin ich einverstanden, wenn Ihr dafür einen aktiven Ausgleich für diese günstige Miete leisten werdet. Dieser beinhaltet, dass Ihr Euch um meine Tante kümmert, ihr Haus, meinen Bungalow und den Garten pflegt, als wäre es das Eure. Davon nehme ich natürlich alle größeren Reparaturen aus. Diese müssen spezialisierte Handwerker unter Eurer Aufsicht vornehmen! Ist mein Angebot unter diesen Bedingungen vielleicht, der von Euch so erhoffte Glückstreffer?"

Die Verlobten vermochten ihr Glück kaum zu fassen, sie fielen sich in die Arme und konnten erst einmal gar nichts sagen. Ganz langsam drang es aus Anna-Lisa: „Reinhard, soll uns wirklich dieser ersehnte Wunschtraum erfüllt werden?! Dann sei versichert, wir werden uns schon aus eigenem Antrieb um Deine Tante kümmern. Sie ist ja so eine liebenswürdige und feine Frau!" Klaus schloss sich an: „Lieber Reinhard, ich bin jetzt fast sprachlos und dabei so froh. Anna-Lisa ist doch eine verhinderte Gärtnerin, und an mir, dem leidenschaftlichen Bastler, ist irgendwie fast ein Hausmeister verloren gegangen. Ich werde mich gerne um Dein Haus kümmern und auch um das Deiner Tante!" Voller Freude wirbelte Klaus seine Verlobte im Kreis herum: „Was sagst Du nun mein Schatz!? Almi, wir können jetzt heiraten und dürfen miteinander in einem Haus mit Garten leben, was für ein unglaubliches Glück!"

Recherche

Am Montag gingen Carmen und Reinhard die Ordner von Christian durch. Er hatte sie übersichtlich und gut beschriftet in seinem Arbeitszimmer im Bungalow aufbewahrt. Reinhard übernahm von sich aus die Rolle des Protokollanten. Die eigentliche Recherche überließ er bewusst der hierin bestens geschulten Carmen. Offen wie er war, sprach er ein Problem an, das sich bei ihnen mit der Zeit nicht so ganz vermeiden ließe. „Carmen, Du als Einzelkind und ich als der Mann unter drei Geschwistern, wir werden uns vermutlich bei dem einen oder anderen Punkt schon in die Wolle bekommen. Ich finde es daher gut, wenn wir uns von vornherein immer wieder darüber verständigen, wer von uns beiden gerade welche Bedürfnisse und Schwierigkeiten hat."

Carmen nickte zustimmend: „Das werden wir bestimmt schaffen, wenn wir sofort ansprechen und offen sagen, was uns passt und was nicht. Ich bin in einer problematischen Ehe groß geworden, in der meine Mutter diejenige war, die es mit den Absprachen und Regeln nicht so genau nahm. Dies hat mich schon als Kind sehr gestört, und ich habe mir daher schon in frühen Jahren vorgenommen, niemals so egozentrisch zu sein. Ich bin nicht so blauäugig, um nicht zu wissen, dass wir beide uns trotz aller Liebe auch zusammenraufen müssen. Ich halte mich zwar für einigermaßen pflegeleicht, und Dich übrigens auch, doch ganz ohne Konflikte wird es auch bei uns nicht abgehen. Doch ich bin für uns sehr zuversichtlich und ich behaupte ganz kühn. Je näher wir uns kennen lernen werden, umso mehr werden wir feststellen, wie gut wir zusammenpassen."

Carmens Zuversicht konnte Reinhard teilen, er staunte ja selbst über die unglaubliche Vertrautheit zwischen ihnen. So wie er ihr Miteinander erlebte waren Bedenken ohnehin nicht angebracht, es drängte sich eher der Eindruck auf als würden sich Carmen und

Reinhard schon sehr lange kennen und bestens verstehen. Auch ließ sich nicht übersehen, dass die beiden ineinander sehr verliebt waren, und so vertraut miteinander umgingen, als würde einer schon alles über und vom anderen wissen.

Zwischendurch verwöhnte Tante Marianne sie mit Kaffee, Tee und kleinem Gebäck. Reinhards Tante wirkte auf Carmen wie eine glückliche Mutter, der die Verbindung ihres Neffen mit Carmen sehr gefiel. Die beiden Verliebten sollten sich doch wohlfühlen bei ihr. Große Freude löste bei ihr auch die Ankündigung aus, dass die netten Anna-Lisa und Klaus bald ihre neuen Nachbarn würden. Ein spezieller Passus im Mietvertrag nahm ihr auf einmal eine große Sorge ab, die sie bisher sehr beschäftigt hatte. Die beiden jungen Leute verpflichteten sich im Mietvertrag, dass sie sich um sie, Marianne Fabrizius zu kümmern hatten. Aber nicht nur um sie selbst, sondern auch um den Bungalow und das Vorderhaus. Carmen hatte den Zusatz und die entsprechenden Details formuliert und Reinhard übernahm ihn in den Mietvertrag.

Schon bald blieben Carmen und Reinhard an Christians Honorarabrechnung hängen. Carmen wusste doch noch, dass ihr Vater das Honorar von Dr. Fabrizius mit horrenden 10.000,- € angegeben hatte. Aber in der Abrechnung seines Anwalts Michael Rauch tauchte nun ein anderer viel geringerer Betrag auf, nämlich „nur" 4.800,- €. Außerdem stellte ihm sein Agent und „Freund" Micky für die Betreuung dieses Mandats pro Referat zusätzlich noch stolze 1.800,- € in Rechnung. Was war dann mit der Differenz von immerhin 5.200,- € geschehen? Jeder Anwalt wusste doch, dass die Finanzämter grundsätzlich jede der ihnen anzugebenden Honorareinnahmen an das zuständige Finanzamt des Empfängers weitermelden mussten. Das hatte Michael Rauch sicherlich akribisch beachtet. So sehr sie auch suchten, sie fanden weder Christians Einkommenssteuererklärung noch die Bescheide des Finanzamtes München-Land. Warum hatte Christian, der doch sonst alles ordentlich abgelegt hatte, sie nicht hier in seinem Arbeitszimmer aufbewahrt? Konnte es sein, dass Michael Rauch ihm diese Ordner bewusst vorenthalten hatte? Der Anwalt regelte, wie Carmen aus einer Jahresabrechnung entnahm, alle steuerlichen Angelegenheiten Christians mit einem befreundeten Steuerberater. Wieder tauchte hier ein dubioser, zumindest aber klärungsbedürftiger Aspekt auf. Sollte der Anwalt die vollen Einnahmen Christians zwar ordentlich versteuert, den Rest aber angelegt oder sogar selbst eingestrichen haben? Solch ein Vorgehen wäre derart ungeheuerlich, dass ein redlicher Anwalt es nie getan hätte, und ein Freund schon gar nicht!

An diesem Punkt galt es, bei Michael Rauch nachzuhaken. Abzuklären wären auch die Höhe von Christians Tantiemen für die beiden Bestseller und vor allem deren Abrechnung. Hier schien den ersten Einblicken nach auch einiges nicht zu stimmen. Carmen ließ sich von der Sekretärin ihres Vaters die damalige Rechnung eingescannt auf ihr Handy senden, um dem Anwalt gegenüber ein erstes Beweismittel in Händen zu halten. Dann wäre er nämlich gezwungen, einen schlüssigen Nachweis zu erbringen, was mit der großen Differenz geschehen sei. Beide hatten mittlerweile erhebliche Zweifel an dessen Integrität. Allerdings war ihnen noch unklar, wie sie Michael Rauch dazu bringen konnten, Ihnen all das offenzulegen, was die finanzielle Betreuung des Nachlasses von Christian, wie die noch offene Abrechung seiner Einkünfte betraf.

Bei der weiteren Recherche stolperten sie über angeblich für Christian angelegten Firmenanleihen, Immobilienfonds und Aktien. Nirgendwo fand sich in den Unterlagen irgendein Beleg dafür, dass Christian seinem Freund und Anwalt hierfür eine spezielle Vollmacht erteilt hatte. Und dennoch handelte dieser Anwalt so, als sei er dessen Vermögensverwalter! Wo stand denn geschrieben, dass Michael Rauch überhaupt dazu befugt war, derartig große Summen, noch dazu in Papieren mit solch hohen Risiken anzulegen? Je mehr sie sich in diese akribisch geführten Dokumente vertieften, desto stärker zweifelten sie an Michael Rauchs Redlichkeit. Carmen schloss aus dem, was sie bis dahin herausgefunden hatte, dass dieser Anwalt Rauch sehr wohl einen triftigen Grund haben konnte, den misstrauisch gewordenen Christian von weiteren Nachfragen abzuhalten. Doch daraus nun gleich ein Motiv für die Anstiftung zum Mord an Christian abzuleiten, das war dann schon weit hergeholt, und auch nicht zu beweisen. Aber es von vornherein ganz ausschließen, das konnten die Beiden auch nicht mehr. Selbst dann nicht, wenn sie unterstellten, dass kein wirtschaftlich vernünftig denkender Mensch eine Kuh schlachten würde, die ihm weiterhin viel Milch geben würde. Da Christian als Referent ja unvermindert stark nachgefragt war und er gerade noch an einem weiteren Buch schrieb, wäre auch diese Quelle für Michael Rauch versiegt. Und dennoch sagte ihnen ihr Gefühl, dass es so gewesen sein müsste.

Am Nachmittag nahmen sie sich jenen Aktenordner vor, in dem Christian den ihm in Vorarlberg gemachten Prozess dokumentiert hatte. Carmen konnte es nicht fassen, was dort als Anklagepunkt gegen Christian als dem verantwortlichen Leiter des Skikurses vorgebracht wurde. Ausgerechnet er sollte in drei Punkten grob fahrlässig gehandelt haben.

Erst einmal hätte er die Abreise früher ansetzen müssen. Er hätte doch gewusst, dass der Weg zum Lift nur am frühen Morgen relativ sicher sein würde. Dadurch hätte er die später bei Sonneneinstrahlung drohende Gefahr durch abgehende Lawinen vermeiden können. Laut der Zeugin Isolde Stillweger, die vom Gericht stets respektvoll als Frau Studienrätin angesprochen wurde, hätte der Beklagte gegenüber den trödelnden Schülerinnen nicht genügend Druck gemacht, um rechtzeitig wegzukommen.

Auch der zweite Punkt war weit hergeholt. Christian Fabrizius als verantwortlicher Leiter hätte anstelle seines Kollegen Martin Schregle selbst am Schluss fahren müssen, um von dort aus den von Lawinen gefährdeten Hang besser beobachten zu können. Aus Reinhards Sicht war das falsch, der Verantwortliche sei immer als Erster vorneweg gefahren, so hätte er dies bei Kursen stets beobachtet. Diesen Anklagepunkt bewertete er als Unsinn und nur eingebracht, um die anderen Punkte noch mehr aufzuladen.

Beim dritten Anklagepunkt ging es um unterlassene Hilfeleistung. Statt sich zuerst um die nur leicht verschüttete Schülerin Carmen Conradi zu kümmern, hätte er laut der Anklage zuerst nach dem stärker verschütteten Martin Schregle suchen müssen. Eine sofortige Suche hätte womöglich Martin Schregles Leben retten können. Auch wurde der späte Zeitpunkt zur Last gelegt, zu dem er die Bergwacht angerufen und den nahen Hüttenwirt telefonisch um Hilfe gebeten habe. Laut Josef Murauer hätte sich Christian gegenüber Martin Schregle fast feindlich verhalten, die Spannungen zwischen den beiden Skilehrern seien ja keinem auf der Hütte entgangen. Könnte es daher nicht sein, dass Christian Fabrizius bei dessen Rettung nicht unbedingt mit vollem Engagement bei der Sache war? Dieser Deutung schloss sich auch die Zeugin Isolde Stillweger an, denn sie hätte das unfreundliche Verhalten Christians gegenüber seinem Kollegen Martin ebenfalls befremdet. Die Aussagen einer untadeligen Beamtin – so der Originalton im Dokument – wertete das Gericht in einer eigenartig devoten Haltung als die volle Wahrheit.

Nicht einem dieser Anklagepunkte konnte sich die entrüstete Carmen anschließen. Den beiden Zeugen war offenkundig vor allem daran gelegen, Christian zu verunglimpfen, um das Gericht in ihrem Sinne zu beeinflussen. Und das schien ihnen auch geglückt zu sein, denn dessen voreingenommene Haltung schimmerte in fast allem durch. Nur so ließ sich erklären, dass die Aussagen der Zeugen nicht überprüft werden sollten. Und diese waren laut Carmen in keinem einzigen Punkt haltbar. Auf Betreiben der Lehrerin Stillweger war doch die Abreise um eine Stunde nach hinten geschoben worden. Noch dazu kam sie dann als letzte zur wartenden Gruppe, denn sie hatte noch erfolglos nach einem Ohrgehänge gesucht. (*Dieses hatte übrigens der Hüttenwirt Murauer dann später im Bett von Martin gefunden und es noch vor der Verhandlung an Frau Stillweger ausgehändigt. Doch davon konnte Carmen nichts wissen.*) Sie, und auch Martin Schregle, hatten doch Christians Befürchtungen wegen der drohenden Gefährdung durch Lawinenabgänge als überzogen abgetan. Martin, der Ortskundige, hatte sogar behauptet, dass um diese Zeit noch keine Gefahr drohe, was ihm dann auch der Hüttenwirt Josef Murauer bestätigt hatte. Von Martin kam auch der Vorschlag, statt Christian den Schlussläufer zu machen, denn er würde den Hang am besten kennen und könne daher dessen Veränderungen am ehesten wahrnehmen.

Und wie verhielt es sich mit dem Punkt unterlassene Hilfeleistung? Als sich das Schneebrett löste, befanden sich nur noch drei Skiläufer auf dem gefährdeten Wegstück. Die vorletzte Schülerin hatte zwar der Winddruck der Lawine umgeworfen, aber zum Glück wenigstens nicht verschüttet. Sie konnte daher auch sofort wieder aufstehen und dem hinzueilenden Christian den Abstand zwischen ihr und der hinter ihr kommenden und nun verschütteten Carmen angeben. Die Hauptmasse der Lawine war glücklicherweise einige Meter hinter Carmen niedergegangen, hatte dabei aber den Skilehrer Martin verschüttet. Die genaue Stelle, wo der Verschüttete unter den Schneemassen zu suchen war, konnte allenfalls erahnt werden. Es war außerdem davon auszugehen, dass Martin noch mitbekommen hatte, wie sich das Schneebrett zu lösen begann? Hätte er dann nicht alles daran gesetzt, um der drohenden Lawine durch eine rasche seitliche Schussfahrt zu entkommen? Was er aber wirklich unternommen hatte, und ob er vielleicht das Pech gehabt hatte zu stürzen, das konnte leider niemand sehen, denn der Staub der Lawine hatte allen die Sicht genommen. Genau zu wissen, wo sich der verschüttete Skilehrer Martin in dem Lawinenfeld befand, war daher nicht möglich. Wie konnte dann das Gericht fordern, Christian hätte sich zuerst um den Skilehrer Martin kümmern sollen? Dies war einfach wirklichkeitsfremd. Denn damit hätte Christian doch das Risiko eingehen müssen, bei der Bergung von Carmen zu spät zu kommen. Von ihren Mitschülerinnen erfuhr Carmen unmittelbar nach ihrer Rettung, dass Christian sofort zum

Handy gegriffen hatte. Das konnte doch nichts anderes gewesen sein, als ein Hilferuf an die Bergwacht und auch an den nahen Hüttenwirt Murauer!

Das waren die Fakten, die Carmen kannte, und die Christian ganz eindeutig entlasteten. Zu dem Unglück und zu den ihm gemachten Vorwürfen hatte auch Christian selbst Stellung genommen. Sein akribisch gefasster, ehrlicher und logischer Bericht beschloss in Kopie den Ordner. All das, was er hier angegeben hatte, deckte sich völlig mit Carmens Wahrnehmung. Christian hatte darüber hinaus noch eine ihr entgangene Beobachtung festgehalten. Oberhalb des Lawinenhangs hatten Tourengeher eine frische Skispur hinterlassen. Christian schloss nicht aus, dass durch diese das Gefüge des Schneehangs labil geworden sein könnte. Ein dadurch verursachter Riss der verharschten Schneedecke hätte sich doch allmählich zu einer Lawine auswachsen können!

Diese nachvollziehbare Stellungnahme zum Lawinenunglück hatte Christian – laut seiner datierten und unterschriebenen Anmerkung – damals auch seinem Verteidiger RA Michael Rauch in Kopie zukommen lassen. Der Anwalt hatte sich darauf auch gestützt und mit diesen Fakten argumentiert, aber leider nur mit geringem Erfolg. Er musste einräumen, dass seine Argumente sich überwiegend auf die Aussagen des Beklagten Christian Fabrizius bezogen. Damit hatte er von vornherein einen schweren Stand, er schien sich aber, zumindest nach dem Eindruck von Carmen, selbst kein Bild der Örtlichkeit gemacht zu haben. Außerdem hegte sie den Verdacht, dass der „Kollege“ sich nicht sonderlich intensiv vorbereitet hatte. Dennoch vermochte Michael Rauch den gewichtigsten Anklagepunkt grobe Fahrlässigkeit abzumildern. Sein Argument, dass sich der Angeklagte Christian Fabrizius hier doch auf die Ortskenntnis von Martin Schregle verlassen durfte und hier, wenn überhaupt, nur leichte Fahrlässigkeit anzunehmen sei, konnte ihm das Gericht nicht widerlegen. Nicht akzeptiert wurde vom Bezirksgericht sein Einwand, dass Martin Schregle dann in gewisser Hinsicht auch verantwortlich gemacht werden müsse. Den von Christian Fabrizius genannten Zeitpunkt seines Anrufs bei Bergwacht und Hüttenwirt Murauer akzeptierte das Gericht nicht. Laut der nicht anzuzweifelnden Zeugenaussagen der Studienrätin Stillweger und des Hüttenwirts Murauer, habe er sich erst einmal ausschließlich um die leicht verschüttete Schülerin Conradi gekümmert. Das wäre nach Meinung des Anwalts in dieser Situation auch dringlich geboten gewesen, was das Gericht aber nicht so sah. Der Antrag des Anwalts doch auch einige Schülerinnen in den Zeugenstand zu bitten, wurde vom Gericht abgelehnt. Es bezog sich darauf, dass laut Studienrätin Stillweger alle ihre Schülerinnen noch minderjährig seien.

Christians Hinweis auf die Tourengänger, die möglicherweise die Lawine ausgelöst haben könnten, wurde als zu weit hergeholt abgewiesen. Carmen musste dem Anwalt zugestehen, dass er vor diesem Gericht einen schweren Stand gehabt hatte. Wäre es nicht angebracht gewesen, wenn Christian selbst vor Gericht erschienen wäre, um einige Details zu präzisieren und unrichtige Behauptungen der Zeugen zu widerlegen? Warum hatte ihm sein Freund und Anwalt Michael Rauch zuvor dringend angeraten, nicht persönlich zu erscheinen? Befürchtete er vielleicht, dass Christian verhaftet werden könnte? Vermutlich hätte ihm das Gericht seine Aussagen aber auch nicht abgenommen!

Michael Rauch bewertete – zumindest laut seiner Notiz – seine eigene Verhandlungsführung als Erfolg, denn mehr sei angesichts dieses derartig voreingenommenen Gerichts nicht möglich gewesen. Wenigstens habe er Christian vor einer Verurteilung wegen grober Fahrlässigkeit bewahren können. Er riet seinem Mandanten Christian allerdings, sich vorsorglich „arm zu machen“, um eventuell möglichen Schadensersatzforderungen präventiv zu begegnen. Der Anwalt verstand darunter eines: Christian solle ihm unverzüglich seine Vermögenswerte übertragen. Diese würde er, Michael Rauch, dann als Treuhänder verwalten, und sie so einem möglichen Zugriff entziehen.

Offensichtlich hatte Christian diesen Rat auch befolgt. Damals besaß er die geerbte elterliche Wohnung und einiges Erspartes, was er per Vollmacht auf den Treuhänder RA Rauch übertrug. Doch diese Vollmacht hatte sich dann allmählich auch auf das deutlich gestiegene Einkommen Christians ausgedehnt. Spielte Michael Rauch schon damals mit dem Gedanken, auf diese Weise am Vermögen von Christian Fabrizius kräftig partizipieren zu können?

Carmen hatte das, was sie in den Akten lesen musste, ziemlich empört. Die beiden Zeugenaussagen waren aus ihrer Sicht alles andere als zutreffend. Die Zeugin Stillweger hatte sogar eine uneidliche Falschaussage gemacht, um sich an Christian für seine herbe Rüge zu rächen. Außerdem hatte sie bewusst die Tatsache negiert, dass drei ihrer Schülerinnen bereits volljährig waren. Wollte sie also verhindern, dass diese als Zeuginnen Aussagen machten, die den ihren widersprachen? Außerdem, und das konnte ihr doch nicht entgangen sein, hatte eine der Schülerinnen auf der Hütte zusammen mit allen ihren 18. Geburtstag gefeiert. Warum wurde vom Gericht nicht auch Frau Stillwegers Kollegin Frau Mehling in den Zeugenstand berufen?

Und warum hatte der Hüttenwirt Josef Murauer derart falsche Aussagen gemacht? Was hatte er davon? War er von dritter Seite unter Druck gesetzt worden? Anders konnte sich Carmen seine Falschaussage nicht erklären. Das mit dem späten Anruf stimmte nicht, und außerdem konnte er doch gar nicht wissen, um welchen der Verunglückten sich Christian zuerst gekümmert hatte. Denn als er selbst an der Unglücksstelle eintraf, ging es doch nur noch um die Bergung von Martin Schregle. An seiner Aussage war etwas oberfaul! Hatte es am Ende doch etwas mit den Tourengängern zu tun, die vielleicht Einheimische waren? Oder bedrängten ihn Kollegen von Martin Schregle, die den Deutschen Skilehrer als „Wilderer“ in ihrem Revier ansahen und ihm deshalb einen Denkzettel verpassen wollten? Könnte es denn nicht auch sein, dass einflussreiche Verwandte von Martin Schregle sich an dem vermeintlich schuldigen Christian für Martins Tod rächen wollten? Musste der Hüttenwirt bei einer ehrlichen Antwort somit vielleicht befürchten, die Hüttenpacht zu verlieren? Carmen wusste noch von damals, dass seine Frau eine kleine Pension betrieb und er selbst sich im Sommer als Gelegenheitsarbeiter durchschlagen musste. Seine Behauptung jedenfalls, er sei viel zu spät nach dem Lawinenabgang über das Unglück informiert worden, war eine glatte Lüge.

Eines kam eindeutig zu Tage, der ganze Prozess stützte sich ausschließlich auf die Zeugenaussagen ab, und diese waren falsch. Sollte der Prozess vielleicht so schnell über die Bühne gehen, damit kein Einheimischer hineingezogen wurde? Und warum musste dabei unbedingt ein Schuldiger gefunden werden? Hierfür hatte sich dank der nicht angezweifelten Zeugenaussagen der fremde Skilehrer geradezu angeboten. Es war ja selbst unter den Schülerinnen bekannt, dass deutsche Skilehrer im Revier ihrer österreichischen Kollegen gar nicht gerne gesehen wurden. Das Gericht hatte mit seinem enttäuschenden Urteil Christian eine schwere seelische Last aufgebürdet, und ihm dadurch auch sein Hobby vergällt.

Auch Reinhard war sehr aufgebracht. Er forderte eine Wiederaufnahme des Prozesses, um seinen Cousin von diesem Makel zu befreien! Carmen verstand seine Erregung gut, aber sie, die Anwältin argumentierte nüchtern und machte noch einen anderen Vorschlag. Sie hielt seine Forderung für schwierig, wenn nicht gar unmöglich. Einmal ganz abgesehen davon, dass die Einspruchsfrist abgelaufen sei, stünden dem noch andere Hinderungsgründe entgegen. Der damals Beschuldigte Christian Fabrizius sei inzwischen leider tot. Dies hätte zur Folge, dass er selbst den Antrag auf Wiederaufnahme des Verfahrens nicht mehr stellen könne. Außerdem liege hier auch kein öffentliches Interesse an einer Revision des damaligen Urteils vor. Damit nütze diese Wiederaufnahme niemanden, auch Christian leider nicht mehr! Außerdem hätten die Eltern Martin Schregles ja zu keiner Zeit

Ansprüche geltend gemacht, die es abzuwehren gälte. Das konnte Reinhard nicht ganz überzeugen, er wollte gegen das parteiische Gericht klagen, und vor allem sollten die beiden lügnerischen Zeugen bestraft werden. „Carmen, wo bleiben sonst Gerechtigkeit und Sühne? Diese Leichtfertigen müssen erkennen, was sie mit ihrem Verhalten angerichtet haben und künftig auch damit leben.“

„Lieber Schatz, ich gebe Dir ja völlig recht, doch schlage ich ein anderes Vorgehen vor, eines das wirksamer ist und uns befriedigt. Wir drei, nämlich Anna-Lisa, Du und ich verfassen diverse Schreiben an die beiden Zeugen. Außerdem schreiben wir diese Briefe – so sich das überhaupt arrangieren lässt – auf einem amtlichen Briefbogen. Das erste Schreiben richten wir an das damals damit befasste Bezirksgericht in Vorarlberg. Und wir lassen die bedauernswerten Eltern von Martin Schregle auch nicht außen vor. Sie haben ein Recht darauf, den wahren Vorgang zu kennen. Nur so können sie ihren Groll auf den nachweislich unschuldigen Christian ad acta legen. Damit gab sich Reinhard zwar vorerst zufrieden, aber er wollte wissen, wie Carmen dabei vorzugehen gedenke.

„Mir liegt vor allem an dem Schreiben an die Lehrerin Frau Stillweger, die sich so parteiisch und ja auch so gemein verhalten hat. In ihm beschuldigen wir sie, sich an Christian wegen des völlig zu Recht gerügten Fehltritts mit einer uneidlichen Falschaussage gerächt zu haben. Um dem Schreiben den entsprechenden Nachdruck zu verleihen, fügen wir eines der diesen Fehltritt eindeutig belegenden Fotos von Anna-Lisa bei. Zum Schluss des Schreibens fordern wir die Stillweger dann auf, ihre falsche Aussage bei dem damals zuständigen Bezirksgericht schriftlich zu widerrufen. Dieser Widerruf müsse von ihr auch gegenüber dem damaligen Verteidiger RA Michael Rauch geleistet werden. Meines Erachtens erzielen wir damit einen viel größeren Effekt, als wenn wir eine Wiederaufnahme des Verfahrens beantragen. Die Zuständigen haben daran sicher kein Interesse, denn sie kommen dabei nicht gut weg, und außerdem droht ihnen so auch eine Menge Arbeit. Mir erscheint schon von daher ein solcher Antrag aussichtslos zu sein. Natürlich ist unser Vorgehen ein Warnschuss ohne rechtliche Bindung. Aber es erzielt für Christians Ehrenrettung bestimmt eher die von uns gewünschte Wirkung, und daran ist doch auch Deiner Tante viel gelegen! Außerdem ergeben sich damit für den dubiosen Michael Rauch einige beunruhigende Fragezeichen. Er wird sich fragen müssen: Was läuft hier ab, wer steckt dahinter und inwieweit könnte es ihn selbst betreffen?“ Carmen hatte Reinhard überzeugt und er konnte ihren Vorschlag ohne Grummeln annehmen. Er wollte es aber auch noch mit Anna-Lisa und Klaus abstimmen, die am Abend noch kommen wollten.

Die Verlobten fanden Carmens Ansatz gut, vor allem auch, weil damit der Anwalt Rauch aufgeschreckt werden konnte. Anna-Lisa ergänzte das von Carmen und Reinhard im Entwurf verfasste Schreiben an Frau Stillweger noch um einen Zusatz. Sollte Frau Isolde Stillweger dieser dringlichen Bitte nicht nachkommen, würde gegen sie unverzüglich ein Verfahren wegen uneidlicher Falschaussage eingeleitet werden. „Ihr Beiden, das macht der Studienrätin garantiert Beine, denn sie weiß ganz genau, was das für sie als Beamtin bedeuten könnte.“ Damit hatte die Recherche in Christians Unterlagen schon eine ganze Menge gebracht. Vorerst gab es hier nichts mehr für Carmen und Reinhard zu tun, denn alles weitere wollten Anna-Lisa und Klaus in die Wege leiten und verfolgen. Das betraf zum einen den Staatsanwalt, der die Wiederaufnahme der Ermittlungen verfolgen würde, und zum anderen ging es um die Dienststellen bei der Kripo, die ihnen zuarbeiten würden.

Klaus hatte inzwischen bei seinen Kollegen nachgefragt und konnte jetzt mit einer interessanten Nachricht aufwarten. Im Drogendezernat sei dieser Michael Rauch kein Unbekannter. In der Szene würde er „Advokat Smoky“ genannt und sei auch der einschlägige Anwalt in diesen Kreisen. Einen besonders engen Bezug habe er zu einem der vermutlichen Bosse. Laut Aussage seines damit im Dezernat befassten Kollegen ginge nämlich der undurchsichtige Xherdan Adjani, ein Albaner, bei ihm ein und aus. Diesem sei aber bisher nie eine direkte Beteiligung an einem Verbrechen nachzuweisen gewesen. Sein Kollege sei seit langem hinter diesem gefährlichen Clan her. Er gab Klaus dazu folgende Information. „Wir hegen den begründeten Verdacht, dass dieser Adjani in der Drogenszene einer der großen Drahtzieher ist. Wir waren an diesem so geschickten wie gefährlichen Mann immer wieder mal dicht dran, doch wir konnten ihm nie etwas nachweisen. Seine Alibis waren jedes Mal wasserdicht konstruiert und konnten von uns nicht erschüttert werden. Seine Leute decken ihn und liefern ihm jedes Mal ein Alibi. Einmal hatten wir endlich einen „Aussteiger" aus dieser albanischen Mafia gefunden, einen, der auspacken wollte und uns vorab auch den Namen Adjani genannt hatte. Als er jedoch am folgenden Montag nicht zu dem vereinbarten Treffen erschien, da hatten wir schon eine böse Ahnung. Bald darauf bekamen wir die Nachricht von einer Polizeistelle, dass dieser Mann erschossen in einer Anlage aufgefunden worden sei. Vermutlich hatte Adjani davon Wind bekommen und den „Verräter" liquidieren lassen. Wir unterzogen Adjani zwar einem scharfen Verhör, aber es war nichts aus ihm herauszubringen. Außerdem konnte der geschickte Adjani mit einem eindeutigen Alibi aufwarten, denn er sei in der fraglichen Zeit zu Besuch bei Verwandten in Hamburg gewesen. Und das konnte er uns auch anhand des Flugscheins und den Rechnungen von drei Gaststätten belegen. Warum auch immer, wir haben diese Dokumente damals dem Protokoll beigefügt, schon um einen Tätigkeitsnachweis für unsere Chefs vorlegen zu können. Klaus, eines sage ich Dir, irgendwann ist dieser Kerl fällig, und wenn er nur über eine Kleinigkeit stolpert. In diese Kreise einzudringen, ist fast unmöglich, wobei es sich bestimmt lohnen würde. Bisher vermochten wir ihm, trotz dringenden Verdachts leider nie etwas nachweisen. Er stand sogar schon ein paar Mal vor Gericht, aber jedes Mal hat ihn dieser Rechtsanwalt Michael Rauch wieder rausgepaukt. Lieber Kollege, es tut mir leid, mehr kann ich Dir bedauerlicherweise dazu nicht liefern!"

Carmen hielt nicht mehr an sich: „Klaus, was Du bis jetzt herausgefunden hast, das ist für uns ja Gold wert. Ich gehe optimistisch davon aus, dass diese Erkenntnisse für uns der Durchbruch sein werden. Nun hoffe ich zuversichtlich, dass das Datum auf den von Deinem Kollegen abgelegten Beweismitteln mit dem Zeitpunkt des Mordes übereinstimmt. Außerdem wäre es für uns auch interessant, wie viele Personen sich jeweils anhand der Rechnungen dieser Gaststätten feststellen lassen. So eine albanische Verwandtschaft besteht in der Regel doch aus deutlich mehr als zwei Personen. Sollten aber nur drei Personen auf diesen Belegen auftauchen, dann ist schon mal einiges am Alibi des Adjani anzuzweifeln. Und noch etwas dazu, bei der hiesigen Mordkommission müsste doch auch das Protokoll der Ermittlungen der Hamburger Kollegen vorliegen." Carmen gab Klaus für seine Nachfrage das auf der Honorarrechnung angegebene Datum. Dort war der Termin des Referats von Christian aufgeführt, nämlich der verhängnisvolle 23. 9. 2011. Dieses Datum wollte Klaus am nächsten Tag mit demjenigen auf den Unterlagen seines Kollegen abgleichen.

Noch etwas Interessantes konnte Anna-Lisa beitragen. Sie hatte die beiden Polizisten der Wache in Pasing erreichen können, die damals Frau Fabrizius die Hiobsbotschaft zu überbringen hatten. Und die beiden Beamten konnten sich noch recht gut an den Auftrag erinnern. Das lag daran, dass sie damals keine ahnungslose Frau angetroffen hatten, sondern eine, die bereits wusste, warum die beiden Beamten sie aufsuchten. So etwas hatten die Beamten zuvor noch nie erlebt. Frau Fabrizius wirkte auf sie wie erloschen, fast versteinert, ihre tränengeröteten Augen spiegelten ihr tiefes Leid. Sie hatte die schreckliche und für sie unfassbare Nachricht vor einer Stunde von einem Freund Christians erhalten. Nach einigen Worten, die Frau Fabrizius trösten sollten, es aber sicher nicht vermochten, hätten sich die Polizisten wieder auf den Rückweg zur Wache gemacht. Einer der beiden Polizisten war zu jener Zeit neu im Dienst. Er hatte erstmals einen solch bedrückenden Gang gemacht. Daher konnte er sich noch gut an den Besuch bei Frau Fabrizius erinnern. Daraus ergab sich auf einmal ein weiterer Punkt, der eine Nachfrage bei der Hamburger Kripo, vielleicht aber auch beim Anwalt Rauch angezeigt erschienen ließ. Sollten die Hamburger Beamten die Nachricht vom Tod Christians wie üblich nur an ihre Münchner Kollegen weitergegeben haben, käme Michael Rauch in Erklärungsnot. In diesem Fall konnte er Christians Tod nur von Adjani erfahren haben, und dann vermutlich auch nur in Form einer Vollzugsmeldung des Auftragsmordes. Klaus hatte übrigens den Fall, soweit er ihm bekannt war, bereits mit einem erfahrenen älteren Kollegen besprochen, der ihn nach Zustimmung durch den befassten Staatsanwalt gerne übernehmen würde. Trotz des zu Grunde liegenden Dramas hatte die vier jungen Leute beinahe eine euphorische Stimmung erfasst. Da sie vorerst nichts mehr tun konnten, beschlossen sie, den Tag privat ausklingen zu lassen.

Kennenlernen

Carmen kannte München nicht und wollte sich deshalb gerne die Innenstadt zeigen lassen. Sie schlugen auf dem Weg dahin noch einen kleinen Umweg ein, um das Schloss Nymphenburg wenigstens von außen zu sehen. Sie fuhren danach am Schlosskanal entlang und weiter über die Nymphenburger Straße, die Briennerstraße, den repräsentativen Königsplatz sowie den Carolinenplatz zur Ludwigstrasse. Dahin hatte sie Klaus gelotst, um Carmen einen Eindruck von Siegestor, Universität und Feldherrnhalle zu verschaffen. Sie parkten direkt am Carmen gut gefallenden Hofgarten und gingen von dort weiter zu Fuß. Quer durch die Höfe der Residenz erreichten sie den beeindruckenden Max-Josef-Platz, an dem die Oper liegt und von dem die noble Maximilianstrasse abgeht. Als letztes Ziel stand der Marienplatz mit dem neugotischen Rathaus an. Obwohl Carmen bei diesem Schnelldurchgang nicht alle Sehenswürdigkeiten zu sehen bekam, gefiel ihr diese großzügige, irgendwie südlich wirkende Stadt. Reinhards Tante musste auf das Mitkommen verzichten, denn sie hatte einer erkrankten Nachbarin versprochen sie im Klinikum Großhadern aufzusuchen. Die Stadtbesichtigung endete in einem italienischen Restaurant, in das Reinhard eingeladen hatte.

Selbst Klaus, der doch nur der bayrischen Kost zugetan war, fand sowohl das Essen als auch den von Reinhard ausgesuchten Wein gut. Carmen entdeckte nun eine neue Seite an ihrem Schatz. Ihr Reinhard war offensichtlich ein Gourmet und kannte sich auch beim Wein bestens aus, was ihm der Gastwirt bestätigt hatte. Reinhard, der Schweizer, unterhielt sich in fließendem Italienisch mit Kellner und Wirt, was seine drei Mitstreiter erstaunte und zu Fragen animierte. Klaus wollte auch zum familiären Hintergrund von Reinhard noch Näheres wissen, ebenso wie die beiden Damen.

Wie sie jetzt erfuhren, stammte Reinhard nicht durchgängig von Schweizer Ahnen ab. Sein Großvater war nämlich ein

Ostpreuße aus Königsberg, der bei Kriegsende als Kind mit seinen Eltern nach Schleswig-Holstein fliehen musste. Viele Jahre später hatte der Großvater, nunmehr als junger Arzt, bei einem Aufenthalt in der Südschweiz seine spätere Frau kennen gelernt. Durch die Heirat mit der schönen Apothekerin wurde er zum Schweizer Bürger. „Meine herzliche Nonna, eine reiche Tessinerin, sprach neben dem Schwyzer Dütsch gerne auch ihr heimatliches Italienisch. Und sie legte großen Wert darauf, dass ihre drei Enkel diese schöne Sprache erlernten. Häufig haben wir in Porto Ronco bei Ascona unseren Urlaub verbracht, wo von den Einheimischen Italienisch gesprochen wird. Dort besitzt unsere Familie direkt am Seeufer ein schönes altes Haus, das wir alle sehr lieben und das quasi über Nacht wundersam genug, zu einer Oase der Stille wurde. Ein Straßenneubau hatte das tiefer liegende Gelände am See abgetrennt und hält seither den Verkehrslärm fern." „Reinhard, was ist denn aus diesem Tessiner Haus geworden?" „Anna-Lisa, meine mich bevorzugende Nonna (*Großmutter*) vermachte es zwar mir, aber es wird nach wie vor von der ganzen Familie genutzt."

Wegen der Nachfrage zu seiner Familie erzählte Reinhard weiter. „Mein Vater folgte der Familientradition und wurde wie schon sein Vater und Großvater auch Arzt. Meine Mutter ist die jüngste Schwester von Tante Marianne und daher auch eine echte Gräfelfingerin. Meinen Vater lernte sie hier in München kennen. Mein alter Herr arbeitete damals kurze Zeit in Deutschland und zwar als Arzt an der Klinik „Rechts der Isar". Er wollte sich mit einer neuen Operationsmethode vertraut machen, um diese dann selbst anwenden zu können. Hier begegnete er meiner Mutter, die dort ihr Jahr im Praktikum ableistete. Es soll Liebe auf den ersten Blick gewesen sein, und nun bin ich dieser Tradition gleich in zweifacher Hinsicht gefolgt. Ich wurde Chirurg, und ihr kennt unser Zusammenkommen. Es war Liebe auf den ersten Blick, und das noch dazu in München. Darauf, meine Lieben, lasst uns jetzt anstoßen."

Auch diese Nacht verbrachte Carmen im Bungalow. Auf dem Kopfkissen hatte sie ein großes Schokoladenherz vorgefunden und ein Kärtchen mit der Aufschrift: „Ihr Glücklichen, Euch hat ein gütiges Schicksal zusammengeführt, haltet es fest!“ Als Carmen am nächsten Morgen wieder an der Seite ihres Reinhards erwachte, da war ihr so, als müsste dies jetzt immer so sein. Es war bei ihnen beiden nicht nur Liebe auf den ersten Blick gewesen, und auch nicht nur die aufeinander zuführenden Wege, es war noch mehr, was sie verband. Ihr Vater hätte es als Fügung bezeichnet, vielleicht auch als Vorbestimmung. Und so sah es auch Carmen selbst. Sie war nun mal kein himmelhoch jauchzendes Wesen, aber eines, das sich Reinhard mit Herz und Seele verbunden wusste. Sie, die bisher erleben musste, dass interessante Männer um sie einen Bogen machten. Anscheinend schien diesen Herren eine attraktive und auch vom Intellekt her ebenbürtige Frau irgendwie Angst zu machen. Vielleicht besaßen sie auch nicht jenes Selbstbewusstsein, das sie eine Partnerschaft auf Augenhöhe eingehen ließ. Und ihr liebenswürdiger Reinhard, dieser in sich ruhende und selbstbewusste Mann, der hatte damit nicht das geringste Problem. Er hatte ihr doch gestern völlig selbstverständlich die Führungsrolle überlassen. „Du bist die Anwältin und verstehst Dein Metier. Da arbeite ich Dir doch gerne zu und verlasse mich darauf, dass Du mir sagst, womit ich Dich unterstützen kann. Im Operationssaal ist eine gute Teamarbeit der Schlüssel zum Erfolg, doch der verantwortliche Operateur muss dabei das letzte Wort haben. Er ist letztlich auch der Ansprechpartner des Patienten wie für dessen Angehörige.“ Für Reinhard war offensichtlich eine echte Partnerschaft ganz selbstverständlich. So hatten es seine Eltern gehalten und so war es auch ihm ein Anliegen. Und dennoch erlebte Carmen mit ihm etwas ganz Neues. Reinhard war auch ein Mann zum Anlehnen und ein zärtlicher Geliebter.

Beim Frühstück im Bett, das Reinhard „gezaubert“ hatte, überlegten die beiden, was sie heute miteinander unternehmen wollten. Das schöne Wetter lockte hinaus ins bayrische Oberland.

Reinhard machte Carmen drei Vorschläge mit jeweils einem besonderen Ziel. Carmen entschied sich für einen Ausflug zum Gebirge. Hoch hinauf auf einen der Gipfel wollte sie allerdings nicht, dafür hatte sie keine passende Kleidung. Frohgelaunt fuhren sie in Reinhards nicht mehr ganz neuem Skoda Oktavia gen Süden, ihr Ziel war der von Bergen umgebene Walchensee. Dort wanderten sie ein Stück weit am Ufer entlang, erfreuten sich ihrer Zweisamkeit und an der herrlichen Alpenwelt. Reinhard liebte an Oberbayern nicht nur seine Berge, Seen und behäbigen Bauernhöfe, angetan hatten es ihm auch die Klöster. Daher besuchten sie auf dem Rückweg das Kloster Benediktbeuern, das in seiner barocken Pracht sehr typisch für die Region ist. In der Klostergaststätte genehmigten sie sich noch ein Bayrisches Schmankerl, Reinhard allerdings ohne das dunkle Bier. Er als Fahrer hielt sich an sein ehernes Prinzip, kein Alkohol am Steuer, nicht einmal einen kleinen Schluck. Carmen, die von gleichaltrigen Bekannten anderes gewohnt war, wollte wissen, warum ihr Schatz denn derart konsequent war.

„Carmencita, ich musste schon so manchen angetrunkenen Fahrer nach einem Unfall zusammenflicken. Das ist wahrlich keine angenehme Aufgabe, zumal dieser als Notfallpatient immer Vorrang hat und andere vorgesehene Operationen nach hinten verlegt werden müssen. Beim Operieren selbst kann ich mir solch ärgerliche Gedanken nicht leisten, bin voll konzentriert auf meine Arbeit. Sobald aber dieser Patient – fast immer sind es Männer – nach der Operation wieder etwas bei Kräften ist, kann ich mir eine deutliche Ermahnung am Krankenbett nicht verkneifen. Mein Chef meint zwar, ich könne das genauso gut unterlassen. „Freunde machst Du Dir damit keine, und bringen tut es ja leider auch nichts. Säufer bleibt nun mal Säufer, das ist meine bittere Lebenserfahrung!“

„Reinhard, Dein Chef duzt Dich?“ „Ja, das hat sich bei uns so eingeschlichen, und ich bewerte es als Ausdruck seiner Wertschätzung. Wir sind sogar privat gute Freunde geworden, wozu seine reizende Frau Cordula auch viel beigetragen hat. Ich bin bisher der einzige, den er duzt und den er auch nach Kräften fördert. Was ihn aber nicht davon abhält, mich immer wieder zu „schinden“, und das sowohl von der zeitlichen Bindung als auch von den Anforderungen her. Sehr schwierige Operationen macht er entweder selbst oder er überträgt sie mir. Die Routineeingriffe machen seit einiger Zeit fast immer meine Kollegen. Inzwischen habe ich allerdings einen jungen und tüchtigen Kollegen bewusst nachgezogen, der mich gut vertreten kann. So allmählich hat der Kollege auch unseren Chef von seiner Kompetenz überzeugen können.“ „Schatz, weiß denn Dein Chef, dass Du die Absicht hast, Dich beruflich zu verändern? Es muss doch für ihn schwierig sein, einen so qualifizierten Mitarbeiter zu verlieren?“ Reinhard lachte leise: „Mit seinen knapp fünfzig Jahren weiß er noch gut um den Verlauf seiner ärztlichen Karriere. Unser Auftrag als Arzt sei es ja nicht nur den Patienten bestmöglich zu helfen, sondern auch dafür zu sorgen, dass die uns anvertrauten jungen Ärzte in unsere Fußstapfen treten können. Das ist die Ansicht meines Chefs und Mentors, der mich dabei nach Kräften unterstützt. Außer seiner eigenen Referenz besorgte er mir auch noch die eines berühmten Kollegen. Er sagte zu mir: Reinhard, irgendwann wirst Du Dich revanchieren. Wenn einer Deiner guten Zöglinge sich räumlich zu verändern gedenkt, dann wirst Du bestimmt auch an mich denken, und einen ungeeigneten oder schwierigen Kollegen dann bestimmt nicht empfehlen!“

Reinhard wollte nicht länger über seine berufliche Situation reden. „Liebes, jetzt aber genug von mir, sonst hältst Du mich noch für einen Angeber oder Schwätzer.“ Das wollte Carmen so nicht stehen lassen und begründete es damit, dass sie doch alles über ihn, also auch sein berufliches Dasein kennen lernen wolle. Reinhard drehte nun den Spieß um und ließ Carmen von ihrem Vater erzählen. Reinhard wusste zwar um das enge Verhältnis von Vater und Tochter, aber ein genaues Bild ihres Vaters hatte er dabei noch nicht gewonnen. Dieser ihm noch unbekannte künftige Schwiegervater würde ja bald in seinem Leben eine gewichtige

Rolle einnehmen. Ob diese Rolle dann eine eher erfreuliche sein würde oder eine schwierige Beziehung, das würde auch sein eigenes Leben ziemlich beeinflussen.

„Mein Vater ist ein in Hamburg bekannter Mann und ein sehr erfolgreicher Anwalt, der eine langjährig eingeführte renommierte und große Kanzlei unterhält. Der Schwerpunkt liegt bei uns zwar auf dem Wirtschaftsrecht, was seine langjährigen Klienten nicht davon abhält, die Kanzlei mit anderen juristischen Klärungen zu betrauen. Wer bei uns arbeitet, hat einen gut honorierten Arbeitsplatz, an dem er viel lernen kann und Kollegen zur Seite, die ihn fördern und beraten. Was noch für die Kanzlei spricht ist das gute Klima im Hause, worauf nicht nur mein Vater viel Wert legt. Aus diesem Grund gibt es in unserer Kanzlei nur eine sehr geringe Fluktuation. Gegründet hat die Kanzlei mein bestens vernetzter Großvater, der von ähnlichem Zuschnitt war wie mein Vater, und beide als exzellente Juristen haben die Kanzlei mit ihrem Stil geprägt. Das ist die eine Seite meines Vaters, der auch mich beruflich unglaublich gefördert hat. Und nun zu seiner anderen Seite. Der im Beruf messerscharf argumentierende Anwalt hat eine unerwartete zweite Seite. Mir ist er ein liebevoller und fürsorglicher Vater, zu dem ich mit all meinen Fragen und kleinen Sorgen kommen kann. Natürlich hat er der gepflegte Mann beste Manieren, aber nicht jene Strenge, die öfters damit einhergeht. Für seine Freunde und Bekannten ist er ein herzlicher Mensch, den alle mögen.

Wie musst Du Dir meinen Vater optisch vorstellen? Vater ist ein eleganter, stets gut gekleideter Herr und damit ein typischer Hanseat aus gutem Hause. Du wirst ihn selten ohne Schirm aus dem Haus gehen sehen. Nur beim Joggen muss er ihn zwangsläufig daheim lassen. Trotz seiner fast 65 Jahre und seinen dichten grauen Haaren wirkt er jünger als sein kalendarisches Alter aussagt. Er liebt die Musik und geht auch gerne gepflegt essen. In unserem Weinkeller finden sich exquisite Weine, die er gerne mit Freunden trinkt. Seine weiteren Steckenpferde sind Segeln und

Schachspiel. Spielst Du eigentlich Schach?“ Reinhard nickte, unterbrach jedoch Carmen nicht. Doch die setzte nach. „Reinhard wenn Du gut spielst, dann findest Du in meinem Vater einen Partner, bei dem Du schon von daher bestens ankommst. Du hast gestern gesagt, dass Du ein Haus direkt am Lago Maggiore besitzt. Hast Du am Ende dort ein Segelboot liegen?“ Wieder nickte er nur, um Carmen die Möglichkeit zu geben, weiter zu sprechen. Sie erzählte ihm nun von ihrer Kindheit und ihren Schwierigkeiten mit den Mitschülerinnen und ihrer hieraus entspringenden Scheu vor Beziehungen. Daher sei sie nun so glücklich über ihre Liebe, aber auch froh über die Beziehung zu Anna-Lisa und Klaus. Damit hatte Reinhard jetzt ein besseres Bild von Carmens Elternhaus und ihrem Vater. Selbst wenn er annehmen durfte, dass Carmen ihren Vater vielleicht zu positiv sah, stand vor Reinhards innerem Auge nun ein liebenswürdiger, kultivierter und feiner Herr, auf den er sich freuen konnte.

Doch wie sollte er sich Carmens Mutter vorstellen? Spielte sie noch eine Rolle in der Familie oder hatte sie sich völlig von dieser abgekoppelt? Carmen sprach ganz offen über die Entfremdung zwischen ihr und ihrer Mutter, gab jedoch zu erkennen, dass ihre Mutter jeglichen Einfluss verloren hatte. „Sie hat sich ja leider nicht nur von meinem Vater, sondern auch von mir getrennt. Bei meinem letzten Besuch hatte ich sogar den Eindruck gewonnen, dass ich sie eher gestört habe. Sie kann mit mir wenig anfangen, vielleicht bin ich für sie auch nur ein Teil der ihr immer fremd gebliebenen kühlen Hamburger Welt, die sie ganz bewusst verlassen hat. Anfangs hat es mich traurig gestimmt und gekränkt, inzwischen habe ich mich damit abgefunden, weil es eben nicht zu ändern ist.“

„Liebes, Deine Trauer über dieses einem Kind unverständliche Verhalten einer Mutter kann ich nachempfinden. Das muss ja seelische Wunden schlagen und Narben hinterlassen. Eine Mutter ist für jedes Kind lange die wichtigste Bezugsperson. Darauf musstest Du schon früh in Deinem Kinderleben weitgehend verzichten. Zum Glück hat Dich Dein Vater liebevoll aufgefangen, und hat, soweit ein Vater dies überhaupt vermag, Dir jene Liebe gegeben, ohne die ein Kind sich einsam und auch nicht angenommen fühlen muss. Dein Vater ist, was ich Deinen Worten entnehme, ein ganz besonderer Mensch, den ich gerne kennen lernen würde." „Schatz, Du hast doch diese Woche noch Urlaub. Wie wäre es denn, wenn Du mit mir nach Hamburg fliegen und so meinen Vater kennen lernen würdest." Der Vorschlag gefiel Reinhard und er sagte spontan zu, womit er seiner Carmen eine riesige Freude machte.

Der Schwiegervater

Glücklich saßen Carmen und Reinhard im Flugzeug nebeneinander, denn sie hatten noch einige Tage Gemeinsamkeit vor sich. Carmen hatte Ihrem Vater telefonisch mitgeteilt, dass sie vier Stunden früher als geplant in Fuhlsbüttel ankommen werde, und dann per Taxi heimkomme. Seine Tochter hatte ihm nicht einmal angedeutet, dass sie nicht alleine war. Es sollte eine Überraschung werden. Durch die zeitliche Verlegung des Fluges konnte Reinhard jetzt auch neben ihr sitzen, und ihr war so, als müsse dies immer so und nicht anders sein. Ein Dasein ohne ihn konnte sich Carmen überhaupt nicht mehr vorstellen. Immer stärker erlebte sie dieses so schöne und vertraute Gefühl der Zusammengehörigkeit. Carmen war einfach glücklich.

Hinrich Conradi kannte seine Tochter und schloss aus ihrer veränderten Stimme, dass sie vielleicht eine Überraschung in der Hinterhand hatte. Sollte sie am Ende gar ihren Reinhard mitbringen? Weil er dies für möglich hielt, verlegte der Anwalt seine beiden noch anstehenden internen Termine. Er konnte also parat sein für diesen aus seiner Sicht besonderen Augenblick. Er hatte sich tatsächlich nicht getäuscht, sein Herzblatt war in Begleitung eines jungen Mannes! An ihrem strahlenden Gesicht war für den Vater sofort klar, das konnte nur Reinhard sein, ihr „Zukünftiger“. Unter dem rechten Arm trug er Carmens Koffer und darüber ein kleines Köfferchen, wohl das seine. Hand in Hand und vergnügt schwatzend gingen die beiden durch die Halle. Was Hinrich Conradi von den beiden wahrnehmen konnte, gefiel ihm. Endlich schien seine scheue Tochter den zu ihr passenden Partner gefunden zu haben.

Nachdem er das Liebespaar aus einer gewissen Distanz beobachtet hatte, zeigte er sich nun den beiden Überraschten. Die erfreute Carmen ließ Reinhards Hand los, um sich von ihrem Vaters umarmen zu lassen. „Papa, Du wolltest uns also auch überraschen, so wie ich Dich. Aber dies ist mir wohl nicht so ganz geglückt, Du hast offensichtlich geahnt, dass ich nicht alleine fliegen würde. Hier ist er nun, mein geliebter Reinhard!“ Beide Hände streckte Hinrich Conradi seinem künftigen Schwiegersohn entgegen. „Lieber Reinhard, sei herzlich willkommen, ich freue mich sehr, Dich kennen zu lernen. Bisher warst Du für mich ja nur in Carmens hymnischen Elogen präsent!“ Reinhard entgegnete lachend: „Eigentlich neigt Carmen, zumindest was ihre eigene Person angeht, eher zum Untertreiben. Lieber Herr Conradi, ich danke Ihnen für die herzliche Begrüßung. Bedingt durch Carmens liebevolle Beschreibung von Ihnen und im Wissen darum, dass Sie ihr zu ihrer Wahl zugeraten hatten, wusste ich, dass Sie gegen mich keine Vorbehalte hegen würden. Darüber freue ich mich sehr, denn mir ist immer noch gewärtig, wie reserviert mein Vater damals reagierte, als meine älteste Schwester mit ihrem neuen Freund ankam.“

„Reinhard, nicht alle Väter erliegen der Eifersucht, wenn sie ihre Tochter an einen jungen Mann verlieren. Manche können darin auch eine Bereicherung sehen, und wenn Carmen sich derart entschieden und mit ganzem Herzen auf Dich eingelassen hat, dann hat sie das bestimmt nicht leichtfertig getan. Doch nun kommt bitte mit mir zum Auto. Ich entführe Euch jetzt hinaus nach Blankenese, wo ich in einem guten Restaurant einen Tisch reserviert habe. Damit will ich Dir, Reinhard, einen ersten Eindruck von unserer Umgebung und auch von unserer Lebensader, der Elbe vermitteln.“

Hinrich Conradi hatte gut gewählt, denn von diesem noblen Süllberg-Terrassen-Restaurant herab genoss Reinhard einen weiten Blick. Am Fuß des immerhin 75 Meter hohen Berges machte sich die Elbe breit, am fernen gegenüberliegenden Ufer war das Alte Land zu sehen. Diese Marschlandschaft versorge Hamburg mit frischem Obst und eben auch mit dem daraus gewonnenen Schnaps, erläuterte ihm Hinrich Conradi, der überzeugte Hamburger. Nachdem sie sich einige Zeit mit der exquisiten

Speisenkarte beschäftigt und ausgewählt hatten, ging es an das „Eingemachte“. Wie es beim ersten Besuch des künftigen Schwiegersohns nicht anders zu erwarten war, wollte Carmens Vater Reinhard und dessen familiären Hintergrund näher kennen lernen. Auch Carmen erfuhr dabei ihr noch nicht Bekanntes. Sie wusste zwar schon, dass seine Eltern Ärzte waren. Doch nun hörte sie, dass diese eine gut gehende Privatklinik betrieben und dort viele Mitarbeiter beschäftigten. Der Familientradition folgend hatten die beiden Schwestern von Reinhard und er selbst den Beruf des Chirurgen gewählt. Die beiden Ärztinnen wirkten nun – nachdem sie einige Zeit an anderen Krankenhäusern praktiziert hatten – in der elterlichen Kurklinik mit. Zu diesem leitenden Ärzteteam gehörte neben angestellten Ärzten auch der Mann seiner Zwillingsschwester Marianne. Auf Nachfrage rückte Reinhard etwas zögerlich damit heraus, dass diese Kurklinik einen großen Bereich „Kosmetische Chirurgie“ habe und dort der Schwerpunkt weniger bei einer Wiederherstellung von Funktionen und Aussehen eines Patienten liege, der etwa durch einen Unfall entstellt worden war. Hinrich Conradi stellte Reinhard darauf die sich aufdrängende Frage, warum er denn als einziger dieser Ärztefamilie nicht in der Klinik mitarbeite?

Reinhard rieb sich unschlüssig das Kinn, wusste aber, dass er jetzt Farbe bekennen musste. „Diese zunehmend gewichtiger werdende Ausrichtung gefällt mir nicht und hat mich bisher davon abgehalten, in der Familienklinik mitzumischen. In diesem Klinikbereich liegt, ob man dies nun gut findet oder nicht, der Schwerpunkte immer mehr auf der Schönheitschirurgie. Der Chirurg soll mit Skalpell, Botox und anderen Hilfsmitteln den Reichen und den Prominenten zu mehr Schönheit und Attraktivität verhelfen. Oder noch deutlicher ausgedrückt, er soll ihnen helfen ihre „Jugend“ zu konservieren. Darin sehe ich selbst meinen ärztlichen Auftrag nicht! Ich möchte den vom Schicksal geschlagenen Schwerkranken oder Schwerverletzten durch einen oder mehrere Eingriffe wieder ein weitgehend normales Leben ermöglichen.“

„Reinhard, was sagen Deine Eltern zu dieser puristisch-idealistischen Einstellung? Haben sie denn nicht auf Dich gehofft?“ „So ist es Herr Conradi, damit haben sie sich anfangs sehr schwer getan. Sie kennen aber meine Einstellung, und haben sich so allmählich damit abgefunden. Mein Vater ist völlig selbstverständlich davon ausgegangen, dass ich als Sohn und Namensträger in einigen Jahren seine Nachfolge antreten würde. Meine Weigerung hat einige Zeit unser Verhältnis beeinträchtigt, hat sich aber so allmählich wieder einigermaßen normalisiert.“ Carmen klinkte sich besorgt ein: „Mein Schatz, und wenn ich nun bei ihnen als eine Nichtmedizinerin an Deiner Seite auftauche, was wird dann sein?“ Reinhard schien diese Aussicht auf den ersten Besuch seiner Carmen bei seinen Eltern zu amüsieren: „Liebes, dann werden sie sich endlich auch mal mit anderen, nicht medizinischen Themen beschäftigen müssen. Aber keine Sorge, meine Eltern sind fast immer verträgliche Leute, was mit einer Ausnahme auch für den Rest der Familie gilt.“

Carmen setzte leicht beunruhigt nach: „Wer schert denn bei Euch aus? Und inwieweit betrifft es Dich und dann später auch mich?“ Reinhard saß nun in der selbst gestellten Falle. Diese verständliche Nachfrage war ihm unangenehm, zumal es sich um seine eigene Familie handelte. Bisher hatte er darüber nach Außen noch nie etwas verlauten lassen. Aber Carmen würde ja als seine Frau bald dieser Familie angehören, und selbst ihr Vater war dann auch kein Außenstehender mehr. „Meine Schwester Annemie und ihr Mann Ueli, der von Haus aus sehr begütert ist und noch dazu als Unternehmer seine große Fabrik leitet, leben in einer völlig anderen Welt als ich. Ihr Wohlstand wird ungeniert zur Schau gestellt, sei es mit ihrem Haus, der Yacht, den Autos oder mit ihren Hobbys. Ich mag das nicht, und deshalb sehen wir uns nur selten, meist zu Geburtstagen meiner Eltern.“

Würde sich Carmen damit begnügen? Sie tat es leider nicht. „Reinhard, das ist mir jetzt zu allgemein. Ich merke sehr wohl, dass Dich meine Nachfrage in einen Loyalitätskonflikt gebracht hat, aber bedenke bitte auch meine Lage. Ich möchte mich schon darauf einstellen können, was mich bei meinem Besuch in 14 Tagen seitens Deiner Familie erwartet.“ Reinhard konnte sie beruhigen: „Carmencita, es werden dann nur meine Eltern, meine herzliche Zwillingsschwester Marianne, deren nicht minder netter Mann Willi und ihre beiden kleinen Kinder da sein. Annemie und Ueli sind nämlich mal wieder auf einer großen Reise.“

Hinrich Conradi fühlte sich durch Reinhards Aussage unangenehm berührt. Sie erinnerte ihn an Äußerungen seiner von ihm getrennt lebenden Frau Conchita, die ihm vorgehalten hatte, er würde einen ethisch angreifbaren Beruf ausüben. Sollte sein künftiger Schwiegersohn gegenüber der Tätigkeit seiner Carmen eine ähnlich überzogene Ablehnung hegen? Das wollte er sofort klären! „Reinhard, legst Du denn an alles Tun, das letztlich auch gutes Geld einbringt, einen derart strengen Maßstab an? Denn dann stünde auch ich als Anwalt und von Haus aus vermögender Mann nicht gut da.“ Der Angesprochene lächelte entwaffnend und entkräftete sogleich diese Frage. „Ich habe doch nichts gegen das Geldverdienen und schon gar nichts gegen die Tätigkeit eines Anwalts. Ein guter Anwalt wendet ja auch Schaden ab, und verhilft dem Recht zur Geltung. Wenn allerdings das Geldscheffeln in eine Obsession ausartet und die Berufung völlig überlagert, dann habe ich damit schon so meine Probleme. Aber das ist ja weder bei Ihnen noch bei Carmen zu erwarten. Am Wochenende habe ich miterlebt, wie engagiert Carmen und ihre Freundin Anna-Lisa ohne Salär daran gearbeitet haben, einen Verdächtigen bald zur Rechenschaft ziehen zu können. Dank ihrer Vorarbeit gehe ich nun zuversichtlich davon aus, dass Christians Mörder und deren Auftraggeber ihre gerechte Strafe erfahren werden. Meine Tante, aber auch ich werden erst danach unseren Seelenfrieden finden. Und Du, Carmen, hast dann Dein Dir selbst gegebenes Versprechen eingelöst. Herr Conradi, ich hoffe ich konnte sie beruhigen, mir wäre viel daran gelegen?“

„Lieber Reinhard, Du hast feinfühlig meine Sorge um Carmens Zukunft erahnt. Du hast mich überzeugt, dass diese grundlos ist. Ich hätte nun gerne, dass Du mit mir nicht länger so förmlich umgehst. Als Vater Deiner Zukünftigen möchte ich jetzt von Dir auch geduzt werden.“ Seine Bitte bekräftigte ein herzliches Lachen, in das Reinhard einstimmte. „Wie darf ich Dich denn nun ansprechen, Herr Senator?“ „Bist Du als mein künftiger Schwiegersohn damit einverstanden, mich Hinrich zu nennen?“ Die beiden Männer verstanden sich, sie erlebten sich als Gleichgesinnte, was Carmen ganz besonders gefiel.

Hoffnung

Hinrich Conradi berichtete den Beiden jetzt von einem anrührenden Erlebnis, das er am vergangenen Sonntag auf dem Friedhof hatte. Als er das Grab seiner ersten Frau Sonja aufsuchte fiel ihm eine schluchzende Frau auf, die er von früher kannte. Mit ihr hatte er schon einmal als Präsident der Anwaltskammer einen kleinen Strauß ausgefochten, und ein anderes Mal hatte er mit ihr als Gegnerin bei Gericht zu tun gehabt. Er hatte die Anwältin damals eher unzugänglich und angestrengt erlebt. Juristisch sei sie zwar gut präpariert gewesen, aber wegen des fast aussichtslosen Falles hatte sie eben von vornherein schlechte Karten.

Weil diese Frau so verzweifelt war, überwand er sich und ging auf die Trauernde zu, die ihn sofort erkannte. Frau Martens trauerte um ihren Mann, der erst vor einer Woche seinem Krebsleiden erlegen war. Da es zu regnen anfing, bot Hinrich Conradi ihr seinen Schirm an, was sie gerne annahm. Auf dem Weg zum Ausgang gewann er den Eindruck, dass es Frau Martens gut tat, über ihre seelische Not zu reden. Kurzerhand lud er sie daher in ein nahegelegenes Cafe ein. Von der blonden mit ihren etwa fünfzig Jahren noch immer gut aussehenden Anwältin erfuhr Hinrich Conradi, dass der Verstorbene bis zuletzt alles daran gesetzt hatte, seine kleine Kanzlei zu erhalten. Sie alleine fühle sich überfordert, und wolle sich daher nach einer Stelle als angestellte Anwältin umsehen.

Im Verlauf des Gesprächs erzählte Frau Martens auch von ihrer elfjährigen Tochter, die schwer krank sei und der bisher niemand helfen konnte. Chirurgen hätten nun den einzig möglichen Eingriff abgelehnt, weil er ein zu großes Risiko darstelle. Das sei ihm doch sehr nahe gegangen. Die mitfühlende Carmen unterbrach ihren Vater und meinte, dass diese Frau Martens doch in seiner Kanzlei arbeiten könnte. „Schätzchen, darüber habe ich auch schon nachgedacht, möchte aber erst einmal ihre Bewerbungsunterlagen abwarten. Doch selbst dann, wenn wir ihr bei uns eine Stelle anbieten können, ist sie damit die sie belastende Sorge um ihre kranke Tochter nicht los." Reinhard schaltete sich ein: „Hinrich, hat diese Frau Martens Dir zur Krankheit und zu dem vielleicht rettenden Eingriff etwas sagen können?" Hinrich nickte: „Sie sprach von einer Wucherung oder einem Geschwür im Rachenraum oder der Speiseröhre. Ich kann Dir gerne die Telefonnummer von Frau Martens geben. Würdest Du ihr denn helfen wollen?" Reinhards Nicken gefiel ihm und seine Antwort auch: „Hinrich, dazu kann ich erst etwas Konkretes sagen, wenn ich die Unterlagen der Kollegen eingesehen habe, die das Kind untersucht haben. Mich berührt das Schicksal dieser Frau und ihrer kleinen Tochter. Daher würde ich den Beiden gerne helfen; aber wie gesagt, ich müsste genau wissen, was auf mich zukommen würde. Einen von vornherein aussichtslosen Eingriff würde auch ich nicht wagen." Carmen bat ihren Vater Frau Martens anzurufen, um zu erfragen, ob sie die fraglichen Befunde zu Hause habe.

Die Angerufene bewahrte sowohl die Berichte als auch die CT-Aufnahmen bei sich auf. „Herr Senator, warum fragen Sie mich danach?" „Frau Martens, bitte entschuldigen Sie, ich bin ja sofort mit der Türe ins Haus gefallen. Mich hat das ungnädige Schicksal, das Sie zu tragen haben, nicht losgelassen. Daher habe ich darüber mit meiner Tochter und deren Partner gesprochen, was nun zum eigentlichen Anlass meines Anrufs überleitet. Mir gegenüber sitzt nämlich ein bekannter Schweizer Chirurg, der bald mein Schwiegersohn sein wird. Ich habe ihn gefragt, ob er Ihrer Tochter vielleicht helfen könnte, was er zumindest nicht abgelehnt hat. Erst einmal will er die Befunde einsehen und sich auch die kleine Patientin näher anschauen. Dann erst könne er sich dazu konkret äußern." „Herr Senator, ich muss mich erst einmal setzen, um dies verdauen zu können. Ich klammere mich doch inzwischen an jeden Strohhalm und gebe die Hoffnung nicht auf. Ich wohne gleich nebenan in Rissen und könnte in einer viertel Stunde bei Ihnen sein. Würde das denn gehen?" Ihre Stimme hatte sich verändert, die Aussicht auf ein „Wunder" hatte sie ergriffen. Nach

Rücksprache mit Reinhard wurde ein Besuch bei Frau Martens und ihrer Tochter vereinbart.

Schon eine halbe Stunde später empfing sie die freudig aufgeregte Frau Martens in ihrem netten Häuschen, das in einer Villengegend lag. „Herr Senator, mir ist gerade wie Weihnachten, obwohl ich doch weiß, dass dieses Gefühl töricht ist. Diese junge Dame kann dann nur Ihre Tochter sein.“ Carmen selbst bejahte es und stellte sich der Frau vor, die sich zuletzt an den jungen Herrn wendete. „Und Sie sind also der berühmte Chirurg, dessen Namen mir nicht genannt wurde.“ „Na dann muss ich das Versäumnis gleich korrigieren, mein Name ist Reinhard Dieffenbach, aber berühmt bin ich nicht, doch einige schwierige Operationen habe ich in Zürich schon durchgeführt.“ Carmen hörte diesen Namen selbst zum ersten Mal, denn bisher hatte Reinhard sich ihr, aber auch den Freunden, lediglich mit seinem Vornamen vorgestellt. Und das mit dem Flug hatte er so ganz nebenbei erledigt, und es auch am Check-in-Schalter so gehalten. Irgendwo hatte sie diesen Namen schon einmal in einem ganz anderen Zusammenhang gehört, konnte sich aber nicht mehr an diesen erinnern. So würde sie ja selbst bald heißen, allerdings zusammen mit Conradi als Doppelnamen. Dies schon deswegen, weil sie ja in einigen Jahren die Leitung der väterlichen Kanzlei übernehmen sollte. Carmen Conradi-Dieffenbach, das war zwar lang, aber auch wohlklingend, fand sie in Gedanken.

Die Hausherrin hatte sie in ihr adrett und stilvoll eingerichtetes Wohnzimmer gebeten, von dem aus sich ein Blick auf einen kleinen, gepflegten Garten eröffnete. Frau Martens bot den so unverhofften aber willkommenen Gästen etwas zu Trinken an. Das gab ihr die Möglichkeit, sich einen Eindruck von dem Schweizer Chirurgen zu machen. „Herr Doktor Dieffenbach kann es sein, dass Sie mit dem berühmten Arzt Johann Friedrich Dieffenbach verwandt sind?“ „Frau Martens, Ihre Frage überrascht und erstaunt mich. Außer uns Medizinern kennen ihn nur noch die gebildeten Ostpreußen. Ansonsten ist er leider fast vergessen, dieser bedeutende Arzt und Vater der Plastischen Chirurgie. Er hat, und das führt uns nun unserem gemeinsamen Anliegen näher, auch erstmals die Äthernarkose angewendet. Ob ich nun direkt mit ihm verwandt bin, das kann ich Ihnen nicht beantworten. Mein aus Königsberg stammender Großvater schloss es nicht aus, zumal sich ja nicht zufällig fast alle Dieffenbachs dem Arztberuf verschrieben hatten und haben." Dieser auf Anhieb vertrauenerweckende Schweizer Chirurg sprach ja ein gutes Hochdeutsch, und dabei hatte sie doch Sprachschwierigkeiten befürchtet. Das gab einen weiteren Anknüpfungspunkt. Als sie ihm ihre Befürchtung aufgedeckt hatte, lachte er herzlich. „Diese Rachenlaute kann ich natürlich auch hervorbringen, ich wäre ja sonst in der Schule zum Außenseiter geworden. Ich kam als Kind auch noch mit anderen Sprachen in Berührung. Meine Mutter ist eine Münchnerin, die mich anhielt, Deutsch zu sprechen, meine Tessiner Großmutter brachte mir Italienisch bei und mein Großvater konnte seine ostpreußische Abstammung auch nicht verbergen." Carmen freute sich über ihren Reinhard, der selbst bei ihm doch fremden Menschen so gut ankam.

Und das galt auch für die kleine Patientin Anke. Sie, die doch schon so oft mit Ärzten zu tun gehabt hatte, zeigte keine Angst vor diesem Mann. Das magere, von seinem Leiden gezeichnete, blonde Kind konnte nur mühsam sprechen, seine Stimme krächzte und ließ ihre Krankheit erkennen. Reinhard stellte ihm einige Fragen, tastete vorsichtig ihren Hals ab. Dann nahm er sich die Befunde vor. Die Kleine blieb währenddessen still sitzen und beobachtete den netten Doktor. Ihre Miene gab ihr Hoffen wieder, mit dem sie auf jede Regung im Gesicht des Arztes reagierte. Und in Reinhard arbeitete es, er vertiefte sich in die MRT-Bilder, schaute dann wieder Anke an und sah die Hoffnung in ihren Augen. Ließ er sich am Ende unbedacht und voreilig auf einen höllisch schweren Eingriff ein, einen der durchaus schief gehen konnte? Doch wenn er das kleine Mädchen anblickte, wusste er, er musste es riskieren und darauf vertrauen, dass ihn weder Hybris noch Selbstüberschätzung bewegten. Er hoffte nun selbst darauf, dass die Untersuchung in Zürich seine Annahmen bestätigten und keinen schlechteren Befund ergaben. Es dauerte dann noch eine ganze Weile bis er die Aufnahmen weglegte. Was würde er jetzt den gespannt Wartenden verkünden?

Zuerst wandte er sich an die kleine Anke. „Anke, ich werde Dich operieren, aber das wird bestimmt kein einfacher Eingriff werden, weder für Dich noch für mich. Willst Du das dann trotzdem wagen?“ „Herr Doktor, ein Professor hat zu Mama gesagt, dass er uns keine Hoffnung machen kann. Ich hätte das nicht hören sollen, und auch nicht, dass ich auch ohne Operation nicht mehr lange zu leben habe. Ich weiß doch, dass ich dann bald ersticken muss, was doch ein ganz schlimmer Tod sein soll. Selbst wenn es für mich nur eine geringe Chance ist, dann muss ich es doch wagen!“ Wie dieses leidende Kind die beiden Alternativen einerseits altklug und andererseits gelassen abgewogen hatte, zeigte Reinhard eines. Anke hatte sich intensiv mit ihrem Leiden auseinandergesetzt, aber zum Glück ihren Mut noch nicht verloren. Sie wollte also lieber während der Operation sterben, als derart elendiglich zu Grunde gehen. Das schnitt nicht nur ihrer Mutter ins Herz, auch die Conradis waren davon tief berührt.

Reinhard legte ihr eine Hand sanft auf die Schulter: „Anke, es ist mehr als eine geringe Chance, für mich sieht es nach mindestens 55 zu 45 für uns beide aus. Und das ist in so einem Fall eine gute Aussicht. Wenn ich Dich operieren soll, dann musst Du aber zu mir nach Zürich kommen, und Du wirst dort auch einige Zeit bleiben müssen. Zuerst werden wir Dich nämlich aufpäppeln müssen, damit Du bei der Operation gut drauf bist. Das machen wir meist durch Infusionen, um Dich nicht zu sehr mit dem Schlucken zu quälen. Machst Du mit, und kann ich mich dann auf Dich verlassen?“ „Hundertprozentig!“, das sagte sie so bestimmt wie hoffnungsvoll. Reinhard streckte ihr seine Hand hin, in die sie wie ein Kumpel einschlug. Reinhard lächelte zufrieden und machte danach allen Mut: „Anke, wir beide packen das, jeder gibt sein Bestes!“

Reinhard musste allerdings zuvor noch bei seinem Chef Professor Karl Michel vorfühlen, ob der damit einverstanden und auch mit von der Partie war. Er schaltete sein Handy ein, und wider Erwarten nahm der Professor selbst ab. Reinhard stellte daraufhin den Apparat laut, um alle mithören zu lassen. „Hallo lieber Reinhard, was verschafft mir sogar während Deines Urlaubs die Ehre?“ „Karl, freu Dich nicht zu früh, denn vor der Ehre steht, so Du meiner Bitte zustimmst, Dir und mir eine chirurgische Herausforderung bevor. Danach winkt für uns dann hoffentlich die verdiente Ehre. Ich brauche Dich, unser bestes Op-Team und auch einen ganztägig freien Op-Saal, für eine zugegeben schwierige Operation!“ Danach legte er seinem Chef die Situation der kleinen Patientin und die Befunde der Hamburger Ärzte detailliert dar. Er erläuterte ihm auch sein geplantes Vorgehen, verschwieg ihm aber auch nicht, dass die Hamburger Kollegen das Risiko scheuten. „Reinhard, wie lange willst Du unsere kleine Patientin darauf vorbereiten?“ „Karl, ich gehe von einer Woche aus, denn die kleine Anke ist tapfer und macht bestimmt gut mit!“ „Reinhard, das ist ja bestens. Bei der amerikanischen Sängerin haben die US-Kollegen doch auch gekniffen und Du hast den Eingriff dann bravourös hinbekommen. Das schaffst Du diesmal auch, ich assistiere Dir, und wir machen es so, wie Du es geplant hast.“ „Karl ich danke Dir, wenn Du mitmachst, dann hat unsere kleine Anke gute Chancen.“

„Reinhard, jetzt interessiert mich aber noch etwas anders. Warum rufst Du denn aus dem deutschen Norden an? Du wolltest doch nur nach München fahren. Was hat Dich denn nach Hamburg verschlagen? Hast Du dort vielleicht an der Universität vorbeigeschaut, um wegen Deines Rufs nachzuhaken?“ „Karl, von wegen, es war ein rein privater und kein beruflicher Anlass, und ein höchst erfreulicher Grund noch dazu. Ich bin nämlich ganz spontan mit meiner zukünftigen Frau Carmen zu ihrem Vater geflogen.“ „Na so was, ich gratuliere Dir von Herzen, jetzt bin ich aber schon höchst neugierig darauf, wer und wie Deine

Auserwählte ist!" „Lieber Karl, eines vorweg, meine Carmen ist ein wahres Juwel und für mich ein so unverhofftes wie unglaubliches Glück. Sie wird bald, nämlich in 14 Tagen, über das Wochenende zu mir nach Zürich kommen. Vielleicht klappt es dann sogar mit einem gemeinsamen Essen im Baur au Lac." „Mein Lieber, das bringen wir schon hin! Aber es muss doch nicht im mondänen und teuren Baur au Lac sein. Ich habe da einen Gegenvorschlag. Wir haben doch so gerne liebe Gäste, wäre es da bei uns draußen nicht viel netter? Außerdem hast Du ja bei Cordula einen großen Stein im Brett. Und jetzt wünsche ich Dir und Deiner Braut noch eine gute Zeit in Hamburg."

Sein ärztlicher Chef und guter Freund wollte mitmachen und würde auch alles in die Wege leiten, was Reinhard sichtlich erleichtert aufnahm. Nun musste er sich selbst allerdings „nur" noch um die Finanzierung der Krankenhaus- und Operationskosten kümmern. Reinhard wusste längst, dass die diesbezüglichen Kosten von den deutschen Krankenkassen nur zum Teil übernommen wurden. Alles, was diesen Betrag überstieg, musste dann privat getragen werden. Dies legte er so auch Frau Martens dar, die ihm erklärte, dass sie dann eben gezwungen sei, eine Hypothek auf ihr Haus aufzunehmen, was sie für ihr Kind gerne tun wolle. Doch das hielten weder Reinhard noch sein Schwiegervater für nötig. Hinrich Conradi würde diesbezüglich erst einmal bei der Krankenkasse von Frau Martens vorstellig werden. Außerdem wollte er sich auch bei seinen Rotarierkollegen um einen Beitrag bemühen. Reinhard selbst hatte vor, den für solch besondere Fälle vorgehaltenen Etat des Zürcher Universitätsspitals anzuzapfen. Da er zu dessen Verantwortlichen einen guten Draht hatte, ging er davon aus, hieraus einen erklecklichen Beitrag erhalten zu können.

Frau Martens wusste nicht wie ihr geschah und fasste wieder Zuversicht. Was für eine unglaubliche Wendung! Senator Conradi hatte sie bis dahin nur als kühl und glasklar argumentierenden Staranwalt wahrgenommen. Beschämt musste sie sich nun eingestehen, dass hinter diesem beherrschten, voll auf seine Aufgabe ausgerichteten Anwalt auch ein warmherziger Mensch zum Vorschein kam. Mitfühlend und in liebenswürdiger Weise brachte er sogar seinen Schwiegersohn ins Spiel, um ihr und ihrer Tochter Anke aus der Not zu helfen. Zum Abschied strich Reinhard der kleinen Anke über den Kopf und flüsterte ihr zu: „Auf bald mein kleiner Kumpel!“

Fast wie im Film hatte Carmen die vergangenen Stunden erlebt. Während sie mit ihrem Vater zum Auto ging hörte sie ihn sagen: „Ein feiner Mensch ist der Reinhard, ein einfühlsamer aber auch zielstrebiger Arzt. Er wird es noch weit bringen und Dir ein guter Mann sein. Ich freue mich riesig darüber.“ Reinhard konnte diese Worte nicht gehört haben, denn er verabschiedete sich noch von Frau Martens und ihrer Tochter. Doch die beiden Conradis hatten von vornherein den Eindruck gewonnen, dass Reinhard sich von seinem Schwiegervater in spe sehr angenommen fühlte.

Es war nur ein kurzer Weg bis zur Villa der Conradis an der mondänen Elbchaussee. Nun war das Staunen an Reinhard, so schön und imposant hatte er sich weder das Haus noch dessen kleinen Park vorgestellt. Großartig war auch der Blick auf die Elbe, was er hier nicht erwartet hatte. Die beiden Liebesleute richteten sich in Carmens Wohnung ein, während Vater Conradi seine Gedanken schweifen ließ. Würde Reinhard vielleicht in absehbarer Zeit seine Zelte in Zürich abbrechen und diese dann in Hamburg wieder aufschlagen. Im Geiste sah Hinrich Conradi seine Enkel im Park herumtollen und sich selbst mit Reinhard beim abendlichen Schachspiel. Und an schönen Wochenenden würden sich die drei Segler ihrem Sport widmen können. Wie er inzwischen wusste, war Reinhard zu seiner Freude ein begeisterter Segler und leidenschaftlicher Schachspieler. Ob dieser, sein Herzenswunsch in Erfüllung ging?

Ein Rückblick

Carmen hatte Reinhard auf dem Flughafen Fuhlsbüttel liebevoll verabschiedet und flüsterte ihm zu: „Geliebter Schatz, trage mich so im Herzen wie auch ich Dich.“ „Meine Kuschelkatze, es gehört nun ohnehin ganz Dir.“ Noch ein letzter Kuss dann war Reinhard im Sicherheitsbereich verschwunden und Carmen fuhr zurück in ihre Wohnung, in der sie mit ihrem Reinhard glückliche Stunden verbracht hatte. Ihr war etwas wehmütig zumute, doch darin mischte sich die Gewissheit, ihn bald wieder in ihre Arme schließen zu dürfen. Reinhard, der im Abflugbereich zu warten hatte, fand nun Zeit, über seinen Antrittsbesuch im Hause Conradi nachzudenken.

Was für eine verrückte wie glückliche Woche lag hinter ihm, eine, die sein Leben derart verändert hatte, wie er sich das zuvor nicht vorstellen konnte. Er hatte mit Carmen jene Frau gefunden, die, so kam es ihm vor, auch ihn gesucht hatte. In einer derart kurzen Zeit miteinander so vertraut zu werden, so als ob sie schon lange Jahre zusammen leben würden. Es gab also doch so etwas wie Fügung, denn etwas anderes konnte es nicht sein. So musste es auch Carmens Vater sehen, denn er hatte ihn mit offenen Armen empfangen und als willkommenen Schwiegersohn angenommen. Besser hätte es nicht laufen können. Er hatte sich ihn als einen zwar kultivierten und freundlichen Herrn, auch als erfolgreichen Anwalt, aber sonst eher als einen zurückgenommenen Menschen vorgestellt. Hier hatte er sich zum Glück geirrt, Hinrich Conradi war ein warmherziger und liebenswerter Mann.

Dies konnte Reinhard auch an dem sie beide berührenden Erlebnis festmachen. Hinrich Conradi hatte das ungnädige Schicksal einer ihm nur flüchtig bekannten Frau und ihrer Tochter derart beschäftigt, dass er es Carmen und Reinhard nahe bringen wollte. Davon angesteckt war er, Reinhard, sogleich bereit gewesen, den beiden Unglücklichen zu helfen. Hoffentlich ergab sich aus der Untersuchung in Zürich kein anderer und schlechterer Befund als den er den MRT-Aufnahmen entnehmen konnte. Davon wollte er jetzt nicht ausgehen und lieber mit seiner Zuversicht den Beiden wieder eine gute Perspektive eröffnen. Nicht nur sie setzten nun auf ihn, auch Hinrich und Carmen Conradi hofften auf sein Geschick.

Was er ebenfalls unter der Rubrik Vorbestimmung verbuchte, war, dass er den für ihn bisher nicht interessanten Ruf der Uni Hamburg noch nicht abschlägig beschieden hatte. Dieser war ihm zwar vom beruflichen Aufstieg wie dem angebotenen Tätigkeitsfeld her als interessant erschienen, doch die Honorierung war eher bescheiden. Vor allem aber konnte er sich bisher nicht vorstellen, in Hamburg zu leben. Die Berge und barocke Gelassenheit des Südens gegen die Ebenen und die Kühle des Nordens einzutauschen, schreckte ihn ab. Und wie war es nun? Er wollte künftig mit Carmen zusammen sein und da er unabhängiger war als sie auch bereit zu ihr nach Hamburg ziehen. Also würde er den Ruf annehmen und gut verhandeln, um die Honorierung zu verbessern.

Carmen wollte in vierzehn Tagen nach Zürich kommen, um dann mit ihm zu seinen Eltern nach Baden zu fahren. Dies würde kein einfaches Unterfangen werden. Er hatte gegenüber Carmen und Hinrich das Verhältnis zu seiner Familie eher geschönt, es war derzeit nicht so rosig. Zwischen ihm und seinem Vater genügte ein falsches Wort, um den alten Zwist wieder aufleben zu lassen. Sein Vater war noch immer in der Vorstellung gefangen, er, Reinhard, habe der Familienraison zu folgen und in der Kurklinik als Juniorchef zu arbeiten. Doch war es unvorstellbar für ihn, dort den ständigen Reibereien mit dem Vater und mit Annemie ausgesetzt zu sein, für ihn schlicht eine Horrorvorstellung. Noch dazu würde es Annemie bestimmt nicht unterlassen, ihm gegenüber die ältere Schwester herauszukehren. Und was war mit seiner Mutter, die er sehr mochte? Ihr würde sein Weggehen nach Hamburg am meisten zusetzen. Seiner Zwillingsschwester Maja wäre es sicher auch nicht recht. Wie würde die Familie seine Carmen aufnehmen? Da befiel ihn ein ungutes Gefühl. Carmen war keine Medizinerin, noch dazu eine Norddeutsche, die in der Schweiz nicht gerade gut aufgenommen wurden. Ob sich sein Vater damit anfreunden konnte? Außerdem würden sie es Carmen anlasten, dass er seiner Heimat den Rücken kehrte. Ursprünglich hatte er seine Eltern und Maja einfach überraschen wollen, auf deren Gastfreundschaft und Carmens gewinnende Art gesetzt. Doch nun empfand er dies keine so gute Idee. Er musste die Familie unbedingt darauf vorbereiten und sich dazu aufraffen, dort vorher zu erscheinen. Sollte er dort auf Annemie treffen, würde es für ihn noch schwieriger werden, aber er hoffte nicht auf ein Zusammentreffen.

Carmen und ihrem Vater hatte er die Gründe für sein schwieriges Verhältnis zur älteren Schwester bewusst verschwiegen. Annemie und Ueli wären wegen des ersten Besuchs von Reinhards zukünftiger Frau ohnehin nicht erschienen. Er, Reinhard, der „Arme“ in dieser Familie, galt doch für „die“ nur als „Landkundschaft“. Seit er denken konnte, hatte sich Annemie mit ihm gezankt. Wie er sich das heute zu erklären versuchte, hatte Annemie als allseits verwöhnte Erstgeborene es nie so recht verwunden, kurz nach ihrem vierten Geburtstag von Reinhard und Marianne entthront worden zu sein. Anfangs nahm sie den Beiden immer das Spielzeug weg und schrie, „ist meins.“ Ihr wurde nur halbherzig gewehrt, speziell der Vater gab seiner Ältesten nach, ein Muster, das sich bis heute erhalten hatte. Je älter die Zwillinge wurden, desto weniger scherten sie sich um die ältere Schwester. Die beiden spielten ohnehin nur miteinander, und sie „übersahen“ die kommandierende Große. Reinhards sonniges Gemüt trug noch dazu bei, dass sich nicht mehr alles nur um Annemie drehte. Nun kümmerten sich auch andere Gäste gerne um ihn, und in seinem Schlepptau auch noch um die liebe Marianne. Diese Nichtbeachtung und scheinbare Zurücksetzung reizte seine ältere Schwester früher zu Ausfällen gegen ihn, denen die Eltern eher halbherzig wehrten. Die Zwillinge brauchten Annemie nicht, und Marianne genoss den Schutz ihres Bruders. Das artete in

Abwesenheit der Eltern einmal in eine von Annemie angezettelte wilde Keilerei mit Reinhard aus. Dummerweise zog sie sich dabei einen Armbruch zu, weil Reinhard ihrem Angriff geschickt ausweichen konnte. Annemie war dabei unglücklich gestürzt, was Reinhard anschließend Prügel vom Vater eingetragen hatte. Und dies obwohl Marianne den Verlauf des Unglücks, im Gegensatz zu Annemies falscher Aussage, wahrheitsgemäß geschildert hatte. Damit lag zwar die körperliche Hackordnung ein für alle mal fest, aber leider auch der latente Zwist der Beiden.

In den Jugendjahren der Dieffenbach-Kinder gingen Annemie und die Zwillinge dann völlig getrennte Wege. Annemie als die Hübscheste der drei Kinder, legte früh großen Wert auf besondere Kleider und Schmuck. Junge Männer machten der Schönen früh den Hof, was sie genoss, dabei allerdings deren Herkommen stets im Auge behielt. Der gut aussehende Ueli Meier, einziger Sohn reicher Geschäftsleute, machte dann bei ihr das Rennen, obwohl sich ihr Vater doch einen Mediziner als Schwiegersohn vorgestellt hatte. Seit der Verbindung mit Ueli bewegte sich Annemie im Kreis der „Oberen Zehntausend“. Dennoch litt ihr Studium der Medizin nicht darunter, und die begabte Annemie wurde zur Ärztin und bald darauf zur Ehefrau.

Reinhard war für sie nun nur noch ein unbedeutender armer „Schlucker“ und außerdem ein idealistischer Weltverbesserer. Das wurde für sie besonders deutlich, als er es ablehnte, in die elterliche Klinik einzusteigen. Keinem anderen als ihm konnte es, laut Annemie, in den Sinn kommen, ein derart lukratives Angebot abzulehnen. Er, als Namensträger der Familie, sollte doch die künftige Leitung der Klinik übernehmen! Darauf aus freien Stücken einfach zu verzichten, das lag jenseits ihres Vorstellungsvermögens. Sich stattdessen für ein geringes Salär am Universitätsspital schinden zu lassen, passte nicht in Annemies Weltbild. Und dann auch noch fast ohne Freizeit zu sein, das konnte doch nur so ein „Spinner“ wie Reinhard annehmen. Aus Reinhards Sicht standen seine Schwester und ihr Mann nur für zwei Dinge: Für Geld und Geltung, Und dem hatten sie sich total verschrieben.

Annemie war aus Reinhards Sicht von jeher einer jener unzufriedenen Menschen, die stets das Gefühl haben, zu kurz zu kommen. Je mehr sie hatte, umso mehr befiel sie wohl die Angst, alles auch wieder zu verlieren. Darüber konnte sie sich episch lange auslassen, was Reinhard schon lange nervte. Einmal neidete sie ihrer Schwester Marianne die beiden Kinder, und dann fühlte sie sich beim Erbe benachteiligt. Die Tessiner Großmutter hatte ihr Haus am Lago Maggiore Reinhard vermacht, was Annemie sogar erfolglos angefochten hatte. Reinhards Hinweis, sie habe sich doch weder um die Großmutter noch um die Tante Marianne gekümmert, erreichte sie nicht. Wiederholt äußerte Annemie: Reinhard könne sich aufgrund seines unzureichenden Einkommens das Ferienhaus gar nicht leisten, es würde daher bald verkommen. Die Nonna ließ sich aber von Annemies Einwänden nicht beirren, und Reinhard wurde der Erbe dieses Hauses. Obwohl es von den Eltern und Schwestern weiter genutzt wurde, blieben die meisten Kosten nun bei ihm, Reinhard, hängen. Fast sah es so aus, als ob Annemie und Ueli Meier seitdem bewusst diese Kosten hochhielten, um Reinhard davon zu überzeugen, dass er sich das Ferienhaus gar nicht leisten könne.

Als der ungeliebte Bruder sogar noch das Haus seines Cousins in München erbte, eskalierte der Streit. Annemarie ließ dabei den großen Wert ihres Anteils an der Klinik außer Acht, auch die Mieteinnahmen der von Nonna geerbten Apotheke und die geerbte große Eigentumswohnung in Zürich. Sie „übersah“ dabei auch, dass eine der beiden Wohnungen im Haus von Tante Marianne einmal ihr gehören sollte. Sie, die sich im Gegensatz zu ihrem Bruder nie sonderlich um ihre Tante gekümmert hatte, erboste die erneute Bevorzugung Reinhards. Erzürnt hatte sie deshalb den Kontakt zu ihrer Tante abgebrochen. Die bescheidene Tante Marianne lebte aus Annemies Sicht viel zu einfach und war schon deshalb nicht ihre „Kragenweite“. Dieses ungute Verhältnis der

Geschwister würde Carmen zwangsläufig irgendwann miterleben, aber das hatte Zeit. Erst einmal sollte sie den einfacheren Teil der Familie kennen und schätzen lernen.

Einkreisung

Während sich Carmen und Reinhard in Hamburg ihrer jungen Liebe erfreuten, kamen Anna-Lisa und Klaus im Mordfall Christian Fabrizius in München gut voran. Eine erste Einkreisung des mutmaßlichen Mördertrios von Hamburg ergab sich durch die Übereinstimmung der Termine. Am Tag des Mordes an Christian Fabrizius befand sich nämlich auch Xherdan Adjani in Hamburg, und den Restaurantbelegen nach zu schließen, war er nicht alleine. Dadurch erhärtete sich zwar der Mordverdacht, doch ein belastbarer Beweis lag damit noch nicht vor. Um an Adjani heran zu kommen, mussten sie abwarten, bis sich in der einschlägigen Szene ein Anknüpfungspunkt ergab. Auf diesen mussten sie nicht lange warten. In der Drogenszene hatte sich am Tag zuvor eine heftige Schlägerei zugetragen, bei der es zwei Schwerverletzte gegeben hatte. Die selbst auch nicht gut beleumdeten Opfer behaupteten der Polizei gegenüber, die „Albaner-Mafia" hätte den Überfall auf sie verübt.

Dadurch konnten sich die vernehmenden Beamten den Xherdan Adjani noch am besagten späten Abend vorknöpfen und ihn in seiner Stammkneipe festnehmen. Der auf ihn angesetzte und sofort einbezogene Kollege von Klaus Wanner gedachte diese Chance zu nutzen. Er belastete den Verdächtigen schwer, so dass dieser nur noch nach Rücksprache mit seinem Anwalt weitere Aussagen abgeben wollte. Aus heiterem Himmel hatte ihn der versierte Beamte zuvor mit der Behauptung geschockt, er, Xherdan Adjani, habe am 23. 9. 2011 in Hamburg den Mord an Christian Fabrizius begangen. Der dermaßen schwer Beschuldigte vermochte sein Erschrecken nicht zu verbergen und kam sichtlich in Bedrängnis. Der mit einer Finte taktierende Beamte behauptete nämlich, der Albaner sei aus dem Kreis seiner Mittäter heraus belastet worden. In seiner Bedrängnis bat der derart Beschuldigte darum, ohne Zeugen mit seinem Anwalt telefonieren zu dürfen. Das wurde ihm erlaubt, allerdings nur vom Amtstelefon des Raumes aus, den der

Beamte zuvor verlassen hatte. Eines konnte Xherdan Adjani allerdings nicht wissen: Nicht nur dieses Telefon war entsprechend präpariert worden, auch der private Apparat des Anwalts Michael Rauch konnte inzwischen abgehört werden. Die Staatsanwaltschaft hatte dieser Fangschaltung zwar noch nicht offiziell zugestimmt, sie aber vorläufig stillschweigend geduldet.

Der spät angerufene Anwalt musste erst einmal kräftig schlucken, bevor er dem Anrufer antworten konnte. „Xherdan, um Himmels Willen, das ist keine gute Nachricht! Es kann doch nicht sein, dass Mustafa oder Granit gesungen haben, und wenn doch, dann wird es verflucht eng für uns. Dabei ging ich fest davon aus, dass über diese Sache längst Gras gewachsen ist. Und auf einmal werden wir plötzlich wieder damit konfrontiert. Ich möchte nur wissen, wer da von der Kripo wieder nachgehakt hat?“ Als Xherdan ihm den Namen des vernehmenden Beamten nannte, war dies die zweite schlechte Botschaft für Michael Rauch. Den Vernehmenden fürchtete er als einen, wie er sagte, höchst gefährlichen „Bullen“. Xherdan solle vorerst jede Aussage verweigern, vor allem aber dem Polizisten gegenüber zu seinen beiden mitgereisten Freunden Granit und Mustafa nichts sagen. Er, Michael Rauch, werde sich ein passendes Alibi für den Aufenthalt in Hamburg ausdenken. „Xherdan, hast Du denn in Hamburg oder dessen Nähe Landsleute, die Du als Deine Verwandten ausgeben kannst? Was, Du kennst dort keine! Dann müssen wir uns eben irgendwelche ausdenken. Das Telefonbuch wird uns hier weiterhelfen, und einige Euro machen aus Deinen Landsleuten dann eben Verwandte. Sie müssen ja nicht mehr bezeugen, als dass Du in der fraglichen Zeit um den 23. 9. 2011 herum bei ihnen gewesen bist und sie mit Dir Essen waren. Je mehr dann in den Lokalen dabei gewesen sind, desto besser, das bekräftigt Dein Alibi. Aber es darf auf gar keinen Fall herauskommen, dass ihr zu dritt in Hamburg gewesen seid!“ Adjani meldete Bedenken an, er befürchtete, dass das Alibi platzen könnte. „Keine Sorge, das kriegen wir schon hin.“

Michael Rauch war bisher überhaupt nicht auf die Idee gekommen, dass sich für ihn etwas zusammenbrauen könnte. Daher ging er ganz selbstverständlich davon aus, dass dieses vertrauliche Gespräch ohne Zeugen geblieben war und hatte sich ungewöhnlich unvorsichtig verhalten. Damit verschaffte er den Beamten eine Gewissheit, sie hatten die beiden dringend der Tat Verdächtigen nun am Haken. Die nächsten Schritte ergaben sich daher fast von selbst. Dank der im Telefongespräch genannten Vornamen, konnten sie anhand ihrer Protokolle leicht herausbringen, um wen es sich bei den Beiden handelte. Unter dem Vorwand, zu der gestrigen Schlägerei als Mitbeschuldigte aussagen zu müssen, wurden sie nacheinander einbestellt. Geschickt setzte der vernehmende Beamte zuerst Granit A. unter Druck. Er warf ihm noch andere Straftaten vor, die dieser erwartungsgemäß abstritt. Der Kommissar wollte den Verdächtigen in die Defensive treiben und ließ jetzt die „Bombe" hochgehen. So ganz nebenbei sagte er ihm, dass da noch ein ungeklärter Mord im Raume stehe. Inzwischen wisse er, dass er, Granit A., am 23. 9. 2011 in Hamburg gewesen sei und dort zusammen mit Xherdan A. und Mustafa N. im Auftrag des Herrn Michael Rauch den Schriftsteller Dr. Fabrizius erschossen habe. Dies sei von Xherdan Adjani in der gestrigen Vernehmung zugegeben worden, der sich davon eine Kronzeugenregelung erhoffe. Diese Finte verfing bei Granit A., der nun Mustafa N. als den eigentlichen Täter und Xherdan A. als ihren Anführer und Planer des Mordes verriet. Er selbst sei zwar dabei gewesen, habe aber mit dem Mord direkt nichts zu tun. Der Beamte stellte ihm daraufhin eines in Aussicht. Wenn er das jetzt zu Protokoll genommene Geständnis so auch vor Gericht bezeugen würde, gäbe es für ihn einen kleinen Lichtblick. Er müsse dafür aber eindeutig bezeugen, dass der verdächtigte Anwalt Michael Rauch der Auftraggeber des Mordes gewesen sei. Dann könne er vermutlich mit einem milderen Urteil rechnen. Bevor sich Granit A. darauf einlassen wollte, müsse er erst noch mit seinem Anwalt sprechen. Das gehe leider nicht mehr weil RA Rauch als Mitbeschuldigter ihn nicht vertreten könne. Mit diesem plumpen Bluff hatte der Beamte sein Ziel erreicht, denn nun „sang" der Beschuldigte.

Konfrontiert mit dieser Aussage brach auch der zweite Täter sein Schweigen und gestand die Tat. Er belastete allerdings Xherdan Adjani, der ihnen gegenüber, Dr. Fabrizius als ihren gefährlichen Feind dargestellt habe. Adjani habe behauptet: Dr. Fabrizius sei ein gewiefter und eiskalter Anwalt, der damals seine und Granits Abschiebung vorantreiben wollte. Außerdem sei es Herrn Rauch zu Ohren gekommen, dass Fabrizius gegen ihn und seinen Freund in zwei noch ungeklärten Fällen vorgehen wolle. Nur so sei er Mustafa N. dazu bereit gewesen mitzumachen, denn er musste doch Schaden von sich und seiner Familie fernhalten. Mit diesen Geständnissen konfrontiert, hatte sich die Schlinge um deren Anführer Adjani nun zugezogen. Von dem Beamten mit den tatsächlichen Geständnissen seiner beiden Komplizen konfrontiert, versuchte nun auch Xherdan Adjani das Schlimmste für sich zu verhindern und belastete seinerseits RA Michael Rauch schwer. Noch am selben Tag wurde der Anwalt in seiner Kanzlei verhaftet und in Untersuchungshaft genommen. Sowohl in seiner Kanzlei als auch in der Privatwohnung wurden alle einschlägigen Dokumente und seine Computer beschlagnahmt. Der Anwalt beteuerte zwar seine Unschuld und sprach von einem Irrtum, was die Beamten aber ungerührt ließ. Nach seiner Inhaftierung ließen sie Michael Rauch erst einmal bewusst „zappeln", um bei ihm, dem amtsbekannten Drogenabhängigen, Entzugserscheinungen zu provozieren.

Trotzdem gestaltete sich seine Vernehmung als schwierig. Unentwegt sprach der Anwalt von einem Irrtum oder einer Verwechslung. Er brauche daher auch keinen Anwalt. Sollte diese Vernehmung, wovon er überhaupt nicht ausgehe, doch zu einer Anklage führen, würde er sich schon selbst zu verteidigen wissen. Mit den Aussagen der drei Albaner konfrontiert, beschuldigte er die drei unglaubwürdigen „Ganoven", ihm Böses anhängen zu wollen. Denen ginge es offenkundig doch nur noch darum, ihre

Schuld bei jemand anderem abzuladen, um sich selbst zu entlasten. Er könne einfach nicht verstehen, weshalb so erfahrene Beamte diesen „Herrschaften“ glaubten und nicht ihm. Er sei doch schließlich ein honoriger und nie mit dem Gesetz in Konflikt gekommener Anwalt. Mehr wollte er dazu nicht sagen und verweigerte jede weitere Aussage.

Wieder musste er sich daher stunden- oder tagelang bis zur nächsten Vernehmung gedulden. Ohne seine Drogen litt er immer mehr, stritt aber weiterhin alles ab. Michael Rauch wurde entgegen seiner Erwartung wegen des dringenden Tatverdachts nicht nach Hause entlassen. So musste er das Wochenende in Untersuchungshaft verbringen. Diese Zeit gedachten die Beamten zu nützen, sie hofften, in den beschlagnahmten Unterlagen etwas Belastendes zu finden.

Am Montag war Michael Rauch überraschend bereit, die Fragen der Beamten zu beantworten. Was hatte den Sinneswandel ausgelöst? Sie würden es bestimmt bald erkennen, denn so wie sie den gerissenen Anwalt einschätzten, hatte sich dieser eine Verteidigungsstrategie zurechtgelegt. „Herr Rauch, wann haben sie denn vom Tod ihres Freundes Christian Fabrizius erfahren?“ „Am Abend des 23. 9. 2011, gegen 19.00 Uhr.“ „Und von wem haben sie diese Nachricht erhalten?“ „Christians Tante Frau Fabrizius hatte mich angerufen und darüber informiert“. „In welcher Verfassung erlebten sie dabei diese Frau?“ „Sie war erstaunlich gefasst, ich bin sogar geneigt zu sagen, auch irgendwie zufrieden. Sie war ja dadurch zu einer Frau geworden, die sich nun keine Sorgen mehr um ihre Existenz zu machen brauchte.“ „Hegen sie den Verdacht, dass seine Tante in den Mord verwickelt sein könnte?“ „Ganz von der Hand weisen würde ich dies nicht, getreu dem römischen Spruch cui bono. Nur ihr alleine nützte doch dieser Mord, außer ihr hatte doch niemand etwas davon!“

Der routinierte Beamte hatte bei Vernehmungen schon viele Gemeinheiten und faustdicke Lügen erlebt. Viele Schufte saßen ihm schon gegenüber, aber eine derartig hundsgemeine Anschuldigung war auch ihm noch selten untergekommen. Ungerührt hatte es der Anwalt von sich gegeben, dieser sonst nervöse und sichtlich unter seinem Entzug leidende Verbrecher. Denn als ein solcher hatte er sich nun unzweifelhaft entpuppt. Er versuchte also, die Polizei auf eine falsche Spur zu locken, indem er das bedauernswerte Opfer zur Mittäterin machen wollte. Doch damit hatte er keinen Erfolg bei den Beamten, denn Karl Wanner, der tüchtige Kollege vom Drogendezernat, hatte schon zuvor die ermittelten Fakten in der Mordsache Fabrizius schlüssig und überzeugend dargelegt. Und nach diesen musste der Anwalt Michael Rauch als einziger Nutznießer des Mordes gesehen werden. Die übers Wochenende durchgesehenen Unterlagen hatten die Recherche von Karl und dessen beiden Mitstreiterinnen, den Anwältinnen, bestätigt. Hier war seitens Michael Rauch Betrug in großem Maßstab im Spiel! Es fand sich nämlich in den Unterlagen auch eine handschriftliche Notiz, anhand der er wohl den misstrauisch nachfragenden Freund in Sicherheit wiegen wollte. Doch dann musste er es sich doch wieder anders überlegt haben und schaltete stattdessen das Mördertrio ein.

In der weiteren Vernehmung verstrickte sich Michael Rauch immer wieder in Widersprüche und log ungerührt. Er könne die fehlenden Vollmachten, die er zu Hause aufbewahre, jederzeit vorlegen. Es habe somit alles seine Ordnung. Dies behauptete er auch noch, als er nach der eigenartigen Differenz zwischen den realen Rechnungen an die Kunden von Christian Fabrizius und der ihm präsentierten Abrechnung gefragt wurde. Den in der internen Abrechnung mit Christian Fabrizius aufscheinenden Beträgen läge nämlich ein Steuertrick des Verstorbenen zu Grunde. Nach diesem Trick befragt „eierte“ er herum, und konnte keinen überzeugenden Beweis für diese Beschuldigung liefern. Wo auch immer die Beamten nachhakten, überall ergaben sich nun Ungereimtheiten. Alle seine Aussagen wurden akribisch im Protokoll festgehalten. Zum Abschluss der Vernehmung bekam der Angeklagte diese Aussage zu hören. „Herr Rauch, nichts von dem was Sie hier behauptet haben, stimmt mit den ermittelten Daten und Fakten überein. Und dabei haben wir die bei Ihnen in Kanzlei und Privathaus beschlagnahmten Unterlagen noch nicht einmal vollständig durchforsten können. Damit Sie sich nun darauf einstellen können: Wir ermitteln gegen Sie wegen Mordes und weiterer gewichtiger Delikte und werden beantragen, dass Sie auch weiterhin in Haft bleiben! Unsere diesbezüglichen Ermittlungen sehen wir als gerichtsfest an."

Doch zu dieser Verhandlung kam es nicht. Der in die Enge getriebene Anwalt entzog sich zuvor durch Selbstmord der irdischen Gerechtigkeit. Die Polizisten, die ihm auf seine Bitte hin seine Kulturtasche aus der Privatwohnung beschafft hatten, übersahen leider trotz gründlicher Durchsuchung eine geschickt im Fuße des Deodorantstifts versteckte Zyankalikapsel. Michael Rauch hatte nach dem Telefonat mit Xherdan Adjani wohl doch damit gerechnet, dass er vielleicht entlarvt werden könnte. Dies bestätigte auch ein später in den Dokumenten aufgefundener Brief, der kurz nach dem besagten Anruf verfasst worden sein musste. Darin bekannte Michael Rauch sich zu seiner Schuld, in die ihn seine kostspielige Sucht hineingetrieben habe. Er hätte außerdem auch ständig mehr Geld gebraucht, um seinen Lebensstil aufrechterhalten zu können. Da er Nachforderungen seitens Christian Fabrizius zu befürchten hatte, sah er sich gezwungen, dem einen Riegel vorzuschieben und den Freund zu „opfern". Er bedauerte zwar im Nachhinein diesen „Unfall", aber eigentlich noch mehr seine ihn danach häufig quälenden Gewissensbisse.

Nach dem Suizid des Anwalts Michael Rauch stellte Reinhard zusammen mit Carmen im Namen seiner Tante vorsorglich einen absichernden Antrag. Die Staatsanwaltschaft hatte nämlich das Vermögen des Michael Rauch beschlagnahmen lassen. Reinhard als Antragsteller konnte anhand von Belegen und Dokumenten eindeutig nachweisen, dass große Teile dieses Vermögens dem kriminellen Handeln des RA Rauch entstammten. Dieser habe sich als Treuhänder des Dr. Christian Fabrizius erheblich an dessen

Einkommen bereichert. In Vertretung des Dr. Fabrizius verkürzte er bei der Abrechnung dessen Einnahmen aus Honoraren zu seinen Gunsten, einige hatte er sogar direkt einbehalten. Außerdem habe er als Anwalt handelnd – und dies ohne Vollmacht und Wissen des Vertretenen – in dessen oder gar in seinem eigenen Namen Anlagen gezeichnet. Damit habe er als Treuhänder die ihm anvertrauten Vermögenswerte des Dr. Christian Fabrizius veruntreut. Mit diesem Antrag sollte verhindert werden, dass die Familie von Michael Rauch nach der Freigabe des Beschlagnahmten, die nur Christian zustehenden Vermögensteile ausgehändigt bekämen. Es ging Reinhard dabei darum, wenigstens eine materielle Wiedergutmachung zu erhalten. Vor allem wollte er von seiner Tante noch weiteres Unrecht fernhalten.

Beinahe wäre über diesem Ereignis eine weitere Angelegenheit untergegangen. Die wegen ihrer falschen Zeugenaussagen zur Richtigstellung aufgeforderten Isolde Stillweger und Josef Murauer hatten tatsächlich reagiert. Sie leisteten wider Erwarten den von ihnen verlangten Widerruf. Vermutlich hatte das auf amtlichen Briefbogen verfasste Schreiben diesen „Herrschaften" Beine gemacht. Marianne Fabrizius erhielt außerdem von den Eltern des verunglückten Martin Schregle einen Brief, in dem sie das Unrecht bedauerten, das ihrem Neffen Christian seitens des Gerichts widerfahren war. Dieses sei zwar leider nicht mehr gut zu machen, doch solle ihr Schreiben im Nachhinein ein wenig zur Ehrenrettung ihres Neffen beitragen. Vom damals damit befassten Gericht kam lediglich ein lapidar abgefasster Bescheid. Es habe seinerzeit leider ein bedauerlicher Irrtum vorgelegen. Dieser sei aus ihrer Sicht aufgrund der unter dem Schock des miterlebten Unglücks abgegebenen Zeugenaussagen so entstanden. Für eine Wiederaufnahme des Prozesses bestehe jedoch kein öffentliches Interesse. Außerdem sei ja der damals zu Unrecht beschuldigte Christian Fabrizius ohnehin nicht mehr am Leben.

Marianne Fabrizius hatte auch nicht mehr erwartet, als eine Rehabilitierung ihres Neffen. Daher war sie zufrieden und allen, die daran mitgewirkt hatten, sehr dankbar. Anna-Lisa und Karl Wanner waren inzwischen zu ihren neuen Nachbarn geworden, was sich für beide Seiten als eine wunderbare Gemeinschaft herausstellte. In kurzer Zeit hatten die beiden rührigen jungen Leute vermocht, die Mängel an und in den beiden Häusern zu beseitigen und den großen Garten in einen Topzustand zu versetzen. Zu deren Hochzeit war sie eingeladen worden, und das zusammen mit Reinhard und Carmen. Die Eltern des Brautpaares erwiesen sich ebenfalls als Glückstreffer, und Marianne Fabrizius fand in ihnen auch Gleichgesinnte. Irgendwann würde sich nebenan vielleicht Nachwuchs einstellen, und dann könnte sich ihr Traum eines Daseins als Nenn-Großmutter auf diesem Umweg doch noch erfüllen.

Zürcher Eindrücke

Vor dem Besuch von Carmen in Zürich hatte sich etliches mehr oder minder Wichtiges zugetragen. Reinhard suchte unmittelbar nach seiner Rückkehr in die Heimat das Gespräch mit seiner „Freundin" Susan. Er kam allerdings nicht sofort zum Zug, denn erst einmal musste diese eine für sie freudige Nachricht loswerden. Sie hatte vor einigen Tagen ein Engagement an der Oper von Chicago angeboten bekommen und versprach sich davon den Start zu einer großen Karriere. Fast so wichtig war es ihr aber, dadurch endlich wieder zurück in ihrer Heimat sein zu können. Sie hege zwar keine Abneigung gegen Europa, aber die USA seien doch eine andere Welt. Sie sprach gar von einem großen und einmaligen Land, das besser sei als alle anderen auf der Welt. Auch für ihn, Reinhard, würden sich dort weit größere Chancen ergeben als hier. Das hätte sie besser nicht gesagt, denn das war für den so überzeugten Schweizer Reinhard ein neuralgischer Punkt. „Susan, ich bin und bleibe ein Schweizer Bürger von Geburt, und ein Europäer aus Überzeugung. Das unübertroffene kulturelle Erbe Europas, dessen Zeugen einer reichen Vergangenheit und die ganz besondere Lebensart meiner Heimat brauche ich wie die Luft zum Atmen." Ihre Reaktion war ungewohnt heftig: „Du bist und bleibst ein in den Bergen und im europäischen Museum kleben gebliebener Geist!" Danach gab ein Wort das andere, es entwickelte sich daraus zwar kein handfester Streit, aber für Susan schon die klare Einsicht. „Dann werde ich eben alleine in die Staaten zurückgehen, aber Du wirst irgendwann einmal einsehen müssen, dass Du einen fundamentalen Fehler gemacht hast." Dieser übersteigerte Patriotismus befremdete Reinhard, was er nicht für sich behielt. Sie schieden zwar ohne Groll voneinander, aber nur noch als gute Bekannte. Feig, wie es Männer in solcher Lage sein können, hatte sich Reinhard um das Bekenntnis herumgedrückt, sie nicht zu lieben. Er hatte natürlich auch kein Sterbenswörtchen darüber verlauten lassen, dass er die Frau seines

Lebens kennen gelernt hatte und bald mit ihr vor den Traualtar treten würde.

Groß war die Freude bei seiner Mutter als sich Reinhard am Sonntagmorgen zum Brunch im Elternhaus einstellte. Doch was war mit seinem Vater und auch mit seiner Schwester Marianne? Was Reinhard total verwunderte, ausgerechnet seine ihm so vertraute Zwillingsschwester verhielt sich ihm gegenüber plötzlich eigenartig förmlich. Als die Großeltern von den Enkeln ins Freie entführt wurden, konnte sich Reinhard mit Maja aussprechen. Er wollte jetzt wissen, was er ihr denn angetan habe, dass sie ihn so kühl behandelte? Maja warf ihm sichtlich verärgert vor, er hätte ohne sie zu berücksichtigen, Annemies Reservierungen für das Ferienhaus in Porto Ronco zugestimmt. Dadurch könne sie das Haus in diesem Jahr kaum nützen, nicht einmal die Schulferien ihrer Leni hätte er berücksichtigt. Derart falsche Behauptungen wollte Reinhard nicht auf sich sitzen lassen, denn davon habe er nichts gewusst. Die aufgebrachte Maja konnte sich den wütenden Ausruf: „Dieses egoistische Miststück“ nicht verkneifen.

Reinhard nicht minder wütend geworden, goss nun noch Öl ins Feuer. „Maja, fällst Du noch immer auf Annemies Tricks herein, mit denen sie uns schon in Kindertagen auseinanderbringen wollte. Gemein bleibt gemein, mir reicht es jetzt völlig mit ihr. Eigentlich wollte ich es für mich behalten, doch nun sehe ich das nicht mehr ein. Folgendes ist geschehen: Annemie und Ueli haben jüngst mein Segelboot „versehentlich“ heftig beschädigt. Danach haben sie mir eine Reparaturrechnung über 6.000,- Franken zukommen lassen. Zum Pech für die beiden Unverfrorenen gibt es jedoch einen Zeugen, der mitbekommen hatte, wie Ueli seine Yacht auf meine „Möwe“ donnern ließ. Annemies Rechnung, mich mit solchen Nadelstichen mürbe zu kriegen und mir das Haus für ein Butterbrot abzuluchsen, wird aber nicht aufgehen. Ich habe dem einen kräftigen Riegel vorgeschoben.“

Maja, die ihren Bruder gut kannte, wusste, dass Annemie ihn damit zum Angriff provoziert hatte. Und dann wurde aus dem liebenswürdigen heiteren Bruder ein unbeirrbarer Gegner. „Reini, sag nur, Du hast was vor?“ „So ist es, die Meiers haben den Rubikon überschritten. Ich habe nämlich gegen sie ein gerichtliches Betretungsverbot meiner Liegenschaft beantragt und ich werde demnächst alle Schlösser auswechseln lassen. Verstößt sie künftig dagegen, begeht sie einen Hausfriedensbruch und wird dafür von der Polizei belangt werden. Maja, Du und die Eltern werden selbstverständlich je zwei Schlüssel bekommen, aber auf keinen Fall unsere Schwester Annemie, das ist meine Bedingung. Damit ist leider das Tischtuch zwischen mir und den Meiers zerschnitten. Doch diesmal kann mir unser Vater nicht vorwerfen, ich hätte dies provoziert. Bitte behalte es vorläufig für Dich, die Meiers erfahren es direkt vom Gericht und zwar per Einschreiben mit Rückschein.“

Genau vor dieser heftigen Reaktion des Bruders hatte Maja ihre Schwester wiederholt gewarnt. Reinhard war zwar gutmütig, aber keiner, der sich auf der Nase herumtanzen ließ. Leider wurde nun der brüchige Familienfrieden wieder einer Belastungsprobe ausgesetzt, aber die Würfel waren schon gefallen. Insgeheim war Marianne auch froh darüber. Sie hatte sich in der Klinik immer mehr über das anmaßende Verhalten ihrer Schwester geärgert. Im Hause Dieffenbach bot außer Reinhard niemand Annemie die Stirn, und dafür galt er seit langem als Störenfried bei seinem Vater. Reinhard ging es um Gerechtigkeit und dem Vater um Frieden in der Familie, aber auch um ein gutes Bild nach außen.

Als alle wieder am Tisch saßen brachte Reinhard sein Anliegen vor. „Ich würde Euch am nächsten Sonntag gerne eine junge Dame vorstellen!“ Seine Mutter freute sich über diese Neuigkeit, der Vater hingegen runzelte die Stirn. „Was ist das für eine Frau? Ich hoffe für uns, dass sie eine Medizinerin ist und aus einer guten Schweizer Familie kommt.“ Reinhard schüttelte den Kopf und entgegnete: „Ich muss Dich enttäuschen. Carmen ist weder eine

Medizinerin noch eine Schweizerin.“ Weiter kam er nicht, denn sein Vater fiel ihm ins Wort: „Schleppst Du mir am Ende gar noch eine katholische Spanierin an, das hätte mir gerade noch gefehlt.“ Reinhard blieb noch gelassen, aber das patriarchalische Gehabe des Vaters machte ihm dies nicht gerade leicht. „Sie ist weder Katholisch noch Spanierin, sondern aus Hamburg.“ „Das ist auch nicht viel besser, jetzt müssen wir am nächsten Sonntag auch noch unser spärliches Hochdeutsch zusammenkratzen. Bringt der uns eine Norddeutsche ins Haus, das gefällt mir nicht gerade!“ Der sichtlich angefressene Reinhard entgegnete ihm mit eisiger Stimme: „Vater, ich hatte vor, Dir meine Braut vorzustellen und Du lehnst sie ab, ohne sie überhaupt zu kennen, nur weil sie keine Schweizerin ist. Das ärgert mich maßlos!“ „Reinhard, Du kannst es wieder einmal nicht unterlassen mich zu kritisieren. Es ist für uns Eltern ein ernster Vorgang, auf einmal mit der Tatsache konfrontiert zu werden, dass Du uns eine Fremde vorstellen willst. Noch dazu bezeichnest Du sie als Deine Braut. Wir wissen doch bisher überhaupt nichts über sie, kennen nun gerade ihren Namen und Wohnort. Und da erwartest Du von uns, Deinen bis dahin von der Vorgeschichte ausgeschlossenen Eltern, dass wir in einen Freudensturm ausbrechen. Das ist zu viel verlangt.“

Nun hielt die Mutter nicht mehr an sich: „Reinhard senior, das kann ich so nicht stehen lassen. Dich hat ja bisher nicht sonderlich interessiert, was ich von meiner Schwester Marianne erfahren habe. Vermutlich hast Du mir nicht zugehört, weil Du mit anderem beschäftigt warst. Ich hatte versucht, Dich darauf vorzubereiten, dass unser Reinhard endlich die passende Partnerin gefunden hat. Hinter dieser jungen Dame mit der Reinhard nun liiert ist, verbirgt sich nämlich eine ganz besondere Frau und laut Marianne ist sie auch sehr attraktiv. Marianne hat es ja direkt mitbekommen, wie die beiden jungen Leute sich begegnet sind und sofort voneinander verzaubert waren. War es denn bei uns damals nicht auch bei uns Liebe auf den ersten Blick? Oder solltest Du dies inzwischen vergessen haben? Wenn Du schon den Korb, den Dir unser Sohn gegeben hat, nicht überwinden kannst, dann übertrage Deinen

Frust doch nicht auf seine daran unbeteiligte Carmen!“ Das saß und schien den Hausherrn zu besänftigen. In ruhigerem Ton wendete er sich wieder an seinen Sohn: „Reinhard, wer und was ist Carmen und aus welchem Haus stammt sie?“

Reinhard junior, der sich schon zuvor auf einen schwierigen Gang vorbereitet hatte, fand zu seiner ursprünglichen Gelassenheit zurück. „Vater, ich gebe Dir insoweit Recht, dass meine Ankündigung für Dich sehr überraschend kommt. Vielleicht wäre es gut gewesen, Euch behutsamer darauf einzustimmen. Ich bin allerdings davon ausgegangen, dass Tante Marianne bei ihrem wöchentlichen Telefonat mit Mama auch von Carmen erzählt hat. Carmen Conradi ist wie gesagt keine Medizinerin, sondern eine Juristin. Ihr Vater, ein angesehener Senator ist der Inhaber einer großen und sehr renommierten Hamburger Anwaltskanzlei. Vater und Tochter verbindet ein inniges Verhältnis, was nicht nur daran liegt, dass Carmen sein einziges Kind ist. Nun zur Person meiner Carmen. Sie ist mit ihren fünfundzwanzig Lebensjahren zwar noch sehr jung, aber sie ist eine gescheite und kultivierte Dame. Sie wird in einigen Jahren in der Kanzlei zur Nachfolgerin ihres Vaters werden, sie ist derzeit dabei, zu promovieren. Was Dir ja nicht unwichtig ist, die Conradis zählen zu den „Oberen Zehntausend“ der Hansestadt und sind sehr vermögend. Sie wohnen in einer schönen Villa mit großem Park.“

Dazu wollte nun Maja Näheres erfahren: „Reini, ich war doch schon mal eine Woche in Hamburg, konnte mich also etwas mit dieser schönen Stadt und der ganz anderen Mentalität der Hamburger vertraut machen. Kann es sein, dass die Conradis an der Elbchaussee wohnen?“ „Maja, damit liegst Du richtig, von deren Villa aus hat man einen weiten Blick über die Elbe.“ „Ich bin da nämlich auch entlang gefahren und habe mitbekommen, dass in diesen gediegenen elbseitigen Villen die feinen Herrschaften wohnen. Und in einer solchen Villa ist also Deine Freundin groß geworden. Schon von daher würde sie gut zu uns passen. Dieser Senator Conradi muss ein sehr tüchtiger Herr sein, denn Senator wird man nicht durch Beziehungen sondern durch besondere Verdienste. Sein Können manifestiert sich ja schon in seiner großen Kanzlei." „Maja, auch das ist richtig, Dr. Hinrich Conradi ist ein sogenannter Staranwalt, der große Firmen berät und der als Wirtschaftsanwalt gesucht ist. Mir ist das zwar nicht unwichtig, aber seine Art ist mir aus naheliegenden Gründen dann schon noch wichtiger. Ich mache es kurz: Entgegen meinem Vorurteil gegenüber den zwar klugen aber oft kühlen Anwälten ist er ein warmherziger Mensch, mit dem ich mich sofort gut verstanden habe." Vater Dieffenbach nun sichtlich erleichtert stellte eine Frage: „Ihre Mutter kommt bei Deinem Bericht bisher nicht vor, hat das was zu bedeuten?" Reinhard nickte: „Carmens Mutter hat sich von ihrem Mann getrennt und lebt wieder in ihrer Heimat Spanien. Sie ist eine Künstlerin und scheint sich in ihrer Kunst zu verlieren. Mehr weiß ich noch nicht über sie. Ich habe sie nur auf dem Hochzeitsfoto gesehen. Sie ist um einiges jünger als ihr Mann und sieht zumindest auf dem Foto sehr gut aus."

Der Gegenbesuch

Carmens erster Besuch in Reinhards Elternhaus in der Kurstadt Baden bei Zürich hinterließ bei ihr einen zwiespältigen Eindruck. Warum dies so war, wird im Verlauf dieser Geschichte noch deutlich werden. Reinhard hatte Carmen und die kleine Anke Martens am Freitagnachmittag am Zürcher Flughafen Kloten abgeholt. Sie brachten die Kleine erst einmal ins Universitätsspital, wo sie nun mindestens zwei Wochen zubringen sollte. Eine freundliche Schwester nahm sie dort herzlich in Empfang. Reinhard verabschiedete sich nun erst einmal von seinem Schützling: „Ankekind, ab jetzt kümmern sich meine Leute um Dich, und sie tun alles dafür, dass es Dir bei uns gut geht. Schwester Gerda bespricht nachher mit Dir, was Du selbst dazu tun kannst, damit Du gut vorbereitet bist für die Operation. Ich werde auch immer wieder vorbeikommen, nur keine Angst mein kleiner Kumpel, wir beide schaffen das ganz sicher!" Am nächsten Morgen lag neben Anke eine schöne Puppe, die ihr Carmen und Reinhard besorgt hatten, als kleine Ablenkung.

Reinhard und Carmen fuhren danach zu seiner Autogarage, die etwas entfernt von seiner Wohnung lag. Seine große Altbauwohnung lag mitten im Dörfli, wie die Altstadt Zürichs von den Einheimischen liebevoll genannt wurde. Von dort aus konnte Reinhard das Universitätsspital zu Fuß erreichen, was er zumeist joggend tat. Außerdem fand der Junggeselle und Gourmet in unmittelbarer Nähe seiner Wohnung genügend Lokale, die ihm zusagten. Das so lebhafte wie bunte Treiben in den Gassen gefiel Carmen zwar durchaus, aber auf Dauer hier zu wohnen, konnte sie sich nicht vorstellen. Bei einem kurzen Spaziergang sollte Carmen einen Eindruck von Zürich bekommen. Die Lage dieser Wirtschaftsmetropole war an sich schon eine besondere Attraktion. Ein Fluss durchschnitt die Stadt, der große See bot ihr einen herrlichen Rahmen, und die Berge waren zu ahnen. Fürwahr eine schöne und gut gelegene Stadt.

Am Abend folgten die Beiden der Einladung von Karl und Cordula Michel hinaus nach Rüschlikon am Zürichsee. Diese wohnten in einem Haus, das durch seine etwas erhöhte Lage einen großartigen Blick über den See bot, den man von hier aus genießen konnte. Dieses herzliche Freundespaar ihres Reinhard machte es Carmen leicht, sie boten ihr spontan das Du an. Obwohl Carmen anfangs etwas fremdelte und leicht gehemmt wirkte, löste sich das bald. Das lag an Cordulas ungezwungener Art. In der Küche gab es die letzten Handgriffe zu erledigen. Die Beiden hatten dort Gelegenheit sich ein wenig anzunähern. Cordula beglückwünschte Carmen mit den Worten: „Du musst eines wissen, Reinhard ist unser engster Freund, daher wollten wir Dich kennen lernen. Ich habe ihm doch längst eine zu ihm passende Frau gewünscht, und nun tauchst Du so quasi über Nacht mit ihm auf. Das freut uns sehr."

Bevor Carmen dazu etwas sagen konnte, ging die Türe auf und zwei verschwitzte Jungen stürmten herein, stutzten ob der ihnen nicht bekannten jungen Frau. Der Achtjährige stellte sich ihr artig vor. „Ich bin der Urs, und wer sind Sie?" Bevor sie ihm darauf antworten konnte, schloss sich ihm sein sechsjähriger Bruder an und stellte sich ihr auch vor: „Und ich bin der Reini, und wer bist Du?" Carmen lachte über die kecken Knaben und sagte: „Meine jungen Herren, ich bin Carmen Conradi und die Braut von Reinhard Dieffenbach." „Ui, der Onkel Reinhard heiratet, das ist ja super. Dürfen wir denn dabei sein?" „Das müsst Ihr schon Reinhard selbst fragen, er ist für die Schweizer Gäste zuständig!" „Mami, essen wir mit Euch?" „Aber klar Ursli sonst wäre ja der Onkel Reinhard beleidigt. Er ist draußen und schaut sich mit dem Papi das neue Auto an." Carmen gefiel es, wie stürmisch die Jungen ihren Nennonkel begrüßten. Beide hob er hoch und drehte sie im Kreis. Sein Patensohn wollte wissen, ob er denn zu seiner Hochzeit kommen dürfe, was Reinhard bejahte. „Deine Carmen sieht vielleicht toll aus" stellte Reini fest. „Und nett ist sie auch noch", war Urs zu hören. „Na, da habe ich ja Glück gehabt, dass

Ihr zwei noch so jung seid und sie mir nicht wegschnappen könnt!“ In sein Lachen stimmten Karl und die beiden Frauen ein, die aus dem Küchenfenster die Szene verfolgt hatten. Carmen verlor die letzte Befangenheit.

So gelöst der Abend bei Reinhards Freunden war, so schwierig gestaltete sich der Besuch bei Reinhards Eltern. Obwohl Reinhard sie am Sonntag zuvor darauf vorbereitet hatte, verhielt sich sein wieder mal missgestimmter Vater reserviert. Professor Dieffenbach ignorierte bewusst die von Reinhard eingebrachte Anrede. Der hatte sie nämlich allen so vorgestellt: „Hier bringe ich Euch meine Carmen!“ Reinhards Mutter, Marianne und Willi Furler stiegen gerne darauf ein. Nur der Hausherr sprach sie mit Frau Conradi an. Erneut sorgten nun kleine Kinder für eine Auflockerung. Die Kinder von Marianne und Willi kamen aus dem Park und bestürmten sogleich ihren Onkel. Sie begrüßten ihn lautstark und voller Freude. Hochnehmen musste er sie und bekam von Nichte und Neffen einen herzhaften Kuss auf die Wange. Als die sechsjährige Leni dann die junge Frau erblickte, die mit ihrem Onkel gekommen war, da staunte sie. „Ui, ist die aber schön, und die gehört Dir?“ „Lenischatz, meine Carmen gehört zu mir, denn sie wird meine Frau werden.“ Er setzte die Kleine ab, die dann zu Carmen ging, um sie sich ganz genau anzusehen. „Tante Carmen, Du magst doch meinen Onkel, odder?“ „Aber ja, denn sonst würden wir doch nicht heiraten wollen!“ „Klar. Sonst macht es ja keinen Spaß und gibt nur Streit, odder!“ In Carmens Lachen stimmten nun die anderen ein. Sie nahm die Leni hoch, die gleich einmal Carmens dunkle Haare anfassen musste. Der vierjährige Martin blieb lieber auf dem Arm seines Onkels, der nun mal sein erkorener Favorit war. Aber auch ihm gefiel Carmen, denn er streckte ihr eine Hand entgegen.

Bisher hatte diese Begegnung draußen auf der Eingangsterrasse stattgefunden. Das beeindruckende Haus lag mitten in einem verschwenderisch großen Park, und am Rande der mondänen Kurstadt Baden. Reinhard hatte mit Carmen zuvor noch eine kleine Besichtigung des Badeorts unternommen. Dieser strahlte jene behäbige Ruhe der Schweiz aus, die mit der quirligen Geschäftigkeit Zürichs kontrastierte. Wie oft in solchen Orten waren sie überwiegend Menschen in gesetztem Alter begegnet, die allem Anschein nach nicht zu dem Armen zählten. Carmen hatte sich aufgrund der allerdings spärlichen Informationen Reinhards schon ein Bild von seinen Eltern gemacht. Dies musste sie nun jedoch ein wenig korrigieren. Vor ihr stand ein hagerer älterer Herr mittlerer Größe, den eine ausgeprägte Halbglatze mit einem weißen Haarkranz kennzeichnete. Auf der schmalen Nase saß eine dicke Hornbrille, die das magere Gesicht noch strenger machte. Carmen gewann den Eindruck, dass sie mit ihm einen schwierigen Patriarchen vor sich hatte, der als typischer Chefarzt nicht nur seine Klinik dirigierte, sondern auch seine Familie dominierte.

Karin Dieffenbach war Carmen auf Anhieb sympathisch. Sie hatte erwartet, dass Reinhards Mutter neben ihrer warmherzigen Ausstrahlung auch im Auftreten ihrer Schwester Marianne ähnelte, doch nun hatte sie eine elegant gekleidete zierliche Dame vor sich, die wusste, wer sie war, aber ihre Liebenswürdigkeit nicht dahinter zu verstecken brauchte. Carmen fiel jetzt ein, dass Karin Dieffenbach etliche Jahre jünger war als ihre Schwester, und auch um dreizehn Jahre jünger als ihr Mann. Sie hatte sich sehr gut gehalten, wenn auch Spuren des Alterns nicht zu übersehen waren. Reinhard hatte ihre Augen und wohl auch ihre ausgleichende Art, wobei Carmen sich da ein wenig unsicher geworden war. Ihr war zuvor eine kurze Szene nicht entgangen, als Reinhard seinem Vater Contra geboten hatte. Das war ihr neu, da kam eine, ihr bisher nicht gekannte harsche Seite an ihm zum Vorschein.

Die Hausherrin bat die Familie nun hinein und zu Tisch. Erst jetzt konnte Carmen ihren Blumenstrauß an Reinhards Mutter übergeben, und Reinhard seine Spielsachen an die Kleinen. Während und nach dem Essen verlief das Gespräch wesentlich entspannter, das Marianne (Maja) Furler-Dieffenbach geschickt steuerte. Dadurch konnte sich Carmen von Reinhards

Zwillingsschwester ein besseres Bild machen. Wie zumeist bei zweieiigen Zwillingen ähnelten sich die Beiden im Aussehen nur wenig, dafür umso mehr in ihrer Art. Maja, wie sie in der Familie gerufen wurde, sah recht gut aus, was sie durch klug gewählte Kleidung zu betonen wusste. Die beiden Damen des Hauses Dieffenbach, so erfasste es Carmen instinktiv, waren die Seelen ihrer Familien. Willi Furrer war ein stiller, aber umgänglicher Mensch. Wenn er sich ins Gespräch einbrachte, hatte er etwas zu sagen, was auch vom Schwiegervater anerkannt wurde. Dieser schlanke Mann mit dem vollen braunen Haar und den dunklen Augen gefiel Carmen.

Was selbst Reinhard noch nicht wusste war folgendes: Als er am vergangenen Sonntag wieder weggefahren war, hatten seine Eltern noch ein Gespräch geführt, das seine Mutter angestoßen hatte. Das Verhalten ihres Mannes hatte ihr derart zugesetzt, dass sie darüber mit ihm sprechen musste. „Reinhard, ich habe vorhin gelitten und gebangt. Euer latenter Krieg nagt an meinem Seelenfrieden. Ich hatte bisher versucht, Deine Seite zu verstehen, doch nun halte ich es nicht mehr aus. Sei froh, dass sich Reinhard diesmal beherrscht hat, als Du ihn aus meiner Sicht ungerecht angegangen hast. Willst Du denn unseren Sohn aus dem Haus vertreiben? Du weißt doch, der macht glatt ernst und rückt dann von seinem Entschluss nicht mehr ab. Ist es denn nicht schon genug, wenn Annemie und Reinhard bei jeder Gelegenheit die Klingen kreuzen oder sich bewusst aus dem Weg gehen. Ich als Mutter leide sehr darunter und kann keine zweite Entfremdung verkraften. Du hast das bisher stets Reinhard angelastet, was ich so nicht mehr stehen lassen kann.“

Sie deutete nun ihrem Mann an, was Annemie und Ueli sich in Porto Ronco herausgenommen hatten, hielt allerdings die harsche Reaktion von Reinhard darauf zurück. Der Hausherr wollte es wie üblich als Gerücht hinstellen und Annemie in Schutz nehmen, doch als seine Frau von einem Zeugen des Vorfalls sprach, da wurde er nachdenklich. Karin Dieffenbach nützte die Chance und berichtete, was sich Annemie und Ueli in Porto Ronco noch alles herausgenommen hatten. Das Ferienhaus sei von ihnen praktisch für das ganze nächste Jahr okkupiert worden, was angeblich mit Reinhard abgestimmt war. Nichts davon stimmte, das hatte Maja danach von ihrem aufgebrachten Reinhard erfahren. Wieder wollte sich Reinhard Senior vor einer Stellungnahme drücken: „Der soll doch froh sein, dann bekommt er wenigstens eine Miete dafür." Karin Dieffenbach hielt jetzt nicht an sich: „Damit liegst Du völlig schief, keinen Rappen bekommt er von ihnen und auch nichts von deren Gästen. Alle Kosten bleiben am Reinhard hängen, und Annemie tut alles dazu, diese immer weiter nach oben zu treiben. So sieht es aus, und davor können wir doch nicht länger die Augen verschließen!" Das hatte ihr Mann nicht gewusst, er fand das schäbig. Damit begann sich der Wind erstmals zu drehen, was primär auf dem uneinsichtigen Verhalten von Annemie beruhte.

Am Freitagabend hatten sich die in der Klinik beschäftigten Familienangehörigen zusammengesetzt, um ein ständiges Ärgernis anzusprechen. Worum ging es dabei? Während Marianne und ihr Mann Willi die Eltern in der Klinik unterstützten und dort trotz ihrer Kinder ständig präsent waren, galt dies für Annemie nicht. Die Frau Doktor Dieffenbach-Meier arbeitete nur noch dann, wenn es ihr in den Kram passte. Außerdem gebärdete sie sich während ihrer Anwesenheit so, als wäre sie die Stellvertreterin des Vaters und nicht ihre Mutter. Das führte immer wieder zu Problemen, die bisher der Klinikchef Reinhard Dieffenbach als beherrschbar abgetan hatte. Doch als er bei dieser Zusammenkunft den Vorschlag einbrachte, den Gewinn gemäß dem aktiven Beitrag für das Ganze zu verteilen, da reagierte die Annemie allergisch und wollte es nicht hinnehmen. Doch dieses Mal gab der Vater seinem Augenstern nicht nach und ließ sich auch durch deren Drohung, dann aus der Klinik auszusteigen, nicht mehr beirren. „Genug ist genug! Und eine Ungerechtigkeit bleibt trotz all Deinem Lamento eine solche! Ich hoffe, Du hast mich jetzt verstanden!" Nach diesem zum ersten Mal erlebten väterlichen Machtwort, knickte Annemie ein und stimmte, wenn auch innerlich grummelnd, dem

Präsenzmodell zu. Sie gelobte sogar Besserung, was ihre Anwesenheit betraf. Fürs erste war damit der Burgfrieden wieder gerettet.

Doch nun zurück zum Besuch Carmens in Reinhards Elternhaus. Als sie alle im Esszimmer Platz genommen hatten wollte Reinhards Familie nun Carmen näher kennen lernen und stellte ihr reihum Fragen. Eines wurde dabei immer deutlicher, selbst für Reinhards Vater, das Verhältnis der Beiden war sehr eng. Dabei kannten sie sich doch noch gar nicht so lange. Was sie von der jungen schönen Frau erfuhren, bestätigte, was sie schon am Sonntag zuvor von Reinhard gehört hatten. Der Hausherr stellte ihr eine Frage, mit der er hoffte, eine seinen Sohn nachdenklich machende Antwort zu erhalten. „Frau Conradi, Sie sind Anwältin geworden wie schon Ihr Vater. Sind Sie dabei seiner Bitte gefolgt?“ Carmen lächelte, erkannte die Falle, die Reinhards Vater seinem Sohn stellen wollte. „Ich bin unter dem Eindruck des Mordes an Christian von meinem ursprünglichen Berufswunsch abgekommen. Das hat meinem Vater gefallen, aber er hatte mich zuvor nie gedrängt und mir die Wahl des Studiums überlassen. Ich würde auch nicht in seine Kanzlei eintreten, wenn ich kein so gutes Verhältnis zu ihm hätte. Erst einmal habe ich in der Kanzlei hospitiert, um mir einen Eindruck von ihr zu verschaffen. Und dieser, wie das miterlebte gute Betriebsklima, hat mich letztlich überzeugt. Bestätigt in meinem Entscheid, in Vaters Kanzlei einzutreten, wurde ich auch durch die Stationen in meiner Ausbildung. Deren Bürokratie, Hierarchiedenken und schlechtes Klima standen im krassen Gegensatz zur Kanzlei meines Vaters.“ Reinhard senior schien diese Antwort nicht sonderlich zu gefallen, wogegen sich sein Sohn ein verräterisches Grinsen nicht verkneifen konnte.

Carmen und Reinhard hatten zuvor noch einen kurzen Blick in die großzügig geschnittenen Räume des Erdgeschoßes geworfen. Deren gekonnte Mischung aus erlesenen Antiquitäten und funktionaler Wohnlichkeit verschaffte Carmen den erwünschten

Eindruck. Die Dieffenbachs waren also nicht nur vermögende, sondern offenkundig auch kultivierte Leute. Deren Lebensstil und derjenige ihres Elternhauses entsprachen sich weitgehend, was sie erleichtert wahrgenommen hatte.

Als Reinhard und Carmen nach dem Kaffeetrinken dessen Elternhaus wieder verließen, hatten sie einen trotz des reservierten Hausherrn letztlich doch angenehmen Besuch erlebt. Carmen kannte nun Reinhards Eltern, fand einen guten Draht zu seiner Mutter und Schwester wie auch zum Schwager, während sie beim strengen Vater doch einige Vorbehalte hatte. Sie ging aber zuversichtlich davon aus, dass es ja nicht bei dieser Momentaufnahme bleiben müsse. Von den drei Terminen, die sich das Brautpaar als Hochzeitstermine vorgestellt hatten, passte den Anwesenden nur einer nicht. Einer davon ginge zwar auch bei Annemie und Ueli, die hatten sich aber nach telefonischer Abklärung durch die vermittelnde Mutter dabei eines ausbedungen: Sollte zu dieser Hochzeit Tante Marianne eingeladen werden, wären sie selbst nicht mit von der Partie!

Zwei derart sture Kinder zu haben, war für Karin Dieffenbach eine schwere Bürde, denn Reinhard würde auf diese Erpressung auf keinen Fall eingehen. Seine Patentante mochte er von Herzen, und nahm großen Anteil an dem ungnädigen Schicksal, das sie hinzunehmen hatte. Zudem hatte er als einziges ihrer Kinder ihr immer mit Rat und Tat zur Seite gestanden. Ihr als Mutter des Bräutigams war viel an einer harmonisch verlaufenden Hochzeit gelegen, aber auch an einem guten Verhältnis zu ihrer Schwester. Da wollte sie eher Annemie und Ueli entbehren, die sich ohnehin nur aus Gründen der Konvention dazu „herablassen“ würden, mit ihnen zu feiern. Ihre Mitteilung, Annemie und Ueli könnten aus Termingründen an der Hochzeit nicht teilnehmen, löste kein Bedauern aus. Statt „sie könnten nicht“, lag ihr zwar das deutliche „sie wollten nicht“ auf der Zunge, doch dies behielt sie für sich. Jeder im Raum wusste, was der eigentliche Hintergrund dieser Absage war, aber niemand wollte es ansprechen.

Als sich die beiden Liebesleute wieder auf den Rückweg nach Zürich gemacht hatten, wurde der Eindruck erörtert, den Carmen hinterlassen hatte. Maja stieg als erste darauf ein: „Meine Lieben, obwohl Carmen doch noch so jung ist, hat uns Reinhard mit ihr eine besondere und feine junge Dame vorgestellt. Mit ihr wird er bestimmt sein Glück finden und eine Partnerin auf Augenhöhe. Carmen sieht nicht nur beneidenswert gut aus, sie ist außerdem bescheiden und blitzgescheit. Noch dazu stammt sie aus einem guten Haus, und was noch für sie spricht, sie hat ein sehr enges Verhältnis zu ihrem Vater. Vor allem liebt sie unseren Reinhard von Herzen." Ihres Vaters Einwand, dass ihre getrennt von der Familie lebende spanische Mutter vermutlich nicht aus solchen Verhältnissen komme, wischte seine Frau sogleich vom Tisch. „Für ihre Mutter kann sie nichts, unter der Trennung ihrer Eltern hat sie bestimmt sehr gelitten. Außerdem hat sie sich eindeutig zu ihrem Vater bekannt. Reinhard senior, Deine Bedenken, dies könnte zu einem „Ausstiegsmodell" für sie werden, teile ich nicht. Eher sehe ich bei Carmen eine große Sehnsucht nach Nähe und anhaltend fester Bindung." Der Hausherr ging jedoch nicht darauf ein und brachte noch einen weiteren Einwand an: „Mutter dieses Knaben, eines gebe ich schon noch zu bedenken, unseren Sohn könnte es unter Umständen nach Hamburg verschlagen, und das wäre mir so gar nicht recht." „Mir ja auch nicht, aber Hamburg liegt doch nicht am Nordpol und ist für uns gut erreichbar!"

Reportage

„Lieber Onkel Doktor,
ich darf ja vorläufig noch nicht reden und daher kann ich Dir nur schreiben. Ich, Dein kleiner Kumpel Anke, bin Dir ewig dankbar. Du allein hast die Operation gewagt und mir wieder das Leben geschenkt. Ich habe gerade von Schwester Gerda erfahren, dass Du mit dem Professor vier Stunden lang um mein Leben gekämpft hast. Und es sei eine überaus schwierige Operation gewesen, bei der es einmal Spitz auf Knopf gestanden haben soll. Du selbst hast mir vor zwei Stunden gesagt, dass ich nach dem Abheilen der Wunde wieder sprechen und auch ganz normal essen kann. Mir geht es jetzt so gut wie nie in meinem Leben.

Dein kleiner Kumpel Anke
P.S. Meine Mama hat mir beim Schreiben geholfen, aber es sind schon auch meine eigenen Worte.

Dr. Reinhard Dieffenbach, Professor Karl Michel und ihr Operationsteam hatten es geschafft. Die kleine Anke Martens war von ihrem unweigerlich zum Tode führenden Leiden befreit, und sie durfte sich nun auf ein ganz normales Leben freuen. Es war wie vorausgesagt hatte, ein schwerer Eingriff gewesen, einer, der fern der üblichen, längst zur Routine gewordenen Operationen lag, und den die beiden Chefs gewiss nicht jeden Tag leisten wollten. Erschöpft, aber auch erleichtert über den gemeinsam errungenen Erfolg reichten sich die beiden Freunde und Chirurgen die Hände. Abwechselnd hatten sie operiert, um dem Kollegen jene Verschnaufpause zu verschaffen, die ihm Präzision und Konzentration erhalten konnte.

„Lieber Reinhard, wer wagt gewinnt. Wenn keine Komplikationen auftreten haben wir unserem tapferen Engelchen Anke ein neues Leben möglich gemacht. Solche Erfolge sind es, warum wir beide unseren Beruf gewählt haben, und ihn als etwas

Besonderes erleben dürfen. Kranken und Unfallopfern helfen zu können, gibt mir ein Gefühl der Zufriedenheit, das ich nicht missen möchte. Dir wurden noch dazu ein unglaublich ruhige Hand und eine faszinierende Präzision in die Wiege gelegt, ein Geschenk des Himmels. Darum beneide ich Dich, und deswegen bedauere ich auch Deinen Weggang so sehr. Doch als Dein guter Freund freue ich mich auch mit einem lachenden und einem weinenden Auge darüber, dass Du die so verdiente nächste Stufe Deiner Karriereleiter nehmen kannst!" „Lieber Karl, Du hast mich von Anfang an gefördert und gefordert. Dafür danke ich Dir, und ich verdanke Dir daher auch meinen beruflichen Werdegang. Hättest Du mir nicht so viel zugetraut, dann wäre ich bestimmt noch nicht soweit. Dem Ruf nach Hamburg wäre ich ohne Carmen sicher nicht gefolgt. Einerseits freue ich mich auf die neue Herausforderung, aber andererseits gehe ich nicht gerne weg. Hier im Spital und im Dörfli fühle ich mich wohl, worin allerdings auch der gefährliche Keim liegt, bequem zu werden. Und dem muss ich rechtzeitig entkommen. Wir beide werden uns bestimmt immer wieder sehen und auch beruflich austauschen, dessen bin ich mir sicher. Außerdem hat Euch Carmen sofort ins Herz geschlossen." Diesen Dialog führten die beiden Freunde im Ruheraum beim Kaffeetrinken. Reinhard ging danach zu seiner Station, um nach der kleinen Anke zu sehen.

Reinhard kam am nächsten Morgen gerade noch rechtzeitig, um beim Erwachen seines Schützlings dabei sein zu können. Er hatte dafür gesorgt, dass Anke nur eine bei einem solchen Eingriff gerade noch vertretbar schwache Narkose bekommen hatte. Obwohl sie hier eine Woche lang aufgepäppelt worden war, wäre ihrer noch immer schwächlichen Konstitution mehr nicht zuträglich gewesen. Mit einem Schmerzmittel hatte Anke ruhig geschlafen. Die bei ihr wachende Pflegekraft sorgte dafür, dass Ankes allmähliches Aufwachen und Orientieren gut ablief. Als die Kleine soweit wach war, dass sie ihre Umgebung wieder wahrnehmen konnte, saß Reinhard am Bettrand. Obwohl sie noch leicht benommen war lächelte sie ihren vertrauten Onkel Doktor an. Anke wollte etwas sagen, doch ihr Arzt hielt den Finger vor den Mund und erinnerte sie daran, dass sie nicht reden solle. „Mein kleiner Kumpel, wir haben es geschafft, Du wirst jetzt bald wieder ganz gesund sein. Wir müssen Dich auch nicht noch einmal operieren, es hat tatsächlich beim ersten Mal geklappt. Essen und Sprechen kannst Du auch bald wieder, so wie Deine Freundinnen, und ganz normal leben!"

Am späten Nachmittag öffnete sich behutsam die Türe und zwei Damen schlichen sich ins Patientenzimmer hinein. Ihnen bot sich ein anrührendes Bild. Neben der kleinen Patientin saß der wohl vor Erschöpfung eingeschlummerte Dr. Dieffenbach. Trotz ihrer großen Freude über die beiden Besucherinnen hielt die kleine Anke den Zeigefinger vor den Mund und bedeutete ihnen, leise zu sein. Wie ein kleiner Schutzengel wachte sie über ihren Lebensretter, der sich auch zuvor jeden Tag um sie gekümmert hatte. Carmen bannte diese Szene auf ihr i-pad, strich dann ihrem „Mann" sanft über den braunen Haarbusch. Liebevoll weckte sie ihn mit einem Kuss. Reinhard wähnte sich noch in einem Traum gefangen zu sein und murmelte noch leicht verschlafen: „Du bist es, meine geliebte Kuschelkatze." An der anderen Seite des Betts umarmten sich vorsichtig Mutter und Tochter, vergossen beide Freudentränen. Wieder ganz wach geworden schloss Reinhard seine Carmencita in die Arme. Mit ihrem Kommen hatte er überhaupt nicht gerechnet, freute sich darüber aber umso mehr.

Carmen wusste doch um die labile Verfassung der von Angst und Sorge bewegten Mutter. Sie sah voraus, dass Frau Martens auf dem Flug nach Zürich und dort eine sie beruhigende Begleitung schätzen würde. Und Carmen selbst zog ihre Sehnsucht nach Reinhard nach Zürich. Davon hatte sie ihm am Telefon nichts gesagt, und sie telefonierten doch jeden Abend lange miteinander. Eigentlich wollte Frau Martens Anke schon früher besuchen, doch Reinhard hatte sie am Telefon gebeten, erst am zweiten Nachmittag nach der Operation zu kommen. Im Wissen darum operieren zu müssen, wenn draußen im Gang eine bangende

Mutter warten würde, belaste jeden Chirurgen emotional noch zusätzlich. Dieser komplizierte Eingriff würde ihm ohnehin die höchste Konzentration abverlangen, und er wollte daher jede Ablenkung vermeiden. Da auch das allmähliche Erwachen ohne externe Störungen ablaufen sollte, hatte er die Mutter um Geduld gebeten.

Erst nach der liebevollen Begrüßung seiner Carmen wendete er sich Frau Martens zu, der er über Anke hinweg die Hand reichte: „Liebe Frau Martens, wir haben es geschafft. Daran hatte mein kleiner Kumpel Anke großen Anteil. Brav hat sie alles befolgt, um was wir sie gebeten haben. Das war nicht einfach für das tapfere Kind, aber es hat alles klaglos und voller Vertrauen befolgt. Die ganze Station hat sie in ihr Herz geschlossen, und ich ganz besonders. Dieses Mitmachen war für uns als Chirurgen wichtig, denn so durften wir den Eingriff guten Mutes angehen." Ihren Dank konnte die vom Glück so überwältigte Mutter nur stammeln, ihre Freudentränen netzten Reinhards Hand. Reinhard hatte im Einvernehmen mit Professor Michel das zweite Bett im Zimmer für Frau Martens reserviert. Das wäre sicher bei der Verwaltung des Spitals nicht so gut angekommen, falls sie es dort erfahren hätten. Seiner Ansicht nach würde die Anwesenheit ihrer Mutter wesentlich zu Ankes Genesung beitragen. Noch etwas kam hinzu, weswegen Reinhard von dieser Lösung so überzeugt war. Nie zuvor war die Kleine so lange von ihrer Mutter getrennt gewesen und sehnte sich nach ihr. Obwohl das tapfere Kind sein Heimweh zu verbergen suchte, war es den Betreuenden nicht entgangen.

Da am späten Nachmittag seine Station gut besetzt war, wollte Reinhard das Spital mit Carmen zwei Stunden früher verlassen, doch leider wurde er von einem Reporter daran gehindert. Dieser hatte sich Zutritt zum Spital verschafft und ohne Absprache Reinhard und seine Patientin mehrere Male fotografiert. Er gab sich als derjenige aus, den die Verwaltung damit beauftragt hatte, Public Relations für das Universitätsspital zu machen. Damit sollten Sponsoren für den Sonderfonds gewonnen werden. Gegen dieses Ansinnen der Verwaltung hatte sich die Ärzteschaft vehement gewehrt, weil sie eine Beeinträchtigung ihrer Arbeit und auch hygienische Probleme befürchtete. Und nun schien die Verwaltung diese Idee auf Umwegen doch noch zu realisieren. Eher unwillig stellte sich Reinhard den Fragen des Journalisten.

Nach dem Interview verließ der Journalist zwar das Zimmer, das Universitätsspital jedoch noch nicht. Er wartete ab, bis Reinhard und Carmen gegangen waren, um dann noch einmal Fragen an Frau Martens zu stellen. Von ihr erfuhr er die ihm noch fehlende Vorgeschichte und hatte danach nun alle Informationen, die er haben wollte. Daraus konnte er eine gute Geschichte machen, eine, die er mit etlichen emotionalen Zutaten und Übertreibungen noch etwas „aufpeppen" wollte. Dann würde sie bei den Lesern bestimmt gut ankommen. Der Journalist hatte am gestrigen Abend in einem Restaurant der Altstadt von dieser schwierigen Operation gehört. Die beiden jungen Ärzte ließen sich darüber aus, dass ihre Chefs dabei vielleicht an ihre Grenzen stoßen könnten. Das kleine Mädchen, bei dem dieser lebensrettende riskante Eingriff erfolgen sollte, sei nämlich in keiner guten körperlichen Verfassung. Mehr hatte der Journalist zwar nicht hören können, daher musste er weiteres eben im Spital selbst herausfinden. Und das stellte sich wider Erwarten als keine sonderlich schwierige Sache heraus. Die interessanten Basisfakten für ihn waren: 1. Ein kleines todkrankes Mädchen aus Deutschland, das hier vielleicht seine letzte Chance bekam. 2. Ein extrem schwieriger Eingriff mit ungewissem Ausgang. 3. Keiner der bisher konsultierten Chirurgen hatte zu der Operation geraten. 4. Zwei befreundete, renommierte Schweizer Chirurgen, die dadurch ihren guten Ruf riskierten.

Dieser deutsche Journalist war eigentlich hinter einer anderen Sache aus dem Bankensektor her gewesen, die sich aber als „Windei" entpuppt hatte. Frustriert hatte er sich am Abend in besagtem Restaurant niedergelassen, und grübelte darüber nach, wie er in der Redaktion seinen Flop beschönigen konnte. Und dann ergab sich vom Nebentisch her diese kleine zweite Chance, eine, die er sich nicht entgehen lassen durfte. Normalerweise interessierten sich weder seine Redaktion noch die Leser seines Magazins für solch eine Geschichte. Irgendwie musste er diese zwar nicht alltägliche Operation, aber für eine Klinik auch nichts Außergewöhnliches zu etwas Besonderem hochstilisieren können. Doch wie würde er dies schaffen? Der Dreiklang: Kind, Risiko und Sensation, das war zwar nicht schlecht, aber eigentlich nur für die unmittelbar davon Betroffenen von großem Gewicht. Es musste ihm dafür noch eine Übertreibung einfallen, eine, die bei seiner Redaktion Eindruck machte. Eigennützig hoffte er nun erst einmal auf den Erfolg dieses Eingriffs.

Er wurde dabei noch auf eine harte Probe gestellt, denn die Operation musste wegen eines Notfalls, um einige Stunden nach hinten verschoben werden. Da bei besagtem Notfall plötzlich unerwartete Komplikationen aufgetreten waren, alarmierten die besorgten Operateure ihren Oberarzt Dieffenbach. Der war nicht gerade angetan von diesem ungeplanten Einsatz, wollte er doch demnächst mit der Operation des kleinen Mädchens beginnen. Erst am späten Vormittag konnte Dr. Dieffenbach den Operationssaal verlassen und sich der kleinen Anke annehmen, die inzwischen vorbereitet worden war. Konnte dieser Eingriff denn unter diesem Vorzeichen dann überhaupt gut gehen? Damit gewann der Journalist doch noch einen vierten „Hit“ für seine Story, nämlich den erschöpften verantwortlichen Chirurgen. Nun musste der Eingriff nur noch gut ausgehen! Er ging dann tatsächlich gut, und er hatte seine Geschichte im „Kasten“! Was keiner im Spital wissen konnte, und auch keiner nachgeprüft hatte, der so eifrig recherchierende Reporter war nämlich von einem großen deutschen Wochenmagazin. Keiner der Verantwortlichen des Universitätsspitals hatte ihn damit beauftragt, denn die PR-Idee war wegen der Einwände der Ärzteschaft längst wieder ad acta gelegt worden. Hätte Reinhard Dieffenbach das auch nur entfernt geahnt, dann hätte er dem Journalisten bestimmt kein Interview gewährt, sondern ihn rigoros hinausgeworfen. Das zur Vorgeschichte.

Die Redaktion des Magazins fand den emotionalen Beitrag ihres Mitarbeiters interessant genug, um ihn in ihrer nächsten Ausgabe prominent zu platzieren. Man befand sich gerade in einer Informationsflaute und hatte daher bei Redaktionsschluss für die nächste Ausgabe nicht genügend interessante Beiträge parat. Nun denn, der Bericht aus Zürich war ein passender Blattfüller. Entsprechend aufgepeppt, mit drei Blickfängen bebildert, erschien er dann in der nächsten Wochenendausgabe. Die Verbreitung dieses Magazins war nicht auf Deutschland begrenzt, es fand seine Leser auch darüber hinaus. In der Schweiz war es bereits sonntags am Kiosk zu erhalten.

Reaktionen

Reinhard Dieffenbach senior hatte die Angewohnheit, sich nach einem ausgedehnten Sonntagsspaziergang am Bahnhofskiosk mit Zeitungen einzudecken. Darunter befand sich dieses Mal auch das besagte Magazin. Normalerweise griff er daheim zuerst zu den anderen Publikationen, doch an diesem Sonntag war es dieses Heft. Und was musste er nach kurzem Umblättern zu seinem Entsetzen sehen, ausgerechnet ein Bild seines Sohnes Reinhard. Hier musste etwas Schlimmes vorgefallen sein, denn die Presse griff eigentlich doch nur Negatives auf. Lieber Himmel, in was hatte sich Reinhard denn wieder verstrickt? Hoffentlich nicht erneut in so etwas „Schiefes“ wie die Affäre mit der amerikanischen Sängerin?

„Neue Hoffnung am Grab des Vaters.“ Und darunter die Zeile: „Chirurg wagt alles – rettet todgeweihtem Kind das Leben!“ So lauteten die Schlagzeilen, und dann folgte der Bericht. „Was seine Deutschen Kollegen als aussichtslos, weil zu gefährlich abgelehnt hatten, das gelang dem Arzt mit den Wunderhänden. Der geniale Schweizer Chirurg Reinhard Dieffenbach gab einem kleinen Mädchen Leben und Zukunft wieder. Dieses Hamburger Kind wäre sonst elendiglich erstickt. Obwohl der Arzt davor schon über Stunden um das Leben eines Notfallpatienten gerungen hatte, riskierte er noch diesen gefährlichen Eingriff. In letzter Minute, nach langem Kampf gegen den Tod, hatten die Chirurgen und Freunde Dr. Dieffenbach und Prof. Michel den Sensenmann doch noch besiegt!“ Danach folgte die Vorgeschichte mit der verzweifelten Mutter und dem gerade erst gestorbenen Vater des Kindes. Die Begegnung des Senators Conradi mit der Mutter des Mädchens an den Gräbern ihrer Ehepartner, wurde zu einem echten Rührstück aufgebauscht. Hier habe der Senator, der die Mutter des Kindes bisher nur als Kontrahentin aus dem Gerichtssaal kannte, vom bitteren Schicksal ihrer kranken Tochter erfahren. Aufgewühlt von diesem traurigen Los des Kindes besprach er sich mit seinem zu Besuch weilenden künftigen Schwiegersohn. Ihn, den Chirurgen, berührte das Schicksal des von der Medizin bereits aufgegebenen Kindes. Mitfühlend hätte sich Dr. Dieffenbach das Kind und die Befunde angesehen, und dem Mädchen danach versprochen, es zu retten.“ Weiter beschrieb der Bericht dann noch den Verlauf der Operation, pries die namentlich aufgeführten Übernehmer der Operationskosten, und zeigte Arzt und die gerettete Patientin. Doch damit nicht genug des „Rührstücks“, ein weiteres Bild zeigte die glückliche Mutter mit ihrer Tochter. Und um das Maß für Reinhards ärgerlichen Vater vollzumachen, musste er auch noch seinen Stammhalter mit Carmen abgebildet sehen. Darunter stand: Über Carmen Conradi, fand die kleine Patientin ihren Retter.

Reinhards Vater war zwar erleichtert, weil es wenigstens kein negativer Bericht war, trotzdem aber auch mächtig „geladen“. In diesem Zustand fand ihn dann seine Frau vor. „Karin, ließ doch mal diesen unglaublichen Bericht. Unser verrückter Sohn bringt sich noch um Kopf und Kragen, er kommt mir vor wie ein Artist auf schwankendem Hochseil. Als wäre das nicht schon genug des Risikos, straft er damit doch indirekt seine Deutschen Kollegen als Zauderer, wenn nicht gar als Stümper. So macht er sich bestimmt keine Freunde allenfalls Neider, und er wird auch zu immer riskanteren Eingriffen getrieben. So etwas kann nach meiner Lebenserfahrung auf Dauer nicht gut gehen. Reinhards unausweichlicher „Absturz“ wird auch noch unseren guten Ruf ruinieren. Und ich kann ihn nicht stoppen!“

Karin Dieffenbach griff nach dem Magazin und las den Artikel bis zu Ende. Aber sie, die Mutter erfasste nun ein ganz anderes Gefühl. Sie freute sich von Herzen für ihren Sohn, dessen Arbeit und Können auf diese Weise einer breiten Öffentlichkeit bekannt wurde, und darauf war sie erst einmal mächtig stolz. Damit stand für ihn die Türe zu einem weiteren Aufstieg weit offen. Ihr Reinhard würde sicher bald ein ordentlicher Professor werden, denn sein großer Ehrgeiz trieb ihn in diese Richtung. Das würde ihrem Mann zusetzen. Insgeheim hatte er doch noch immer gehofft, Reinhard würde sich umorientieren und in ein paar Jahren sein Nachfolger werden. Aber danach sah es nun wohl nicht mehr aus. Sie musste jetzt sogar befürchten, dass ihr enttäuschter Mann der Hochzeit seines Sohnes fernbleiben könnte. Hoffentlich konnte er diese schmerzliche Botschaft einigermaßen verkraften!?

Die Eingangstüre fiel ins Schloss, Maja, Willi und die beiden Enkelkinder kamen so wie jeden Sonntagmorgen zum Brunch. Diese Ablenkung war der Großmutter sehr willkommen, denn sie brachte ihren Mann erst einmal auf andere Gedanken. Doch später wurde der Artikel zum zentralen Thema des Gesprächs und fand bei den Furlers wieder eine andere Resonanz. Übereinstimmend meinten die Beiden, dass dieser Artikel sogar für den Ruf der Kurklinik hilfreich sein könnte und deshalb für sie alle. „Papa, Du kannst stolz sein auf meinen Bruder, und ich bin es auch!“ So seine begeisterte Tochter Marianne. Deren Mann hatte eine gute Idee: „Lieber Schwiegervater, Du könntest doch Reinhard bitten, in unseren ärztlichen Beirat einzutreten.“ Wider Erwarten war Reinhard senior angetan von diesem Vorschlag, denn damit wäre ja sein Sohn wieder mit der Klinik der Familie verbunden, wenn auch nicht als deren künftiger Chef. Sollte Reinhard zusagen, würde er, zusammen mit den beiden dort schon aufgeführten Professoren, in der PR-Broschüre der Klinik aufscheinen. Zwar könnte er dann keinen Professorentitel vorweisen, aber das wäre in diesem Fall kein großer „Beinbruch“. Als er dies so in die Runde einbrachte, ergriff seine Frau die Chance, ihm von Reinhards vermutlichen Plänen zu erzählen. „Reinhard, unser ehrgeiziger Sohn wird bald auch ein ordentlicher Professor sein, vielleicht sogar im fernen Hamburg.“ Beim inneren Widerstreit seiner Gefühle gewann beim Hausherrn jetzt doch der Stolz auf den Sohn die Oberhand, was er zur Erleichterung aller kundtat.

Marianne und Willi bekamen an diesem Sonntag Besuch von Bruder Reinhard zum Nachmittagskaffee. Wissend um die latente Eifersucht des Vaters hatten sie es zuvor den Eltern verschwiegen.

Ohne kleine Geschenke kam ihr Onkel nie zu ihnen, auch dieses Mal machte er damit die Kleinen glücklich. Doch nicht nur deswegen freuten sie sich, sondern auch weil Onkel Reinhard bei ihnen so viel galt. Keiner konnte so gut mit ihnen basteln und spielen wie er. Sein gutes Verhältnis zu seiner Zwillingsschwester und deren Mann taten ein Übriges dazu, sich bei den Furlers wohlzufühlen. Doch heute mussten die Beiden zuerst einmal ihre Begeisterung loswerden. „Brüderlein, ich habe bei den Eltern einen Bericht gesehen, in dem Du ja über den Schellenkönig gepriesen wirst. Ich bin begeistert und mächtig stolz auf Dich." Doch statt sich über diese Anerkennung zu freuen, wiegelte Reinhard ab.

„Maja, dieser saudumme Bericht hat mir einen heftigen Streit mit der Verwaltung des Spitals eingetragen. Ich bin doch davon ausgegangen, dass diese mir den aufdringlichen Journalisten auf den Hals gehetzt hatten. Daher habe ich den Verwaltungschef ziemlich deutlich angegangen und ihn des Wortbruchs geziehen. Von ihm ging doch vor einigen Wochen die Idee aus, für und über das Spital PR-Artikel schreiben zu lassen. Das Ganze stellte sich dann aber als ein Irrtum heraus, denn die Verwaltung hatte tatsächlich Wort gehalten, und ich lag mit meiner Annahme völlig daneben. Bei dem Journalisten, der die ganze Aufregung verursacht hatte, handelte es sich nämlich um einen fremden Reporter. Dieser deutsche Pressemensch hatte sich geschickt ins Spital hinein geschmuggelt, wie auch immer ihm das möglich war. Ich habe mich für den irrigen Verdacht zwar entschuldigt, doch das genügte jetzt dem Verwaltungschef nicht mehr. Er besteht wegen meiner beleidigenden Worte auf einer schriftlichen Abmahnung, und er will unter Umständen ein Disziplinarverfahren beantragen. Er gehört leider auch zum Freundeskreis der Meiers. Die beiden haben mich wohl ihm gegenüber als Streithansel und Weltverbesserer dargestellt. Jetzt habe ich den Salat, denn wenn das rumkommt, kann es mir beträchtlich schaden. Ein derartiger Weggang vom Spital kann auch als Rauswurf interpretiert werden."

Wie immer hielt Marianne zu ihrem Bruder und zieh dessen Kollegen als Neidhammel, die ihm den Erfolg nicht gönnten. Ihr Mann Willi fragte: „Reinhard, wie nimmt Professor Michel diesen Zank wahr?“ „Als mein guter Freund hat er mich vor seinen Kollegen in Schutz genommen und vehement verteidigt. Er hat sich für mich sogar aus dem Fenster gelehnt und zieh unseren Verwaltungschef der Überreaktion. Ich hätte mich doch in aller Form entschuldigt, das müsse unter vernünftigen Menschen genügen. Wieder unter uns, ermahnte er mich allerdings künftig vorsichtiger zu sein. Neider seien gefährlich, und Gekränkte nicht selten nachtragend. Streit trage man eleganter aus, und nicht so hitzköpfig wie ich!“

„Sagt mal ehrlich, bin ich denn wirklich ein solcher Hitzkopf.“ Dazu nahm jetzt sein Schwager und einstiger guter Kollege Stellung. „Reinhard, Maja wird wie immer Deine Partei ergreifen und ist daher nicht ganz objektiv. Ich halte mich eher dafür, eben weil ich Dich kenne und schätze. Wie Du ja weißt habe ich einige Zeit in Norddeutschland gearbeitet. Da es für mich so aussieht, als würdest Du Dich wegen Deiner in Hamburg gebundenen Carmen im kühlen Norden niederlassen, möchte ich Dir einen Rat geben. Die Deutschen, speziell die im Norden, sind viel dünnhäutiger als wir Schweizer, und sie vertragen ungeschminkt angebrachte Wahrheiten nicht gut. So wie ich Dich wiederholt erlebt habe, bist Du ganz im Gegensatz zu Deinem chirurgischen Können nicht gerade ein diplomatischer Mensch. Ein aktuelles Beispiel dafür ist Dein Umgang mit Eurer Schwester Annemie. So fast brutal, wie Du derzeit gegen sie vorzugehen beabsichtigst, finde ich nicht gut. Sie neuerdings in unserem Umfeld nur noch die protzige Frau Meier zu nennen und ihren Ueli einen willfährigen Schlappschwanz, das fällt auch auf Dich zurück, denn sie sind nun mal unsere nächsten Verwandten. Auch ich komme nicht gut mit den Beiden zu Rande, versuche aber mich zu zügeln, weil ich weiß, wie sehr meine Schwiegereltern unter diesem Zwist leiden. Ich sage damit nicht, dass Du Dir Annemies unverschämte, fordernde Art gefallen lassen sollst, beileibe nicht, aber es geht auch anders.“ Reinhard wurde selten der Spiegel vorgehalten, doch er schluckte es, denn sein besonnener Schwager war ein ehrlicher und ihm gewogener Mensch. Marianne überzeugte ihn anschließend davon, doch wenigstens jener Bitte zu entsprechen, die der Vater demnächst an ihn richten werde. Reinhard war selbst daran gelegen, eine weitere Verstimmung schon seiner Mutter wegen zu vermeiden. Er versprach, noch am Abend bei den Eltern vorbeizuschauen.

Reinhard machte den Eltern mit seinem Kommen eine große Freude. Seit dem Besuch mit Carmen hatte er sich im Elternhaus nicht mehr sehen lassen. Wie immer verwöhnte die Mutter ihren Sohn, denn sie ging davon aus, dass dies künftig nur noch selten möglich sein würde. Es entwickelte sich diesmal ein entspanntes Gespräch, das sich auch um Reinhards bevorstehende Hochzeit drehte. Im Verlauf des Abends brachte Reinhard senior seine Bitte an. Er bat seinen Sohn künftig dem Beirat der Kurklinik anzugehören, und der entsprach des Vaters Wunsch zu dessen unverhohlener Freude. Angeregt von Reinhards Zustimmung wollte der Vater von ihm erfahren, warum er denn nicht als Arzt in ihrer Klinik mitwirken wolle?

Reinhard junior, eingedenk des Rats seines Schwagers, wog seine Worte gut ab: „Papa, bisher hatte ich mich immer um eine klare Antwort herumgedrückt, was ich jetzt nicht mehr will. Mein ursprüngliches Motiv lag darin, dass ich mit Annemie nicht unter einem Dach arbeiten wollte. Bedingt durch unsere Vorgeschichte wären wir, ob ich dies nun wollte oder nicht, immer wieder aneinandergeraten. Dies wäre weder dem Klima in der Klinik bekommen, noch dem in unserer Familie. Heute stellt sich meine Situation aber ganz anders dar. In den letzten Jahren hatte ich immer wieder sehr komplizierte Operationen durchzuführen. Das war jedes Mal eine unglaubliche Herausforderung für mich, aber danach auch überaus befriedigend. Und dieses besondere Erleben, das will ich nicht mehr missen.“ Vater Reinhard musste seinem

Sohn dies zugestehen, wenn auch nicht gerne. Mit Freude hatte er jedoch die vertraute und lange vermisste Anrede Papa vernommen, die seit langer Zeit zu einem distanzierten Vater geworden war.

Reinhards Zugänglichkeit animierte den Vater zu einer heiklen Frage. Er wollte von ihm wissen, welche Vorbehalte er gegen die Klinik als solche hege. Der strich sich erst einmal durch sein Haar, um dann etwas zögernd zu antworten. „Papa, die Bereiche Plastische Chirurgie und Rehabilitation erwerben sich große Verdienste. Sie genießen draußen zu Recht einen guten Ruf. Aber der Bereich „Kosmetische Chirurgie“ passt für mich in seiner jetzigen Form nicht so recht zu unserer Kurklinik. Als Außensteher und ganz normaler Patient würde ich mich an ihm stoßen. Salopp ausgedrückt halte ich diese Art der Kosmetischen Chirurgie, als einen „Reparaturbetrieb“ der Prominenten, Reichen und Schönen, der aber dem Ruf des Ganzen eher abträglich ist. Ich würde diesen Bereich daher auslagern und unter einem eigenen Dach und anderem Namen führen. Derzeit legen doch einige Kantone und Gemeinden ihre Spitäler zusammen. Händeringend suchen die nicht berücksichtigten Kliniken nach einer neuen Nutzung, und sie wären sicher einer „Schönheitsklinik“ gegenüber aufgeschlossen. Die Eigentümer, meist Gemeinden oder Kantone, würden Euch diese vielleicht sogar zu einem symbolischen Preis überlassen. Das wäre allemal besser für sie, als einen Leerstand der Gebäude hinzunehmen. Sie erhoffen sich dadurch sicher auch die Übernahme einiger Arbeitsplätze.“

Sein Vater musste ihm, wenn auch widerstrebend, Recht geben, denn diese Überlegung war ihm auch nicht neu. Bevor sich Reinhard zum Gehen wendete, wurde er noch eine zwiespältig aufgenommene Information los. „Meine lieben Eltern, ich will es Euch als Erste mitteilen. Ich habe einen Ruf als Professor erhalten, dem ich gefolgt bin. Es steht nur noch die abschließende Verhandlung mit der Verwaltung der Universität aus. Soweit der Euch sicher zusagende Teil, der andere wird Euch weniger gefallen. Der Ruf kommt von der Universität Hamburg.“ Seine

Mutter fasste sich zuerst: „Reinhard, ich hatte es geahnt, zu innig war Dein Einvernehmen mit Carmen. Sie als einziges Kind ist die Hoffnung ihres Vaters und wird seine Kanzlei fortführen. Mich trösten nun zwei Gedanken: In unserer Nähe bleiben ja noch Maja, Willi und die Enkel, und Annemie mit Ueli sind auch nicht weit weg. Der andere liegt darin, Zürich und Hamburg liegen nur eine Stunde mit dem Flugzeug auseinander und ich hoffe schon, Euch dann doch ab und an hier zu erleben." „Mama, das wirst Du, denn Carmen wünscht sich dies auch." Auch sein Vater nahm dazu Stellung: „Reinhard, damit tröste ich mich auch. Ich sehe es ja ein, wenn auch schweren Herzens, Deine berufliche Zukunft siehst Du nun mal an der Universität und Dein privates Glück an der Seite Deiner Carmen." Spontan umarmte der gerührte Reinhard seinen Vater, was diesen erfreute. Nach drei entspannten und allen wohltuenden Stunden verabschiedete sich Reinhard von seinen Eltern.

Das Thema Auslagerung des Bereichs Kosmetische Chirurgie beschäftigte Reinhard senior aber danach noch länger. Bislang war dieser Ansatz immer an seiner Tochter Annemie gescheitert, welche die Leitung der ausgelagerten Sparte übernehmen müsste. Damit hätte Annemie ihre bisherige terminliche Gestaltungsfreiheit weitgehend eingebüßt und müsste noch dazu erhebliche Mehrarbeit einbringen. Seine älteste Tochter Annemie war eine anerkannt gute Operateurin, und sie kam bei den anspruchsvollen und vermögenden Klienten bestens an. Dies hatte ihr bisher auch vollauf genügt. Doch mit dem „Aufstieg" zur Chefin einer „Schönheitsklinik" würde sich dies grundlegend ändern. Dabei hatte Annemie an all dem kein Interesse, was außerhalb ihrer engeren Tätigkeit als Ärztin lag. Dies schob sie bisher stets den anderen Ärzten zu oder an die Familie ab, meist an die Mutter. Bestärkt durch die Empfehlung seines Sohnes nahm sich Professor Reinhard Dieffenbach nun vor, diese Auslagerung ernsthaft voranzutreiben. Annemies Vorbehalte sollten ihn nicht mehr davon abhalten. Zu oft hatte er sich in letzter Zeit über sie geärgert, und das nicht nur wegen ihrer geringen Präsenz in der Kurklinik.

Bisher hatte er bei dem ärgerlichen Dauerstreit zwischen ihr und Reinhard weggesehen, ja ab und an sogar Partei von Annemie ergriffen. Dies hatte das Verhältnis zu seinem Sohn zusätzlich getrübt, was er längst bedauerte. Doch nun hatte er auch noch mitbekommen, was sich im Ferienhaus in Porto Ronco gegen Reinhard abspielte. Seine Frau Karin wollte ihm dies nicht länger verschweigen. Seine Annahme, dort hätte sich längst alles eingespielt, erwies sich nun als großer Irrtum, was ihn erzürnte. Und es war wirklich ein starkes Stück, was sich dort abgespielt hatte. Annemie und Ueli hatten mutwillig Reinhards Eigentum beschädigt, nur um ihn wirtschaftlich in die Knie zu zwingen. Als Karin ihm noch die Summe nannte, die Reinhard für diese und andere Reparaturen aufbringen musste, riss ihm der Geduldsfaden. Er musste sich jetzt eingestehen, dass er es unbewusst zwar geahnt, aber verdrängt hatte, doch dies nun mit Fakten hinterlegt zu bekommen, ließ ihn jetzt Reinhards Partei ergreifen.

Schon damals, als seine älteste Tochter das Testament ihrer Großmutter erfolglos angefochten hatte, hätte er eingreifen müssen. Annemie war nie damit einverstanden gewesen, dass ihr Bruder das Ferienhaus geerbt hatte. Sie sah auch nicht ein, dass der Wert des von ihr geerbten Tessiner Geschäftshauses mit der Apotheke weit höher war als der des Ferienhauses. Weil Annemie das Ferienhaus immer am meisten genützt hatte, leitete sie daraus ab, dass ihr auch noch dieses Erbe zustehen würde. Offenkundig hatte sie nie aufgegeben, und versucht, ihren vermeintlichen Anspruch auf anderem Wege doch noch durchzusetzen. Annemies Verhalten war schäbig und unwürdig. Darüber würde er mit Annemie deutlich reden müssen und ihr auch klar machen, dass er auf Reinhards Seite stand. Er wollte Annemie außerdem vorschlagen, sich am Lago Maggiore selbst ein Haus zu kaufen, über die Mittel dafür würden sie und ihr Ueli ja reichlich verfügen. Danach kam er wieder zurück auf die Idee der Auslagerung des derzeit von ihr geleiteten Bereichs. Wenn seine älteste Tochter nicht dazu bereit sein sollte, die alleinige Leitung der Schönheitsklinik zu übernehmen, würde er ihr eben einen ärztlichen Kollegen zur Seite stellen müssen. Einen der auch über Kompetenz in Verwaltung und Management verfügte.

Wandlung

Im edlen Wartezimmer eines gesuchten deutschstämmigen Zahnarztes im Zentrum von Madrid saß Conchita Seguin, die einst Conradi hieß. Sie ergriff ein obenauf liegendes deutsches Magazin und blätterte darin. Sie suchte nach dem vorne angekündigten Bericht zu einer besonderen Kunstausstellung, doch sie blätterte dann etwas zu weit. So kam es, dass sie rein zufällig bei jenem Artikel hängen blieb, der eine junge Frau zeigte, die ihrer Tochter ähnelte. Als sie den Text darunter näher betrachtete, dämmerte es ihr, das war ja gar keine Fremde, sondern tatsächlich ihre Carmen. Was hatte das zu bedeuten, wieso kam ausgerechnet ihre Tochter in diesem weit verbreiteten Deutschen Magazin vor?

Bevor sie sich weitere Gedanken machen konnte, unterbrach die Sprechstundenhilfe ihre Lektüre. Eine vor Conchita Seguin angemeldete Patientin habe nämlich abgesagt und so rücke sie an deren Stelle. Frau Seguin fragte die junge Helferin, ob sie dieses immerhin doch schon zwei Wochen alte Magazin mitnehmen dürfe? Mit dieser Frage brachte sie die Assistentin des Zahnarztes etwas in Verlegenheit, denn das war die Sache ihres Chefs. Daher wollte sie genau wissen, weshalb Frau Seguin diesen Wunsch habe? Als sie erfuhr, in einem Artikel des Magazins sei Frau Seguins Tochter abgebildet, wurde sie neugierig und fasste kurz nach. „Gewappnet“ mit dieser Information ging sie wieder hinaus, kam aber sofort wieder zurück. Nach Rücksprache mit dem Zahnarzt durfte sie Frau Seguin das Blatt überlassen. Zugleich bat sie die Patientin in eines der Behandlungszimmer.

Conchita Seguin, den Zahnarztes erwartend, saß auf dem „Marterstuhl“ und brachte das Bild nicht mehr aus dem Kopf. Ihre Carmen und ein anscheinend begnadeter Chirurg wurden hier als Brautpaar bezeichnet. Wollte der Journalist damit nur seinen Bericht mit einer „Lovestory“ anreichern, wie dies ja häufig der Fall war? Oder sollte vielleicht doch etwas Wahres dran sein?

Vielleicht würde sich das ja aus dem Artikel ableiten lassen? Aber noch musste sie sich etwas gedulden und „zwang“ sich, über ihr Verhältnis zu Carmen nachzudenken. Der Begriff Verhältnis war dabei allerdings nicht ganz zutreffend. Carmen war ihr schon als Kind irgendwie fremd gewesen. Ihre Tochter hatte sie damals als ein stilles, liebes und viel zu angepasstes Kind wahrgenommen. Dann waren Jahre vergangen, in denen beide sich kaum gesehen hatten. Konnte aus einer eher grauen Larve mehr als eine dieser langweiligen „feinen“ jungen Damen aus „gutem Hause“ werden? Eine, die zwar durchaus attraktiv war, aber auch das „brave“ Temperament eines Kaltblüters besaß. Sich ihre Carmen als eine leidenschaftliche und sehr verliebte Frau vorzustellen, schaffte sie nicht. Aber was wusste sie schon von diesem Kind, das sie geboren hatte, und das ihr immer fremd geblieben war?

Weiter kam sie vorläufig nicht bei ihrem Nachdenken, denn der Zahnarzt betrat den Behandlungsraum, und sprach Frau Seguin auf Deutsch an. Ohne es zu realisieren, antwortete sie ihm in dieser „Barbarensprache“, so verächtlich hatte sie einst die Deutsche Sprache bezeichnet. Diese war inzwischen, wie auch Conchitas ganze Zeit in Deutschland, ein Teil des Schlussstrichs geworden, den sie unter ihre Vergangenheit in diesem kühlen Land ziehen wollte, aber seit einiger Zeit doch begonnen hatte, anders zu bewerten. „Frau Seguin, ich ahnte gar nicht, dass Sie so gut Deutsch sprechen. Das erklärt natürlich Ihr Interesse an diesem Bericht. Ich selbst habe ihn auch gelesen. Diesem jungen Chirurgen stand wohl das Glück des Tüchtigen zur Seite. Meine Helferin sagte mir, dass hier auch Ihre Tochter mit im Spiel war. Frau Seguin, wie kommt das?“ Wohl oder übel musste sie nun eingestehen: „Die junge Dame, die dort neben dem Arzt erscheint, ist meine Tochter Carmen. Ich habe viele Jahre in Hamburg zugebracht, bevor es mich wieder nach Madrid zurückgezogen hat. Meine Tochter blieb damals bei ihrem Vater zurück. Seitdem haben wir zumeist nur noch telefonischen und brieflichen Kontakt.“ In dieser Aussage fehlte dem Zahnarzt das Wörtchen leider oder wenigstens ein leises Bedauern. Daher beließ er es einfühlend dabei, und nahm seine zahnärztliche Tätigkeit auf.

Während der Behandlung wendete sich Conchita gedanklich wieder ihrer Tochter zu. Carmen hatte ihr zwar einige Male geschrieben, da sie selbst ihr jedoch nie geantwortet hatte, wurden diese Lebenszeichen seltener. Allerdings war ihr vor einigen Tagen wieder einmal ein Brief von Carmen zugegangen, den sie jedoch bisher nicht geöffnet hatte. Wäre ihr heute dieser Pressebericht nicht untergekommen, dann hätte sie ihrer Tochter vermutlich auch weiterhin kaum einen Gedanken gewidmet. Diesen Bericht hätte Conchita Seguin jetzt zwar gerne lesen wollen, doch er lag unweit, dennoch unerreichbar für sie auf der Ablage neben der Türe. Außerdem wäre dieser Behandlungsstuhl ohnehin ein denkbar ungeeigneter Ort zum Lesen. Sonst hatte sie beim Zahnarzt immer mit ihrer Angst vor seinem Wirken zu kämpfen, doch heute war es anders. Sie konzentrierte sich jetzt mehr auf das, was sie in dem Artikel erwarten würde, und nicht auf die Instrumente des Zahnarztes.

Wieder daheim angelangt, nahm sie das Magazin zur Hand und suchte den Bericht, der ihre Tochter zeigte. Sie blieb allerdings erst einmal bei der Unterschrift eines der Bilder hängen. Carmen Conradi wurde hier tatsächlich als Braut dieses so gerühmten Arztes bezeichnet, und davon hatte sie – immerhin doch ihre Mutter – bisher nichts gewusst. Allzu lange hatte sie alles, was mit ihrer Ehe zusammenhing, verdrängt und von sich weggehalten. Der Preis dafür war aus ihrer heutigen Sicht allerdings sehr hoch, denn damit hatte sie auch den Zugang zu ihrer Tochter verloren. Sie, Conchita, hatte sich bislang fast verbissen hinter ihrer Kunst versteckt, und diese an die Stelle ihrer Familie gesetzt. Nachdem vor einem Jahr die Beziehung zu ihrem Künstlerfreund zerbrochen war, fühlte sie sich immer einsamer. Dies konnte auch der jetzt häufigere Kontakt mit ihren Eltern nicht ausgleichen, zumal diese unentwegt versuchten, sie in ihre ehelichen Zwistigkeiten hineinzuziehen. Zu lange hatte Conchita dabei mitgemacht, dafür aber nichts als ihren Groll geerntet. Seit sie darauf verzichtet hatte, ging es ihr besser. Doch dies war nicht der einzige Grund für ihre veränderte Stimmung, doch davon später.

Sollte es stimmen, was in dem Bericht des Magazins stand, hatte ihre Carmen tatsächlich einen besonderen Mann gefunden. Einen Mann, von dem sie, die Mutter, bisher nichts erfahren hatte, was sie nun bedauerte. Wie hatte Carmen diesen Chirurgen aus Zürich kennen gelernt? Das hätte sie schon zu gerne gewusst, und nun auf einmal auch noch einiges mehr zum Werdegang ihrer Tochter. Vor einigen Monaten hätte sie sich vielleicht über ihr wieder aufgeflammtes Interesse an ihrer Familie geärgert. Doch was war jetzt? War es nur eine begreifliche Neugier, oder was sonst hatte sie plötzlich überwältigt? Selbst der Hinweis auf Hinrich, dessen Anteil am Erfolg, wie seine Hilfsbereitschaft, taten dem keinen Abbruch.

In dieser Verfassung war sie nun auch in der Lage, den Brief ihrer Tochter zu lesen.

„Meine liebe Mama,

wir hatten leider lange Zeit keinen Kontakt mehr zueinander, was ich sehr bedauere, denn Du bist und bleibst doch meine Mutter. Ich hoffe und wünsche, dass es Dir in jeder Hinsicht gut geht und Du mit Deinem künstlerischen Tun Erfolge feiern kannst.

Da sich mein Leben bald grundlegend verändern wird, will ich Dich von dieser Veränderung nicht ausschließen. Mama, stell Dir vor, ich werde in Kürze heiraten, denn ich habe einen besonderen Mann kennen und lieben gelernt. Mein Reinhard ist ein herzlicher und kultivierter Mann, der mir innig zugetan ist. Und das ist mir das Wichtigste.

Mein künftiger Mann ist ein echter Schweizer und noch dazu ein tüchtiger Arzt. Er wird als Professor an die hiesige Universität berufen. Er hat den Ruf aber nur deshalb angenommen, weil ich in Hamburg lebe und beruflich dort vor Anker liege. Diesen für ihn recht schweren Schritt hat er nur aus Liebe zu mir unternommen. Neulich kam sogar in einem angesehenen Magazin ein Bericht über ihn. Daraus darfst Du entnehmen, dass ich nicht nur sehr verliebt in ihn bin, sondern auch mächtig stolz auf Reinhard.

Er kennt die bedauerliche Trennung meiner Eltern, würde Dich aber dessen ungeachtet gerne kennen lernen. Uns beiden wäre es natürlich am liebsten, wenn Du zu unserer Hochzeit kommen könntest. Unser Hochzeitstermin ist der 17. September. Sobald die Hochzeitsanzeige gedruckt ist, wirst Du eine Karte erhalten.

Deine Tochter Carmen, die noch immer viel an Dich denkt und Dich noch immer sehr vermisst."

Also doch, ihre Carmen und dieser Schweizer Chirurg waren tatsächlich ein Brautpaar. Sie wusste dank des Artikels nun auch, dass er Reinhard Dieffenbach hieß, und nicht nur ein guter Arzt sein musste, sondern auch ein mitfühlender Mensch. Wenn ihre Carmen solch einen besonderen Mann für sich interessieren konnte, sprach dies sehr für sie. Aus ihrer Tochter musste also doch eine attraktive und sicher auch liebenswerte junge Dame geworden sein. Von wegen eine langweilige Person, da musste sie sich schon weit besser entwickelt haben. Widerstrebend konnte sie sich das eingestehen und zugeben, dass sie ihre Tochter wieder sehen wollte. Und Carmens Mann Reinhard natürlich auch. Sollte sie dieser lieben Einladung nachkommen und die Hochzeit ihrer Tochter miterleben? Wie würde es Hinrich aufnehmen, der Mann, von dem sie sich im Zorn getrennt hatte?

Noch konnte sie sich nicht entscheiden. Die mit Bedenken beladene Waagschale schwankte auf und ab, die Zungen pendelten um das Gleichgewicht. So verhielt es sich auch mit der anderen Schale, die ihre offenbar nicht erloschenen Gefühle zu ihrer Carmen, aber auch ihre Neugierde enthielten. Und da war noch

Hinrich, an den sie in letzter Zeit öfters denken musste als ihr lieb war? Sollte sie darüber mal mit ihren alten Eltern reden? Das war bestimmt keine gute Idee, denn die schoben doch auch alle Schuld an der Trennung dem Schwiegersohn zu. An deren negativer Einstellung hatte allerdings sie, Conchita, den größten Anteil. Denn sie selbst hatte ihre Eltern mit ihren Animositäten „gefüttert“ und davon die Enkelin Carmen nicht ausgenommen. Gerne wollte Conchita an diesem sie aufwühlenden Tag mit jemandem über diese Dinge sprechen, doch fiel ihr niemand ein. Ihre Freundinnen waren alle mit anderen Angelegenheiten beschäftigt oder versanken in Familienproblemen. Wegen der überall sichtbaren Wirtschaftskrise in Spanien beherrschten die Alltagssorgen zunehmend das Denken der Menschen. Viele ihrer Kinder waren arbeitslos und hatten keine berufliche Perspektive. Oft blieb ihnen gar nichts anderes übrig, als wieder in die elterliche Wohnung zurückzukehren, um überhaupt überleben zu können. Sie, Conchita Seguin, lebte doch längst in einer anderen Welt, fern von deren materiellen Sorgen und familiären Schwierigkeiten. Zwar hätte sie von ihrer Kunst nicht leben können, aber sie bekam ja auch jeden Monat eine großzügige Überweisung aus Hamburg.

Lange hatte Conchita jeden aufkeimenden Gedanken an ihre Hamburger Zeit unterdrückt, doch auf einmal hatte sie diese Stadt wieder vor Augen. Dort war sie einst eine beachtete und auch beneidete Frau gewesen, die an der Seite des sehr angesehenen Hinrich Conradi Aufsehen erregte. Sie lebte frei von Sorgen und doch plagte sie das Heimweh nach Spanien und allmählich auch die Langeweile. Hinrich verwöhnte sie damals und verwehrte ihr eigentlich keinen Wunsch. Er war, und das gestand sie sich nun ein, ein wirklich feiner Herr und ein echter Kavalier. Verglich sie ihn im Rückblick mit ihrem Ex-Liebhaber, dann stand mit Pablo das Bild eines typischen spanischen Machos und ausgemachten Schmarotzers vor ihr. Von wegen fürsorglich und auf ihr Wohlergehen bedacht! Pablo kannte nur sich, überließ sich seinen Launen und frönte seinen Bedürfnisse. Anfangs fand sie das Verhalten des zehn Jahre jüngeren Mannes ja noch aufregend, und sie hielt es für sein spanisches Temperament. Doch als sie ihn dann mit einer jungen Künstlerkollegin ertappte, hatte er bei ihr ausgespielt. So etwas wäre bei Hinrich undenkbar gewesen, das hätte dessen Ehrgefühl niemals zugelassen. Ob sie es wollte oder nicht, sie fing nun an, die starken Seiten ihres immer Noch-Mannes anzuerkennen. Warum Conchita all die Jahre so fixiert war auf Hinrichs Eigenschaften, die sie störten und seine wirklichen Stärken so wenig sehen wollte, verstand sie heute auch nicht mehr. Er hatte sie auf seine etwas unterkühlte, aber doch zärtliche Weise geliebt, war auf ihr Wohlergehen bedacht gewesen und hatte ihr große Freiheit gelassen, und trotzdem war sie einfach weggelaufen.

Betrachtete sie ihr derzeitiges Leben so objektiv wie es ihr möglich war, dann musste sie einräumen, es war keineswegs das, was sie sich davon versprochen hatte. Sie lebte allein in einer großen Wohnung, betäubte sich mehr schlecht als recht mit ihrer Kunst. Doch eines vermochte diese nicht, sie spendete ihr weder Nähe noch menschliche Wärme. Mit noch so kreativem Schaffen konnte sie ihre Einsamkeit nicht mehr vertreiben. Seit sie sich mehrmals im Corolla-Museum aufgehalten hatte, befielen sie auch immer mehr Zweifel an ihrem künstlerischen Können. Joaquin Corolla verstand es, in seinen Bildern so gut das pralle Leben einzufangen, er spielte auf faszinierende Weise mit dem besonderen Licht am Meer. Das hätte sie selbst auch gerne gekonnt. Sie musste sich aber nach vielen Versuchen, so zu arbeiten, sehr ernüchtert eingestehen, dass ihr dazu die handwerkliche Grundlage einer akademisch ausgebildeten Malerin fehlte. Aber nicht nur an dieser mangelte es ihr, sie sah sich auch außerstande, das Essentielle des Betrachteten zu erfassen. Was auch immer sie versucht hatte, es ging über eine quasi fotografische Wiedergabe nicht hinaus, und das war eine höchst traurige Erkenntnis für sie.

Ließ sie ihre in Madrid verbrachten Jahre Revue passieren, entlarvten sich ihre Vorstellungen von der Heimat weitgehend als

Illusion, wenn nicht gar als Selbstbetrug. Diese Einsicht hatte sie lange verdrängt und ihr überhöhtes Spanienbild auch dann noch gehätschelt, als es immer haltloser wurde. Unmerklich nisteten sich in ihre Gedanken immer mehr Bedenken ein. Dabei hatte sie doch in Hamburg ihre Heimat Spanien so sehr vermisst und die Erinnerung an diese vergoldet. Sie hatte sich nur schwer von der Illusion lösen können, alles sei dort noch so schön wie einst in ihrer Kindheit und Jugend. Sah man von gewissen Bereichen der Innenstadt ab, war Madrid längst zu einer lärmenden, hektischen Megastadt geworden. Viele Stadtviertel waren inzwischen gesichtslos, sie unterschieden sich kaum mehr von denen anderer Großstädte. Die große Krise war überall spürbar, hatte sich wie zäher Nebel über die Stadt und die Herzen der Menschen gelegt. Conchita mied zunehmend die Innenstadt, die von ihr einst als Nabel der Welt angesehen wurde.

Dann war da noch die Illusion, der sie sich bei ihren lieben Eltern hingegeben hatte. Auch hier hatte sich bald Ernüchterung eingestellt. Was sie bei Mutter und Vater für Temperament und Spanische Lebensart gehalten hatte, sah sie heute ganz anderes. Ihre Eltern waren ein disziplinloses, egoistisches und streitsüchtiges altes Ehepaar. Anfangs entschuldigte Conchita deren „verrücktes“ Verhalten noch mit ihrem zunehmendem Alter, doch damit belog sie sich nur weiter. Es war wohl nie anders gewesen! Ihre Eltern konnten weder miteinander leben noch ohne einander. Den anderen zu provozieren, um ihn aus der Reserve zu locken, das war ihnen in Fleisch und Blut übergegangen. Noch etwas stieß Conchita ab, und das je länger, je mehr: Hinrich Conradi kam immer noch für die Nebenkosten und Reparaturen des Hauses ihrer Eltern auf, auch bezogen diese eine auskömmliche Rente, und trotzdem gingen sie ihre Tochter wiederholt um Geld an. Bei solchen Gedanken konnte Conchita immer klarer sehen, dass im Verhalten der Eltern teilweise ihr eigenes zu erkennen war. Diese fürwahr unbehagliche Erkenntnis konnte Conchita nur mit fremder Hilfe gewinnen.

Seit einem Jahr suchte Conchita nun schon einen erfahrenen Psychotherapeuten auf, um mehr Klarheit über sich zu bekommen und ihr Leben besser meistern zu können. Anfangs ließ sie nur wenig an sich heran, doch der Therapeut fand allmählich den Zugang zu ihr. Nur langsam konnte sie ihren eigenen Anteil an der quälenden Unzufriedenheit erkennen, die sich als Jammern auf hohem Niveau darstellte. Wer nur bei den anderen die Schuld für die eigenen Probleme suche, der mache es sich viel zu einfach. Nie sagte er das direkt, er ließ Conchita selbst die Schlussfolgerungen ziehen. Langsam war ihre Einsicht gewachsen, sie erlebte nun diese Stunden als Hilfe zur Selbsthilfe und konnte sich immer mehr öffnen. Mit jeder Sitzung brach wieder ein Stück ihres Selbstbetrugs weg. Dies verschaffte ihr die Chance, das eigene Dasein und die ängstlich verdrängte deutsche Vergangenheit klarer zu betrachten. Erst spät im Verlauf der Sitzungen befassten sie sich mit ihrer Ehe und der von ihr ausgegangenen Trennung.

Als sie danach die Praxis wieder verlassen hatte, wirbelten ihre Gedanken. Nicht Hinrich hatte die Trennung zu verantworten, so wie sie sich immer eingeredet hatte, sondern sie selbst. Egoistisch und streitsüchtig hatte sie darauf zugearbeitet, ihn vor sich und ihren Eltern als den Alleinschuldigen an den „Pranger“ stellen zu können. Wie hatte es der Therapeut noch zu ihr gesagt? „Conchita, das Bild, das Sie nun erstmals ohne Schuldzuweisung vor mir entstehen ließen, zeigt mir einen noblen Mann, einen, der es nicht verdient hat, derart kränkend von Ihnen behandelt zu werden! Oder sehe ich das falsch?“ Illusionen zu züchten und die selbst verschuldete Einsamkeit allein Hinrich anzulasten, das fand sie nun ihm gegenüber als unfair, ja sogar „schofel“.

Sie selbst war es, die mit dem plötzlichen Umschwung in ihrem Leben nicht fertig geworden war. Sie wollte doch immer reich sein, und noch dazu eine feine schöne Dame. Doch damit umzugehen, das war eine andere Sache und es bedurfte des behutsamen Hineinwachsens in diese Welt. Hinrich, der dieser entstammte, hatte ihr dabei liebevoll und voller Verständnis geholfen, was sie anfangs gerne angenommen hatte. Irgendwann in ihrer Hamburger Zeit lehnte sie sich dagegen auf. Hinrichs fürsorgliche Unterstützung und Ermutigung erlebte sie auf einmal als Bevormundung ihres Mannes. Zu dieser falschen Sicht hatten damals die Gespräche mit den frustrierten Frauen aus der Kunstszene viel beigetragen. Sie, Conchita, tappte damals, ohne es realisieren zu können, aus einer Abhängigkeit in eine andere. Lag sie denn falsch damit, dies im Rückblick als Neid oder falsch verstandene Emanzipation zu bewerten? Wie nahm sie es nun dank der Unterstützung durch den Therapeuten wahr? Wie war ihr Verhalten nach der Geburt ihrer Tochter Carmen zu sehen?

Parallel zu den Einzelstunden hatte ihr der Therapeut angeraten, sich doch einer Gruppentherapie bei einem erfahrenen Kollegen zu unterziehen. Davon zwar nicht überzeugt, aber dank der bisher gewonnenen Einsicht entschloss sie sich letztlich zu diesem Schritt. Drei Paare und vier Einzelpersonen umfasste diese neu gebildete Gruppe. Mit zwei Ausnahmen – eine davon war sie selbst – entstammten die Teilnehmer einer gehobenen Gesellschaftsschicht. Das manifestierte sich nicht so sehr in den großvolumigen ausländischen Autos, die im Hof parkten, als vielmehr an deren gelassenem Auftreten und ihrer gewählten Sprache. Anfangs beeindruckte deren elitäres Gehabe Conchita, schüchterte sie ein und erinnerte sie an die diesbezüglichen Hemmungen ihrer Jugendzeit. Da der Therapeut jedoch keinen der Runde ausließ, musste sie sich der Gruppe stellen, was ihr anfangs schwer fiel. Aber sie hatte sich nun mal vorgenommen, mindestens fünf Stunden durchzuhalten. Wodurch wurde sie denn derart verunsichert und in die Defensive getrieben? Solch geschickt verpackte, aber auch direkte Fragen und elegant angebrachte Anwürfe, das kannte sie aus ihrer Welt nicht. Mit ihren Eltern ging sie anders und weit „gröber“ um. Doch Conchita hielt durch, was auch daran lag, dass bei den anderen Herrschaften so allmählich die vornehmen Fassaden bröckelten. Erstaunt stellte Conchita fest, dass hinter diesen sehr wohl so einiges nicht in Ordnung war. Nach einigen Monaten verschonten sich die inzwischen miteinander vertrauten Leute nicht mehr, wovon dann auch Conchita nicht mehr ausgenommen wurde.

In einer dieser Sitzungen kam es knüppeldick für Conchita. Und diese Vorwürfe hatten es wahrlich in sich. Sie sei steckengeblieben zwischen ihrem einfachen Herkommen und dem durch Heirat erreichten Stand, wurde ihr gesagt. Ein anderes Mal musste sie sich anhören: „Wenn der Bettler aufs hohe Ross steigen darf, dann ist er nicht mehr zu halten, er vergisst sogleich, dass er zuvor allenfalls auf einem Esel geritten ist." Eine elegante Frau warf ihr an den Kopf: „Conchita, bei Dir ist doch vieles Tünche und Schein. Manchmal kommt es mir vor, als prägten Dich immer noch kindliche Verhaltensweisen und nicht die von Erwachsenen. Du hast zwar durch Deine Heirat einen materiellen Höhenflug angetreten, bist dabei gesellschaftlich aufgestiegen, aber nicht mitgewachsen. Als „Gegenleistung" hast Du neben Deinem guten Aussehen Deine Launen eingebracht. Du kannst doch nicht Dein Leben lang die Verhaltensmuster Deiner Kindheit und Jugend beibehalten!" Auf ihre Rückfrage, was sie darunter zu verstehen habe, gab es von anderer Seite eine harte Antwort. „Du bist noch immer, obwohl Du das uns gegenüber zu verbergen trachtest, disziplinlos und nur bedingt fähig zur Einsicht. Kompromisse einzugehen hast Du nie gelernt, obwohl dies zu jeder guten Partnerschaft gehört. Du machst Deine Unzufriedenheit noch immer an Deinem Ehemann fest. Dabei scheint der ein kultivierter Mensch zu sein und doch muss er nach wie vor Dein Sündenbock sein."

Immer wieder hielt die Gruppe Conchita den Spiegel vor. Sie musste nun auch noch hinnehmen, dass sie alles in der eigenen Hand hielt und es dann launenhaft verspielt habe. „Conchita, wer sich dermaßen egoistisch verhält und nur noch seinen eigenen Bedürfnissen nachgeht, der hat im Leben nichts gelernt und auch nichts begriffen. Die Ehe bedeutet doch ein permanentes Geben und Nehmen. Aber stattdessen hast Du auf einmal die „große" Künstlerin gegeben. Du hast Mann und Tochter gezwungen, darauf Rücksicht zu nehmen. Conchita, was Du uns gegenüber als Selbstverwirklichung bezeichnest, das sehe ich ganz anders. Du hast Dich versteckt hinter Deiner Kunst, das gab Dir dann die wohlfeile Möglichkeit, Dich allem anderen zu entziehen. So konntest Du auf einmal das tun und lassen, was Dir gerade in den Sinn kam. Ungeniert hast Du Deinem beruflich belasteten Mann noch mehr aufgebürdet, und Dich so Deinen täglichen Pflichten entzogen. Und dann beklagst Du Dich, dass Dein Mann eine viel bessere Beziehung zu Eurer Tochter gefunden hat. Das ist doch Chuzpe! In welcher Welt lebst Du denn? Auf einmal wolltest Du weder Mutter noch Ehefrau sein und stattdessen der Kunst „dienen“. Das hat die Kunst nicht verdient, und Deine Familie, die Du schmählich im Stich gelassen hast, schon gar nicht!“ Manolo hatte ihr dies vorgehalten, ein sonst so liebenswürdiger Zeitgenosse. Damit hatte Conchita nicht gerechnet, und musste deswegen mit den Tränen kämpfen. Der Therapeut griff dieses Mal nicht ein, denn ihm war wohl bewusst, dass eine Abmilderung des Gesagten hier der falsche Ansatz war. Conchita sollte nicht schon wieder jenen Weg einschlagen können, der sie aus dem so deutlich aufgezeigten egoistischen Verhalten und des Selbstbetrugs entwischen ließ. Ob während dieser Sitzung endlich die harte und verkrustete Schale um Conchitas Selbsterkenntnis geknackt wurde?

Nie zuvor hatte Conchita derartige Vorwürfe über sich ergehen lassen müssen, wobei sie sich diesmal korrigierte. Sie hatte es nicht über sich ergehen lassen, und sich danach auch nicht geschüttelt wie ein Hund nach dem Regen. Dies waren leider ehrliche Aussagen von Menschen, die sie nun seit einiger Zeit erlebt hatten, und die sich schon aufgrund ihrer eigenen Problembearbeitung ein Urteil zutrauten. Conchita war mürbe geworden, sie wollte endlich auch rauskommen aus diesem selbstverschuldeten Teufelskreis. Dazu musste sie sich denen stellen, die ihr dabei helfen konnten. Nun war sie auch bereit, der Gruppe einzugestehen, dass sie bereits in Hamburg einen Geliebten hatte, der ihr dann nach Madrid gefolgt war. Zu ihrem

Erstaunen nahm die Gruppe dies gelassen hin. Es gab nur die eine Bemerkung: „Conchita, das bestätigt doch nur noch das, was Manolo beim vorletzten Mal versucht hat, Dir nahe zu bringen. Mich interessiert jetzt weit mehr, welche Schlüsse Du daraus gezogen hast? Fährst Du nun zur Hochzeit Deiner Tochter oder nicht?“

„Ich weiß es nicht? Einerseits würde ich sie gerne sehen, andererseits fürchte ich aber die Reaktion meines Mannes. Ihr habt mir ganz zu Recht vorgeworfen, dass ich ihm vieles angetan und seine Liebe zu mir mit Füßen getreten habe. Mich lähmt daher die Angst vor ihm und seiner Reaktion.“ Wieder war es Manolo, der das Wort ergriff: „Conchita, Feigheit hat auch etwas mit Egoismus zu tun. Daher musst Du sie überwinden, auch zum bitteren Preis einer Zurückweisung durch Deinen Mann. Ich an Deiner Stelle würde meiner Tochter zusagen und zu ihrer Vermählung fahren. Wenigstens in der Kirche solltest Du dabei sein, das kann Dir niemand verwehren! Ich kann mir aber vorstellen, dass Dein Mann als ein Gentleman alter Schule ganz anders reagieren wird, als Du es in Deiner Angst vor Zurückweisung befürchtest. Wage den Schritt, sei mutig und warte ab, was sich ergibt!“ Dieser Empfehlung schlossen sich alle Gruppenmitglieder an. Noch am selben Abend griff sie zum Telefon und erreichte ihre Tochter. An Carmens riesiger Freude konnte sie erkennen, wie willkommen sie ihr bei der Hochzeit war. Doch wie Hinrich, ihr Mann ihr begegnen würde, war noch offen.

Einige Tage danach erhielt Conchita einen Anruf ihres Galeristen. „Frau Seguin, heute hat sich ein vornehmer Herr Ihre Bilder angesehen, er würde gerne noch andere Arbeiten von Ihnen sehen. Wäre es Ihnen denn heute noch möglich, ihn zu empfangen?“ Conchita, die schon länger kein Bild mehr verkauft hatte, stieg sogleich darauf ein. Der Herr könne jederzeit kommen, sie sei zuhause und würde ihn dort erwarten. Eine knappe Stunde später ertönte die Klingel und ein Mann mit breitem Hut kam die Treppe herauf. Conchita war es nicht möglich, ihn von oben zu erkennen. So wie es die Sitte gebot, zog sie sich wieder in ihre Wohnung zurück und erwartete gespannt den angekündigten Interessenten. Wer war dieser Herr, der sich für ihre Bilder interessierte? Ob er wirklich eines kaufte?

Als sie auf dessen Klopfen hin die Türe öffnete, blieb sie wie vom Donner gerührt stehen. „Hinrich, Du“ stammelte sie und brach in Tränen aus. Was sie nie und nimmer erwartet hatte, Hinrich nahm sie in die Arme und küsste sie auf die feuchte Wange. Schluchzen erschütterte Conchita, es tat ihr so gut, dass Hinrich sie in seinen Armen hielt. Unbewusst hatte sie sich nach diesen starken und liebevollen Armen gesehnt, nun brachen sich diese so lange unterdrückten Gefühle ihre Bahn. Conchita musste also keinen Gang nach Canossa antreten, und auch zurück in Hamburg keine Angst vor seiner Reaktion haben. Es kam ihr vor, als hätte ein langer Albtraum ein glückliches Ende gefunden. „Mein lieber Hinrich, was bist Du nur für ein besonderer Mann, und ich habe Dich so enttäuscht und gekränkt. Das bereue ich inzwischen zutiefst. Lange war ich zu feige mir das einzugestehen und den ersten Schritt zu machen, und dann stehst Du plötzlich vor mir. Hinrich, kannst Du mir denn das, was ich Dir angetan habe überhaupt verzeihen?“ Noch immer sagte er nichts, beugte sich stattdessen zu seiner Frau herunter und küsste sie liebevoll. Conchita wusste weder wie ihr geschah, noch bekam sie so richtig mit, dass sie diesen Kuss leidenschaftlich erwidert hatte. Sie ließ endlich ihren Gefühlen freien Lauf und fühlte sich dabei nicht nur wohl, sie war einfach froh und glücklich. Ihr war auf einmal so, als ob diese langen Jahre der Trennung wie weggewischt, und auch ihr egoistisches Verhalten ohne Belang waren. Heißes Verlangen nacheinander packte die Eheleute, dem sie nun lustvoll und ohne Umwege nachgeben konnten.

Die ältere Schwester

Annemie Meier, geborene Dieffenbach spielte mit ihren beiden Hunden auf der Terrasse ihres luxuriösen Hauses. Sie war das, was man landläufig eine schöne Frau nennt, eine, die alle Blicke auf sich zog. Die blonde Frau mit den blauen Augen in einem ebenmäßigen Gesicht und einer makellosen Figur, kannte und genoss ihre Wirkung auf andere. Annemie war kultiviert und konnte unglaublich charmant sein. Sie war gebildet und kam überall gut an. Als bekannte Chirurgin gehörte sie zu den oberen Zehntausend von Zürich. Von Kind an stand Annemie immer im Mittelpunkt und genießt das noch heute. Durch ihre Heirat mit dem Unternehmer Ueli Meier war sie auch zu einer vermögenden Frau geworden, die sich jeden Luxus leisten konnte. Wer Annemie nicht von Kind an kannte, musste diese Frau bewundern. Diese Sonnenseite überstrahlte ihre andere weniger angenehme Schattenseite bei weitem. Annemie konnte, wenn es um ihren Vorteil ging, kalt und berechnend sein, was ihr jedoch selbst nicht bewusst war.

Heute war sie dermaßen vertieft in das Spiel mit ihren Hunden, dass sie die Klingel nicht gehört hatte. Die Haushälterin musste sie deshalb unterbrechen. „Frau Doktor, unser Briefträger hat ein Einschreiben mit Rückschein gebracht, das nur sie selbst unterschreiben können." Etwas unwillig wegen der Störung leistete Frau Doktor die verlangte Unterschrift. Danach ging sie zurück auf die Terrasse. Um das Schriftstück sollte sich Ueli kümmern, so wie auch sonst wenn ihr Mann am Spätnachmittag nach Hause kam. Im Moment war er in seine Fabrik gefahren, um dort mit einem der Geschäftsführer etwas zu klären. Es hatte sich bei ihnen so eingespielt, dass Ueli allen Papierkram erledigte und sich auch des Wirtschaftlichen annahm, was er ohnehin gerne machte.

Als der Unternehmer Ueli Meier am Abend die Post öffnete, nahm er sich zuerst das ominöse Einschreiben vor. Konsterniert musste er lesen, dass ein Tessiner Gericht seiner Frau und ihm selbst künftig die Nutzung des gemeinsamen Ferienhauses in Porto Ronco verwehrte. Die Begründung hatte es in sich, stand da doch: Mutwillige Sachbeschädigung des Eigentums von Herrn Dr. Reinhard Dieffenbach. Er, der Kläger, hätte das schlüssig nachgewiesen. In einer Anlage hatte Reinhard alle diese Vorgänge akribisch aufgelistet, darunter auch etliche grobe Verstöße. In zwei besonders gravierenden Fällen wurden die Anklagepunkte zu allem Übel sogar von Zeugen bestätigt. Zum Schluss dieses Bescheids wurde seitens des Gerichts eines herausgestellt: Ein Zuwiderhandeln stelle künftig Hausfriedensbruch dar und würde unweigerlich zur Anzeige gebracht werden.

So ein Mist, der missliebige Reinhard hatte also ihre Versuche, ihn vom Ferienhaus fernzuhalten, gekontert, und das auch noch gerichtlich. Davor hatten Marianne und Willi wiederholt gewarnt, was Annemie aber auf die leichte Schulter genommen hatte. Es war wohl doch ein Fehler gewesen, den ansonsten friedfertigen Reinhard dermaßen zu unterschätzen. Nun hatten sie die Bescherung und allem Anschein nach ihren Kleinkrieg verloren. Bevor er Annemie über diese schmerzliche Niederlage informierte, wollte er das Ganze erst einmal mit seinem Freund und Anwalt Konrad am Telefon besprechen.

Konrad Ebner konnte es erst einmal nicht fassen, denn auch er selbst hatte dieses Ferienhaus wiederholt bewohnt. Es entspann sich nun folgender Dialog „Ueli, das ist ja eine Granate, die Ihr so nicht hinzunehmen braucht. Ihr habt doch den versehentlich eingetretenen Schaden am persönlichen Eigentum Deines Schwagers diesem immer ersetzt?“ „Conni, direkt ist das nicht geschehen.“ „Ueli, das ist nicht gut, hoffentlich ist es Euch dann wenigstens in der jährlichen Kostenumlage angelastet worden?“ „Conni, das ist nicht geschehen, denn eine solche Umlage gibt es nicht. Die Kosten hatte bisher alle der Reinhard getragen.“ „Wieso denn das, so viel ich von Euch weiß, kommt der doch gar nicht dazu, das Haus zu nützen, odder? Es ist doch auch nicht logisch, dass ausgerechnet dieser Pauperer alle Kosten Eures Hauses zu tragen hat, odder? Das musst Du mir schon näher erklären." „Conni, das Ferienhaus wird zwar von der ganzen Familie genützt, aber es gehört de jure dem Reinhard. Also muss er doch auch die Kosten tragen, odder?" Darauf ging der Anwalt noch nicht ein und setzte nach. „Ueli, verlangt Dein Schwager von Euch und Euren Gästen eine Miete oder sonst einen materiellen Ausgleich?" „Was meine Schwiegereltern und die Furlers übernehmen, das weiß ich nicht. Annemie und ich wollen nicht anerkennen, dass dieser grüne Weltverbesserer das Haus geerbt hat, daher haben wir bisher jede Zahlung verweigert!" Ueli hörte wie sein Freund am Telefon tief durchschnaufte, bevor er ihm die letzte Hoffnung raubte. „Ueli, ganz im Vertrauen, da seid ihr noch mit einem blauen Auge davon gekommen. Euer Verhalten hätte vor Gericht keinen Bestand. Dein Schwager ist der rechtmäßige Eigentümer und er kann daher nach Belieben über das Haus verfügen. Es ist für Euch natürlich nicht schön, dass er Euch so massiv kommt, ohne zuvor mit Euch geredet zu haben. Aber mit einer Klage würdet ihr Euch selbst ins Bein schießen und alles noch schlimmer machen. Ich rate Euch, erkennt die Tatsache an, dass Euch Dein Schwager nicht zum Schadenersatz gezwungen hat und Euch nur die weitere Nutzung seines Hauses untersagt. Ueli, hier kann ich beim besten Willen nichts für Euch tun!"

Annemie, die von ihrer Schwester vorgewarnt worden war, blieb ruhig als Ueli ihr diese Hiobsbotschaft überbrachte. „Ueli, wir haben das Spiel verloren, ich habe den verdammten Reini wieder einmal unterschätzt. Dabei hätte ich doch wissen müssen, wenn der einmal von der Leine ist, dann kennt der kein Halten mehr. Mit einem solch brutalen Schlag habe ich allerdings nicht gerechnet. Bisher wollte er es aus Rücksicht auf die Eltern doch nicht zum Äußersten kommen lassen. Und jetzt schaltet er sogar ein Tessiner Gericht ein und setzt uns damit schachmatt. Nun können wir nur noch über die Eltern versuchen, den Schaden zu begrenzen." „Wie stellst Du Dir das denn vor, Annemie?" „Wir müssen ihm den Schaden ersetzen, auch wenn mir das gewaltig stinkt. Außerdem müssen wir ihn bitten, uns das Haus zu von uns gewünschten Terminen wieder zu überlassen. Zieht er hier nicht, dann bieten wir ihm an, künftig Miete zu bezahlen oder uns anteilig an den Kosten zu beteiligen. Anders geht es bei diesem Sturkopf sicher nicht. Da er sich das Haus wirtschaftlich doch gar nicht leisten kann, wäre er allerdings saublöd, wenn er darauf nicht einsteigen würde. Wie immer wird mein Papa mir zur Seite stehen und den wild gewordenen Reini unter Druck setzen. Außerdem spielt uns noch etwas in die Karten, was unsere Chancen verbessert. Wenn ich die Eltern richtig verstanden habe, wird Reini nach Hamburg gehen und künftig dort leben. Diesen weiten Weg von Hamburg nach Porto Ronco, den wird er sich dreimal überlegen. Ich gehe zuversichtlich davon aus, dass er bald zur Einsicht kommen wird, dass er sich das Tessiner Haus nicht leisten kann. Allerdings müssen wir dann unser damaliges Übernahmeangebot aufstocken, was mich ziemlich ärgert."

Annemie fand an jenem Abend nicht sofort in den Schlaf, zu sehr wurmte sie diese heftige Niederlage. Sie musste sich eingestehen, dass sie zu hoch gepokert und des Bruders Gutmütigkeit falsch eingeschätzt hatte. Doch was wusste sie überhaupt von diesem ihr immer fremd gebliebenen Bruder? Und war sie überhaupt in der Lage, ihn objektiv zu sehen? Seit sie denken konnte, befanden sie sich in einem „Nichtverhältnis". Was auch immer sie unternommen hatte, um Reinhard zu erreichen, es war ihr nie gelungen. Wie es begonnen hatte, das wusste sie von ihrer Mutter. Statt sich über die Zwillinge zu freuen, erlebte sie, Annemie, diese schon als Fünfjährige als diejenigen, mit denen sie nun teilen sollte. Zum Glück für sie, Annemie, waren die beiden stille und irgendwie zerknittert aussehende Kinder, und sie selbst blieb das allseits beachtete Engelchen. Als blondlockiges Mädchen stahl sie ihren Geschwistern die Schau, man schenkte ihr auch viel mehr Beachtung als den Zwillingen. Aber deren Beachtung wollte sie auch noch haben. Später entzogen sich die beiden Kleinen ihrem Führungsanspruch. Die Zwillinge genügten sich selbst, spielten miteinander und ließen Annemie nicht Teil ihres Spiels sein. Das war sie nicht gewohnt, es ärgerte sie derart, dass sie alles daran setzte, um dieses Duo zu sprengen. Nur klappte das nicht gut, denn Reini beschützte seine Maja und blockte die große Schwester ab. Irgendwann war dieser kleine zähe Kerl dann körperlich sogar in der Lage, sie abzuwehren und die Oberhand zu behalten.

Nach einer solchen Niederlage fasste sie damals einen, aus ihrer heutigen Sicht recht dämlichen Entschluss. Sie bat nämlich zwei körperlich gut entwickelte Freunde darum, den Reini zu verhauen. Das war für die beiden Elfjährigen kein Kunststück, aber sie hatten es übertrieben und den Reini so verletzt, dass der heftig blutete und von ihrem Vater genäht werden musste. Das hatte Annemie nicht gewollt, konnte es aber leider nicht mehr ungeschehen machen. Das Dumme daran war dann nur, dass der sechsjährige Reini nachher einem dieser Freunde auflauerte. Mit einem Stock versetzte er dem Elfjährigen so kräftige Hiebe, dass der „Große“ weinend zu seiner Mutter „floh“. Diese setzte nach, erfuhr nun, dass sich der kleine Reini damit für die ihm zuvor verpassten Prügel gerächt hatte. So erfuhr sie die Vorgeschichte, und diese trug sie ziemlich erbost dann den Dieffenbachs vor. Sie, Annemie, wurde danach von den Eltern zur Rede gestellt, und stritt alles ab. Das hätte sie besser nicht getan, denn nun wurde auch der andere Junge befragt, der die Annemie ebenfalls als Anstifterin verriet. Der heftige Tadel, den sie danach von den Eltern einstecken musste, bekam versehentlich auch der Reini mit. Allerdings kam der auch nicht ungeschoren davon, es ging, wie ihm sein Vater sehr deutlich klar machte, keineswegs an, einen anderen Jungen mit einem Stock zu schlagen. Weil er sich zornig gegen diese Ungerechtigkeit verwahrt hatte, bekam er vom Vater eine Ohrfeige verabreicht.

Seit diesem Vorfall wurde sie von ihrem Bruder als Feindin angesehen, wovon ihn alles Zureden der Eltern nicht mehr abbringen konnte. Mehr als einen Waffenstillstand hatte es seitdem zwischen ihnen nicht mehr gegeben. Hätte sie sich damals bei ihm entschuldigt und nicht ihm, in kindlichem Trotz, den Verursacher der elterlichen Verstimmung gesehen, dann wäre heute vielleicht alles anders. Doch damals ließ es ihr Stolz nicht zu. Konnte sie sich überwinden und ein klärendes Gespräch mit ihm suchen? Nein, diese Kröte wollte sie auf gar keinen Fall schlucken, das ließ ihre Selbstachtung nicht zu. Außerdem lebte Reinhard doch in einer ganz anderen Welt als sie selbst. Bei ihm konnten ihre und Uelis Gäste doch Gefahr laufen, mit sehr unangenehmen Fragen konfrontiert zu werden. Mit solchen Menschen pflegte sie einfach keinen Kontakt. Heute war Reinhard ohnehin nicht mehr sonderlich wichtig für sie, daran würde auch sein künftiger Professorentitel nichts ändern. Als sie davon erfahren hatte, erfasste sie für einen kurzen Moment lang ein Anflug von Eifersucht, doch der legte sich schnell wieder. Mit dem kleinen Einkommen, das er aus seiner neuen Position beziehen konnte, waren auch weiterhin keine großen Sprünge zu machen. Reinhard war und blieb für sie ein Gerechtigkeitsfanatiker, „linker Spinner" und Weltverbesserer. Schläfrig geworden stellte sie sich nun noch vor, wie sie sich bei seiner Hochzeit gefühlt hätte. Wahrscheinlich höchst unbehaglich, denn seine Gäste waren vermutlich einfache Leute, woran selbst die Teilnahme ihrer Eltern bestimmt auch nicht viel änderte. Es passte schon mit ihrer eleganten Absage, dort hätte sie sich sicher nicht wohlgefühlt.

Eine große Überraschung

Reinhard weilte nun schon fast eine Woche in Hamburg. Zwar bemühte er sich Carmen bei den Hochzeitsvorbereitungen zu unterstützen, doch war das gar nicht so einfach für ihn. Immer wieder erlebte er einen gewissen Leerlauf und war deshalb gerne bereit, seinen Schwiegervater vom Flughafen abzuholen. Dort saß er jetzt in der lauten Ankunftshalle und wartete auf das Flugzeug aus Frankfurt, das sich aber etwas verspätet hatte. Dies verschaffte Reinhard die Gelegenheit, über die große Veränderung seines Daseins nachzudenken. Carmen zuliebe hatte er inzwischen den Ruf der Universität nach Hamburg angenommen und dort auch schon seinen Antrittsbesuch gemacht. Sein Vorgänger im Amt zeigte ihm das Institut und die Hörsäle, fuhr mit ihm zum nahen Krankenhaus, um Reinhard mit seinem zweiten Wirkungsbereich vertraut zu machen. Die Kollegen und Ärzte, die er dabei kennen lernte, kamen ihm bis auf eine Ausnahme offen, wenn auch verständlicherweise neugierig entgegen. Das schien sich, zumindest vom ersten Eindruck her auch gut anzulassen, er würde an seiner künftigen Arbeitsstätte jene Rahmenbedingungen vorfinden, die ihm zugesagt worden waren. Was Reinhard durchaus gelegen kam, war, dass er an seiner neuen Wirkungsstätte erst einen Monat nach der Hochzeit erwartet wurde. Dies gab ihm die Möglichkeit, sich in aller Ruhe mit seinem neuen Umfeld anzufreunden.

Der absolute Mittelpunkt seines Daseins war seine künftige Frau Carmen, mit der er fünf Räume in der großen Villa bewohnte. Anfangs musste er sich noch daran gewöhnen, hier kein Gast zu sein, sondern Carmens Mann. In der Wohnung gab es für beide viel Platz, Reinhards Umzugsgut ließ sich hier problemlos verstauen oder aufstellen. Carmen hatte im großen Arbeitszimmer ihrem eigenen Schreibtisch gegenüber einen weiteren stellen und dahinter ein großes Regal platzieren lassen. Hier konnten sie dann, so es nötig werden würde, am Abend und an den Wochenenden ihre privaten Schreibarbeiten erledigen. Carmen hatte hier ihre Dissertation verfertigt, die sie nun abgegeben hatte. Sie ging erleichtert davon aus, in nächster Zeit von Ähnlichem verschont zu sein. Carmen hatte ihre Wohnung renovieren lassen und sie so umgestellt, dass Reinhard sich hier wohlfühlen konnte und seine Bedürfnisse erfüllt wurden. Carmen war sehr bedacht auf seine Wünsche und tat alles dazu, dass er hier heimisch werden konnte. So kam es auch, dass Christians Foto nicht weggeräumt wurde. „Carmencita“ sagte er, „lasse sein Foto bitte hängen. Chrissi ist doch unser „Pfadfinder“, denn ihm verdanken wir, dass unsere Lebenswege zusammengekommen sind!“ Carmen war trotz ihres guten Einvernehmens sehr wohl bewusst, welches große Entgegenkommen Reinhard ihr zuliebe eingegangen war. Wenn sie ihre Heimat Hamburg als Kontrastprogramm zu Zürich und zur Schweiz einstufte, dann lag sie damit sicher nicht falsch. Carmen war durch die tiefe Liebe zu ihrem Reinhard sehr glücklich und hatte dadurch auch an Selbstbewusstsein gewonnen. Eine solch innige Zweisamkeit hatte sie sich zwar immer erträumt und jetzt war sie Realität geworden.

Wie erging es Reinhard in seinem neuen Umfeld? Carmen gab seinem Leben einen neuen Inhalt, was ihm bei weitem das Wichtigste war. Ein Leben ohne sie konnte er sich jetzt überhaupt nicht mehr vorstellen. Mit ihr an der Seite würden sie beide ein erfülltes Leben führen und alle Schwierigkeiten meistern können. Eines musste er sich aber eingestehen, mit Hamburg konnte er erst allmählich warm werden. Er hatte zwar schon einige Erkundungen unternommen, und diese nicht nur zusammen mit Carmen. An Bord eines Sightseeing-Busses hatte er, ganz so wie ein normaler Tourist, das Sehenswerte im Schnelldurchgang vorgeführt bekommen. Die hier obligatorische Hafenrundfahrt unternahm er allerdings mit Carmen, wie auch die überaus beeindruckende Besichtigung der neuen Elbphilharmonie.

Der zweite Glücksfall war sein Schwiegervater, mit dem er sich sofort prächtig verstanden hatte. Hinrich Conradi hatte Reinhard von Anfang an als Sohn akzeptiert, denn seinen eigenen noch ungeborenen Sohn hatte ihm ein ungnädiges Schicksal genommen. Er betonte immer wieder, wie froh er über die Wahl seiner Tochter sei. Reinhard erlebte in ihm einen zweiten Vater, mit dem er sich gerne unterhielt und viele seiner Ansichten teilte. Carmen und Hinrich hatten einen großen Anteil daran, dass ihm Hamburg, diese Weltstadt allmählich besser gefiel, wenngleich es nicht die Intimität des Zürcher Dörfli hatte. Dort draußen, wo sie wohnten, ging es bei aller Vornehmheit recht ruhig zu. Er hatte hier schon eine Laufstrecke entdeckt, auf der er ausgiebig Joggen konnte. Carmen, die dergleichen noch nie gemacht hatte, fand nach den beiden Läufen, an denen sie teilgenommen hatte, dass sie es beibehalten wollte, soweit es sich beruflich machen ließe.

Weiter kam Reinhard bei seinem Rückblick nicht mehr, denn auf der Anzeigetafel erschien die Ankündigung, das erwartete Flugzeug sei soeben gelandet. Reinhard erhob sich, um sich wieder zum Passagierausgang zu begeben. Seinen hochgewachsenen Schwiegervater konnte er schon durch die Glasfront zwischen den Passagieren erkennen. Gleich darauf kam er durch die Tür. Neben ihm ging eine dunkelhaarige Dame. Sollte diese Frau Carmens Mutter sein? Reinhard schalt sich einen Träumer, denn Frau Conradi lebte doch dauerhaft in Madrid und würde höchstens zur Trauung erscheinen. Außerdem hatte sie doch jegliche Verbindung zu ihrer Familie gekappt. Hinrich Conradi freute sich als er Reinhard sah und bemerkte etwas zu seiner Begleiterin. Lächelnd kamen die Beiden auf ihn zu. „Lieber Reinhard, darf ich Dir Deine Schwiegermutter vorstellen!“ Also doch, die Frau neben Hinrich Conradi war tatsächlich Carmens Mutter. Dies war allerdings eine riesige Überraschung, die er erst einmal verdauen musste. Er begrüßte Conchita Conradi daher zwar höflich, aber doch etwas steif, was sie aber nicht zu stören schien. „Du bist also Carmens Mann, ich freue mich sehr, Dich nun leibhaftig vor mir zu sehen. Bisher warst Du mir nur in einem Wochenblatt begegnet.“ Ganz selbstverständlich hatte sie Reinhard geduzt, wodurch sich seine Befangenheit ein wenig legte. Bei der herzlichen Umarmung seines Schwiegervaters, konnte er fröhlich lachend eingestehen, dass ihn der Besuch von Carmens Mutter sehr überraschen, aber auch sehr freute. „Carmen wird jubeln, sie hatte doch insgeheim auf das Wunder gehofft, an ihrer Hochzeit Vater und Mutter dabei zu haben.“ Reinhard schnappte sich die beiden Koffer und sah erstaunt, dass sich Conchita bei Hinrich ganz selbstverständlich untergehakt hatte. Sollte sich tatsächlich noch ein zweites Wunder zugetragen haben?

Während der Fahrt nach Hause verkündete Conchita dann: „Reinhard, nun musst Du auch noch mit mir im Hause vorlieb nehmen, denn ich werde wieder mit Hinrich zusammenleben. Da unser Haus aber sehr groß ist und es dort zwei getrennte Wohnbereiche gibt, müsste das bei beiderseitigem guten Willen auch gehen. Zumindest sollten wir es miteinander versuchen. Sollte es zu Problemen führen, dann lässt es sich immer noch anders regeln. Vielleicht braucht ihr schon bald eine Großmutter. Hinrich und ich haben uns ausgesöhnt, und ich darf nun wieder ein normales Leben führen. Meine Spinnereien sind hoffentlich Geschichte, und meine Sehnsucht nach Spanien hat sich ins Gegenteil verdreht. Manchmal braucht es einen solch verrückten Abstand, um endlich zu erkennen, wer man ist, und auch was man in seiner Verbohrtheit leichtfertig aufs Spiel gesetzt hat.“

„Lieber Reinhard, Du hast es aus erster Hand gehört, und Du kannst jetzt auch erahnen, wie gut es mir geht. Natürlich werden Conchita und ich uns auch künftig immer wieder mal kabbeln, aber wir wollen wieder zusammenleben.“ Zufrieden lachend hatte es der Schwiegervater kundgetan. Das ließ sich ja bestens an, es war für Carmen aber auch für ihn das Hochzeitsgeschenk schlechthin. Conchita sprach ein gutes Deutsch, wenngleich mit spanischem Akzent. Auch dies hatte er nicht erwartet. Er selbst hatte zwar ein Humanistisches Gymnasium besucht, bei dem jedoch die neueren Sprachen etwas zu kurz gekommen waren. Seine Kenntnisse des Englischen waren demgemäß auch nicht gerade berückend, sogar sein Italienisch war besser, aber ansonsten beherrschte er keine Fremdsprache.

Carmen wusste nicht wie ihr geschah, als sie nach Hause kam und ahnungslos die Türe des elterlichen Wohnzimmers öffnete. Sie glaubte zu träumen, als sie ihre Mutter und den Vater erblickte, die traut nebeneinander auf der Couch saßen. „Mama, Du bist wieder da!!!“ Dann brach ihr vor Freude die Stimme, und die beiden Frauen lagen sich weinend in den Armen. Doch diese Tränen waren bald wieder getrocknet. Neugierig wollte Carmen nun alles auf einmal erfahren. Sollte sie glauben, was sie jetzt zu hören bekam? Ihre Mutter würde von nun an immer da sein, würde wieder im Haus einziehen und Vaters Leben bereichern. Ihre Eltern hatten an einem Tag in Madrid alles in die Wege geleitet, um einige Möbel, Bilder und Kleider nach Hamburg schaffen zu lassen. Mutters Madrider Wohnung wollten ihre Eltern vorläufig noch beibehalten, und sie bis auf weiteres als Ferienquartier nützen. Wie es dann damit später weitergehen würde, ließen sie offen. Carmen erlebte eine verwandelte Mutter, glückliche Eltern und für sich einen erfüllten Traum. Sie hatte sich auf der Lehne des Sessels niedergelassen, in dem Reinhard saß, rutschte aber bald auf seinen Schoß. Was für ein Abend, welch zauberhafte Wendung!

Familientreffen

Angesichts der vierzehn Hochzeitsgäste aus der Schweiz hatte Reinhards Zwillingsschwester Marianne eine gute Idee. Sie schlug vor, mit einem Bus nach Hamburg zu fahren, statt sich einem Flugzeug oder der Eisenbahn anzuvertrauen. Außerdem wusste sie doch, dass Cordula Michel Flugangst hatte und die Michels daher mit dem Auto nach Hamburg fahren würden. Marianne hatte die Organisation übernommen und mietete einen komfortablen Bus. Frohgelaunt stiegen die Hochzeitsgäste am 16. September in den Bus. Furrers und Michels Kinder belegten gleich einmal den breiten Rücksitz. Ansonsten wechselten die Fahrgäste unterwegs immer wieder ihre Plätze, um auch mit den anderen Reisenden ins Gespräch zu kommen. Neben der Familie und den schon Genannten waren dies zwei Jugendfreunde von Reinhard und ein Studienkollege mit Frau.

Kurz hinter Memmingen machte der Bus an der Raststätte „Allgäu Stern“ einen ersten Halt. Dort erwarteten sie Tante Marianne, Anna-Lisa und Klaus, die ein Kollege von Klaus dorthin gebracht hatte. Die drei Münchner hatten einen Korb mit frischen Brezeln und zwei Laibe Pfisterbrot mitgebracht. Das Brot war für Reinhard und Carmen bestimmt, die es einfrieren würden, um im Norden gutes Brot genießen zu können. Eine Tüte mit Brezeln war als Gruß aus dem Süden für die Hamburger gedacht, denn diese Süddeutschen Köstlichkeiten waren so weit es den Münchnern bekannt war, in Hamburg nicht zu erhalten. Tante Marianne wusste doch, dass sich ihr Neffe Reinhard bei jedem seiner Besuche in München damit eingedeckt hatte. Augenblicklich erfüllte der verlockende Geruch einer Backstube den Bus und alle genossen die Brezeln. Siebzehn Menschen fuhren nun miteinander den langen Weg auf der Deutschen Autobahn A7 gen Norden.

Marianne Fabrizius hatte sich zu ihrer Schwester Karin gesetzt und ihre Nichte Maja quetschte sich eine zeitlang auch dazu. Von den Zürchern wurde Marianne bald gebeten, sich doch den anderen im Bus bekannt zu machen. Sie ergriff daraufhin das Mikrophon und stellte sich und die der Runde genauso unbekannten Anna-Lisa und Klaus vor. „Ich bin Marianne Fabrizius, die Schwester von Frau Dr. Dieffenbach und auch die Patentante des Bräutigams Reinhard. Mit mir gekommen sind Anna-Lisa und Klaus Wanner, zwei ganz liebe Freunde des Brautpaares. Das junge Ehepaar wohnt seit kurzem in Reinhards Münchner Bungalow und kümmert sich seitdem fürsorglich auch um mich. Anna-Lisa hat übrigens einen großen Anteil daran, dass sich Reinhard und Carmen überhaupt kennen gelernt haben. Sie war auch dabei, als die Beiden sich Hals über Kopf ineinander verliebt haben, und freute sich darüber nicht weniger als ich.“ In geraffter Form legte sie die Vorgeschichte dieses Zusammentreffens und auch den weiteren Verlauf dieses Kennenlernens dar. Das, was Reinhards Tante Marianne darüber zu berichten wusste, hatten bisher nur wenige in der Runde gekannt.

Nach einer guten Stunde spielte Klaus Wanner mit seiner Ziehharmonika auf, was die Reise kurzweiliger machte, als es die Reisenden ursprünglich befürchtet hatten. Er konnte nicht nur Bayerische und Deutsche Weisen spielen und singen, Klaus kannte sogar einige Schweizer Volkslieder. Im Bus machte sich bald eine fröhliche Stimmung breit, zu der sogar der sonst doch eher spröde Vater Reinhards beitrug. Die Kinder erbettelten sich immer wieder Melodien für sich und sangen diese Kinderlieder begeistert mit. Als die Reisegruppe dann nach achtstündiger Fahrt vor ihrem Hotel angelangt war, hatten sie sich zu einer gelösten Gemeinschaft zusammen gefunden. Die vier Kinder schliefen aneinander gekuschelt auf der Rückbank, und auch einige der Erwachsenen hatten ein Nickerchen gemacht. Telefonisch hatte Maja ihren Bruder von unterwegs aus verständigt, wann sie vermutlich im Hotel eintreffen würden.

So kam es, dass sie Reinhard und Carmen sowie die Eltern Conradi vor dem Hotel empfingen. Die beiden Mütter Cordula und Marianne weckten ihre Kleinen, die noch etwas schlaftrunken aus dem Bus stiegen. Doch als sie Onkel Reinhard sahen, stürzten sie sich auf ihn. Zusammen mit Carmen schafften sie es, die auf einmal munter gewordenen Kinder alle hoch zu nehmen. Etwas förmlicher, aber dennoch herzlich, lief das Kennenlernen der Erwachsenen ab. Reinhard und Carmen nahmen Tante Marianne besonders herzlich in die Arme. Carmen flüsterte ihr zu: „Liebe Tante Marianne, dank Dir sind wir zusammen gekommen und erfreuen uns jeden Tag aneinander!" Einige der Ankommenden waren bisher davon ausgegangen, dass sich die Eltern von Carmen dauerhaft getrennt hatten. Doch nun stand ihre Mutter ganz nahe bei ihrem Mann. Dies verwunderte und erfreute besonders die Dieffenbachs, denn mit einem konservativen Familienbild kam der Chef der Familie besser zu recht. Die Conradis spielten ihnen dieses Einvernehmen auch nicht vor, dazu gingen sie viel zu vertraut miteinander um. Carmen flüsterte Reinhard ins Ohr: „Es sieht so aus, als seien nicht nur wir ein Liebespaar, sondern auch meine Eltern."

Nachdem die Gäste ihre Zimmer aufgesucht und sich dort eingerichtet hatten, traf man sich im Restaurant zum gemeinsamen Abendessen. Das gegenseitige Fremdeln legte sich bald, denn die Conradis zeigten sich als liebenswürdige Gastgeber. Das unterwegs gewonnene gute Einvernehmen ihrer Gäste bezog daher auch sie immer mehr ein. Der Gastgeber und Vater der Braut, Senator Hinrich Conradi, fand überraschend schnell einen guten Zugang zu den Eltern Reinhards. Von Professor Reinhard Dieffenbach senior, dem Ältesten im Raum, kam der Vorschlag sich doch zu duzen. Durch die Verbindung ihrer Kinder Carmen und Reinhard junior würden sie ja nun zu Verwandten werden. Das wurde gerne angenommen, erließ es ihnen doch auch die lästige Anrede „Herr Professor" und „Herr Senator". In diese Familienbindung wurden auch Marianne Fabrizius und die Furrers eingeschlossen.

Die jüngeren Herrschaften hatten sich schon im Bus nur mit ihren Vornamen angesprochen, nicht einmal die Michels wollten hiervon ausgenommen werden. Reinhard wurde beim Essen ab und an von einem der Kinder aufgesucht, er war und blieb nun mal ihr Lieblingsonkel. Ganz allmählich bezogen sie auch Carmen, ihre neue Tante ein. Vor allem die kleine Leni fühlte sich von Carmen angezogen und hielt sich gerne in ihrer Nähe auf. Sowohl die Gastgeber als auch das Brautpaar wechselten im Laufe des Abends immer wieder ihre Plätze, um sich so jedem ihrer Gäste besser widmen zu können. Das Essen entwickelte sich dann beinahe zu einem vorweggenommenen Fest. Daran hatte der gute Wein zwar auch seinen Anteil, aber sicher nur einen kleinen, es waren eher die Menschen, die sich so gut verstanden. Manchmal gab es Gelächter wegen der Missverständnisse aufgrund der Dialekte, die sich aber schnell klärten. Klaus erinnerte an den Polterabend, an dem die Braut entführt wird, die dann der Bräutigam wieder auslösen muss. Diese Unsitte war hier zwar nicht unbekannt, aber in diesen Kreisen bestimmt nicht angesagt. Außerdem wussten die hiesigen Freundinnen von Carmen nicht, wo sich das Brautpaar am Vorabend ihrer Hochzeit aufhielt. Außer den Kindern, die bereits todmüde in den Zimmern ihrer Eltern schlummerten, hielt die fröhlich gestimmte Runde lange durch.

Erst der Hinweis des Brautvaters auf das große und leider schon um 9.00 Uhr beginnende Ereignis des morgigen Tages beendete diesen ungewöhnlichen „Polterabend“. „Noch etwas ist mir wichtig zu sagen, was ich im Trubel des Kennenlernens fast vergessen hätte. Wir alle haben uns hier im Atlantic Hotel eingefunden, in einem der besten und traditionellsten Hotels der Hansestadt Hamburg. Hier begann, was nur wenige von uns wissen, bereits im Jahre 2011 unser Kontakt, denn in diesem Hotel lernte ich den unvergessenen Christian kennen und schätzen. Er, für mich damals noch Dr. Christian Fabrizius, hielt hier einen einmalig mitreißenden Vortrag, der meine Gäste und mich begeisterte. Was wir alle nicht wissen konnten, es waren leider auch seine letzten Stunden auf dieser Erde. Ein ruchloser Mord riss ihn draußen direkt vor dem Eingang aus dem Leben, ein unfassbares verstörendes Ereignis. Erst danach erfuhr ich von Carmen, dass jener Christian kein anderer war, als der verehrte Skilehrer, der sie unter Einsatz seines Lebens aus einer Lawine befreit hatte. Vergeblich hatten wir damals versucht, ihn in München zu erreichen. Heute wissen wir, warum wir dabei scheitern mussten. Der spätere Auftraggeber seiner Mörder blockte damals alles ab, so auch unseren Versuch mit Dir, Marianne, Kontakt aufzunehmen. Carmen gab jedoch nicht auf, und sie schaffte es fünf Jahre später dank der Hilfe ihrer Freundin Anna-Lisa, Dich doch noch zu finden. So kam die Recherche-Lawine ins Rollen, die dann den Mörder seiner gerechten Strafe zuführte. Anna-Lisas heutiger Mann Klaus unterstützte die beiden jungen Damen tatkräftig dabei. Als dann Dein Patensohn Reinhard von Dir erfuhr, dass Christians heimliche Liebe unter Deinem Dach weilte, da hielt ihn nichts mehr. Er setzte sich damals umgehend ins Auto und fuhr nach München, um besagte Carmen kennenzulernen. Du, Reinhard, warst für Carmen fast der Doppelgänger Deines Cousins. Euch beide trafen, wie wir nun alle wissen, bereits beim ersten Anblick Amors Pfeile. Aber nicht nur das diesmal gütige Schicksal hat Euch zusammengebracht. Für mich war es auch das Vermächtnis von Christian. Wo immer seine Seele auch sein mag, ihr verdanken wir diesen schönen Abend, aber vor allem natürlich auch das morgige Ereignis. Lasst uns zuletzt noch einen Schluck auf Christian und sein Gedenken trinken.“

Reinhards Vater bedankte sich im Namen der aus dem Süden gekommenen Gäste bei den Gastgebern. Er ging wie sein Vorredner auf Christian ein, der für seinen Reinhard immer Vorbild und Ansporn gewesen sei. Und nun verdanke es diese Runde gar noch ihm, dass sich die Familien kennen und schätzen lernen durften. Launig wie selten bezeichnete er diesen schönen Abend als eine völlig unerwartete „Verbrüderung“, die ihm aber bestens gefallen habe. Seine Befürchtung hier auf vornehme, steife und kühle Hanseaten zu treffen, hätte sich an diesem Abend in purem Wohlgefallen aufgelöst. „Mein lieber Sohn, Du wirst hier seelisch bestimmt nicht erfrieren, Deine warmherzige Carmen aber auch ihre herzlichen Eltern werden Dir hier im Norden familiäre Wärme geben. Darüber wirst Du aber hoffentlich uns, Deine Eltern, nicht völlig vergessen! Deine Freunde und die Schweizer Heimat wollen Dich und unsere Carmen ganz sicher auch immer wieder erleben." Der Beifall, den er dafür von der Runde gezollt bekam, zeigte, dass er im Namen aller gesprochen hatte.

Conchita Conradi hatte den ganzen Abend vor guter Laune geradezu gesprüht. Dadurch konnte sie vielleicht noch bestehende Vorbehalte ihr gegenüber wegwischen. In Reinhards Vater hatte sie fast einen neuen „Verehrer" gefunden. Lange hatte sie sich nicht mehr in einer solch fröhlichen Gemeinschaft bewegt und war regelrecht aufgeblüht. Conchita war auf einmal so, als läge ihr Madrider Intermezzo schon Jahre zurück, dabei war sie doch erst seit wenigen Tagen wieder zurück in Hamburg. Sicher konnte dies nur ein erster und vermutlich höchst voreiliger Eindruck sein. Doch sie war inzwischen in der Lage, die Dinge anders zu sehen und auch zu schätzen. Bis vor einem Jahr kreiste sie zumeist nur um sich selbst und nahm viele Sachverhalte verzerrt wahr. Passte ihr etwas nicht oder war etwas schief gegangen, hatte sie ihren eigenen Anteil daran selten erkannt. Viel einfacher war es bis dahin doch gewesen, es anderen in die Schuhe zu schieben. Dank der Psychotherapie, der sie sich unterzogen hatte, war es ihr nun möglich, ihr neues und zugleich altes Dasein objektiver zu sehen. Es gefiel ihr auf einmal so gut, dass sie sich selbst darüber wunderte. Wie konnte sie denn nur derart verbohrt gewesen sein, um es zuvor nicht schätzen zu können. Gegenüber ihrem Dasein in Madrid war diese Einbindung in ihre Familie ja fast ein Paradies, eines, das sie erst jetzt würdigen konnte und in das sie sich aktiv einbrachte. Sie hatte wieder zurück zu ihrer Familie gefunden, und das ließ sie ihre Einsamkeit vergessen.

Auf ihren Wunsch hin sprach Reinhard sie nun auch mit Mama an. Ihr Schwiegersohn hatte ihr vom ersten Augenblick an bestens gefallen. Seine Fröhlichkeit und Lockerheit tat allen im Hause gut. Er bewegte sich in seiner neuen Familie so, als wäre es nie anders gewesen. Tochter Carmen hatte mit sicherem Instinkt den zu ihr passenden Mann gefunden. Die Liebe des Brautpaares erfreute Conchita, ihr gefielen dessen innerer Gleichklang und ihre Vertrautheit. Von wegen temperamentlos und langweilig, damit hatte sie Carmen Unrecht getan. Sie war zwar durchaus eine feine und kultivierte junge Dame, aber auch eine verliebte junge Frau, die ihren Reinhard immer wieder impulsiv herzen musste.

In ihr Atelier, das Conchita früher so wichtig war, hatte sie gerade mal einen kurzen Blick hinein geworfen. Derzeit verspürte sie kein Verlangen danach, dort wieder zu wirken. Das hatte Conchita nicht erwartet und fragte sich verwundert, ob sie diese einstige „Fluchtmöglichkeit" hier nicht mehr brauchen würde? Hatte es sich bei ihr zuvor vielleicht zu einer Sucht ausgewachsen gehabt, die sie jetzt überwunden hatte? Conchita verwunderte zwar ihre gewandelte Einstellung, aber es verunsicherte sie keineswegs. War sie vielleicht erst jetzt richtig erwachsen geworden, so wie ihr das ihre Therapiegruppe „abgefordert" hatte? Das schloss Conchita nun selbst nicht mehr aus. Sie empfand nun auch ein bisher nicht gekanntes Gefühl der Dankbarkeit ihrem Mann gegenüber, der den ersten Schritt gemacht hatte und sehr liebevoll zu ihr war. Sie beide konnten jetzt ganz anders miteinander umgehen als früher, alles Wesentliche wurde besprochen und Kompromisse wurden jetzt möglich. Man begegnete sich nun auf gleicher Augenhöhe. Dies gab Conchita das gute Gefühl ernst genommen und als eigenständige Persönlichkeit gesehen zu werden. Hatte sich etwa auch Hinrich in der langen Zeit der Trennung geändert? Ihre Liebe zu ihm war schon in Madrid wieder entfacht worden, und Conchitas Zuneigung bekam durch Hinrichs liebenswürdiges und verständnisvolles Verhalten täglich neue Nahrung. Wie konnte sie ihn zuvor nur so falsch sehen und seine Vorzüge derart böswillig missachten? Als sie ihm dies erzählte, meinte er lächelnd: „War das so? Das weiß ich gar nicht mehr. Wir haben doch längst wieder neu angefangen.“

Hochzeit

Im Hause Conradi gab es jetzt für zwei Generationen einen Neuanfang. Die beiden Eheleute wohnten wieder zusammen in ihren gewohnten Räumen und Carmen hatte mit Reinhard den vor kurzem renovierten ersten Stock bezogen. Oben im Dachgeschoß wohnte die treue Haushälterin in ihrer kleinen Wohnung. Daneben lagen die beiden separaten, aber seit langem nur selten belegten Gästeappartements. Am Hauseingang hatte der darauf stolze Hinrich Conradi zwei Tage vor der Trauung auf dem Klingelbord ein Namensschild auswechseln lassen. Über dem Messingschild von Conchita und ihm, das längst Patina angesetzt hatte, zeugte nun ein neuer Name von der Veränderung im Haus. Auf ihm waren Prof. Reinhard Dieffenbach und Dr. Carmen Conradi-Dieffenbach schon als Ehepaar verewigt. Offiziell würden es die Beiden zwar erst in zwei Tagen sein, aber Reinhard war ihm längst zum Schwiegersohn geworden. Was ihm schon sehr zusagte, Reinhard würde als Universitätsprofessor vor dem Traualtar stehen. Hinrich Conradi, der ein echter Hamburger war und dessen Ahnen in der Hansestadt etwas galten, war bei aller Bescheidenheit sehr wohl standesbewusst. Carmen hatte in Reinhard einen erfolgreichen und zu ihr passenden Partner gefunden, so wie sie es sich und auch ihr Vater immer erhofft hatten.

Die Trauung fand in der Nienstedtener Backsteinkirche unweit des Hauses der Conradis statt. Diese galt in Hamburg als die Hochzeitskirche schlechthin. Wie zu erwarten, war das Gotteshaus trotz der frühen Zeit gut besucht. Selbst die Morgensonne schien, was zu dieser Jahreszeit an der Waterkant keineswegs selbstverständlich war. Die beiden Brautleute, die dort vor dem Pfarrer standen, besiegelten ihren Herzensbund nun auch noch kirchlich, was dem gläubigen protestantischen Brautvater wichtig war. Reinhards Eltern sahen in dieser Zeremonie hingegen lediglich einen traditionellen Teil einer Hochzeit. Sie selbst waren seit Jahren der Kirche fern geblieben. Dasselbe galt für ihren Sohn Reinhard, der aber im Vorfeld keine Einwände gegen die kirchliche Trauung eingebracht hatte. Carmen wäre von sich aus nie auf den Gedanken gekommen, ihren Hochzeitstag anders zu beginnen. Der Pastor wusste aus dem Vorgespräch, um die Kirchenferne vieler der anwesenden Verwandten und Gäste des Brautpaares. Weise begnügte er sich daher mit einer eher philosophischen und kurzen Ansprache. Als Trauzeugen geleiteten Anna-Lisa Wanner und Karl Michel ihre Freunde in den Stand der Ehe.

Der erste Gratulant war wider Erwarten Reinhards vierjähriger Neffe, der seiner Mutter Maja entwischt war. Der kleine Schlingel stellte sich den Brautleuten in den Weg, als sich diese aus der Kirche hinaus ins Freie begeben wollten. Martin hatte das ihm eingetrichterte Sprüchlein bereits wieder vergessen, stattdessen sagte er in seinem unverfälschtem Schwyzer Dütsch: „Onkel Reinhard, Ihr luget ganz toll aus!“ Sein Onkel war doch sein absoluter Favorit und die neue Tante Carmen bezog er nun auch darin ein. Reinhard strich ihm über die braunen Locken und übergab ihn fröhlich lachend an seine Zwillingsschwester. Erst vor der Kirchenpforte konnten alle Anderen dem Brautpaar gratulieren, allen voran die Eltern. „Meine liebe Tochter Carmen, sei nun herzlich willkommen in unserer nicht ganz einfachen Familie. Ich freue mich jetzt von ganzem Herzen über die Wahl meines Reinhards!“ Mit diesen Worten räumte Reinhards Vater Carmens letzte Vorbehalte ihm gegenüber aus dem Weg, was auch ihrem Reinhard sehr gefiel. Für ihn war diese Aussage zu seiner Frau Carmen, wie auch die herzliche Umarmung durch seinen Vater ein großer Schritt hin zu einem besseren Verhältnis. Dies unterstrich sein Vater noch dadurch, dass er ihn wie einst als Kind ansprach: „Reini, ich gratuliere Dir von ganzem Herzen. Du hast es bestens getroffen, hier lässt es sich wahrlich leben. Mit Deiner Carmen bekommen wir eine besondere und uns sehr genehme Schwiegertochter!“

Nach der Trauung blieb noch viel Zeit bis zum festlichen Mahl um 12.30 Uhr. Die Gäste begaben sich daher erst einmal zum Elternhaus von Carmen. Dort gab es einen kleinen Sektempfang im Parkrondell und für die Schweizer Gäste eine Besichtigung des großen und eleganten Hauses. Reinhards herzlicher Mutter gefiel ihres Herzensdiebs neues Zuhause, was sie ihm auch spiegelte: „Mein Reini, Du hast es gleich in zweifacher, nein dreifacher Hinsicht bestens getroffen. Mit Deiner warmherzigen Carmen wirst Du glücklich werden. Ihr werdet Euch gegenseitig stützen und Euer gemeinsames Leben bereichern. Das gilt aber auch für Deine mir so gut gefallenden Schwiegereltern, denen Du offensichtlich sehr willkommen bist. Noch dazu lebt Ihr beiden Glücklichen künftig in dieser großen und heimeligen Wohnung. So schön hatte ich mir weder das Haus, noch den Park und auch nicht die Umgebung vorgestellt. Wenn Ihr aus den Fenstern blickt seid Ihr ja fast so wie Daheim im Grünen und seht sogar noch auf die Elbe.“ Reinhard konnte seiner Mutter nur zustimmen. Er sah es nicht anders, er hatte es wirklich in jeder Hinsicht bestens getroffen, was auch die Conradis mitbekamen, und sich darüber freuten. Doch nicht nur Karin Dieffenbach war höchst angetan, auch die anderen Zürcher staunten über Reinhards neues Zuhause.

Das Hochzeitsfest fand in einem renommierten Restaurant der Spitzenklasse statt, was sich selbst aber nur als „Landhaus Sch...“ bezeichnete. Dessen kulinarische Höhepunkte überraschten sogar verwöhnte Schweizer Gaumen. Immer noch hielt sich nämlich im Süden ein hartnäckiges Vorurteil: Der deutsche Norden sei kein Paradies für Schlemmer. Hinrich Conradi, selbst ein Gourmet, freute sich, als sich seine Gäste davon distanzierten. Lächelnd entgegnete er dem Schwager Reinhards: „Lieber Willi, mein Schwiegersohn wird in seiner neuen Umgebung bestimmt nicht verhungern und er wird auch gutes Essen vorfinden. Ich habe erfreut mitbekommen, dass ich nun Gesellschaft bei meiner Vorliebe, gut zu speisen, bekommen habe.“ Nicht einmal alle Hamburger Gäste kannten dieses Luxusrestaurant. Die Preise des Hauses schreckten selbst vermögende „Normalbürger“ ab.

Den Conradis ging es darum, ihre Gäste zu verwöhnen, schließlich heiratete doch ihr einziges Kind. Was hatte Hinrich Conradi seiner Tochter entgegnet, als sie ihm ein günstigeres Restaurant empfohlen hatte? „Liebes Schätzchen, Du heiratest in Deinem Leben bestimmt nur einmal. Und dieses auch für uns Eltern so besondere Ereignis muss gebührend gefeiert werden. Außerdem ist Dein Mann Reinhard ja ein ausgemachter Feinschmecker. Unsere Schweizer Gäste sollen einen guten Eindruck mit nach Haus nehmen.“ Wenn ihr Vater derart bestimmt auftrat, dann galt dies.

Frau Martens und ihre kleine Tochter Anke waren zur Hochzeit eingeladen worden. Sie waren der Einladung gerne, aber ein wenig befangen gefolgt. In solchen Kreisen hatten sie sich bisher nie bewegt. An ein Ausgehen war wegen der beiden Kranken ohnehin nicht zu denken gewesen. Reinhards kleinem „Kumpel“ Anke ging es offenkundig gut, sie konnte normal essen und sprechen. Nach der Trauung bedankte sie sich mit einem Blumenstrauß für die Einladung beim Brautpaar. Ihr Onkel Doktor nahm sie hoch und bekam einen Kuss auf die Wange, was seine Nichte Leni ebenfalls dazu animierte. Anke hatte unter den Gästen auch Professor Michel entdeckt und ihn freudig begrüßt. Es gab für die acht Kinder im Landhaus zwar einen eigenen Tisch, aber kein typisches Kinderessen. Anke, die ja in ihrer Zeit in der Zürcher Klinik vor allem Schwyzer Dütsch gehört hatte, machte für die drei Kinder aus Hamburg die Übersetzerin. Ganz ohne Gelächter ging das allerdings nicht ab, aber sie verstanden sich bestens. Ebenso hatten sie wie schon am Vorabend die Erwachsenen schnell ihr steifes Verhalten verloren.

Nach dem Hochzeitsmahl begaben sich die Gäste über verwinkelte Wege und Treppen hinab zum Blankeneser Schiffsanleger. Dort warteten ein altes Ausflugsschiff und eine Musikkapelle auf sie, die Weisen aus dem Norden anstimmte. Zu Hamburg gehörten nun mal die Elbe, die Seeschifffahrt und natürlich ganz besonders der Hafen. Der hatte noch jeden Besucher beeindruckt, so auch die „Südlichter“. Hinrich Conradi hatte es sogar geschafft, im neuen Wahrzeichen Hamburgs, der monumentalen Elbphilharmonie eine Besichtigung zu erreichen.

Zuvor hatte sich das Brautpaar von seinen Gästen verabschiedet und sich auf ihre Hochzeitsreise begeben. „Beladen“ mit vielen guten Wünschen wollten sie zwei Wochen lang Spanien bereisen, die Heimat von Carmens Mutter und Großeltern. Von Conchitas Wohnung in Madrid aus hatten sie vor, Spaniens Hauptstadt zu erkunden und auch noch Toledo, Segovia und andere Orte in der weiteren Umgebung Madrids zu besichtigen. Zwei glückliche Menschen brachen auf, um dort fernab der Heimat ihre ersten Wochen als junges Ehepaar zu genießen.

ENDE

Im Rediroma-Verlag sind von **Günter Stoewer** noch weitere Bücher erschienen:

Diese **Thule-Reihe** besteht nun aus sieben Bänden:

1. Der Zug der letzten Goten (Vom Vesuv nach Thule)
2. Der Adler über Thule (Vom Kerker auf den Thron)
3. Adler und Viper (Der verheißene Prinz)
4. Der allgegenwärtige König (Eine Gräfin auf der Suche)
5. Gift und Stahl (Machtkampf in Thule)
6. Magier und Engel (Die Zeit der Rosen)
7. Thules Königsfrieden (Die Zeit der Kinder)

Die dreibändige Erzählung: **Die Launen des Schicksals** besteht aus vier Teilen:

1. Die Erinnerungen der Carola H.
2. Die Liebe der Regula E.
3. Geraubte Identität
4. Ein denkwürdiger Tag

Zwei **Erzählungen** vervollständigen seine Bücher:

1. G`schichten (eine lange und einige kurze)
2. Familiengeschichten

Sein letztes Buch **Private Geschichten** bleibt allerdings der Öffentlichkeit vorenthalten.